古代歷史文化研究輯刊

五 編

王明蓀 主編

第30冊

唐代越窯青瓷研究

康才媛 著

國家圖書館出版品預行編目資料

唐代越窯青瓷研究／康才媛 著 — 初版 — 新北市：花木蘭文
化出版社，2011〔民100〕

目 2+190 面：19×26 公分

（古代歷史文化研究輯刊 五編：第 30 冊）

ISBN：978-986-254-443-3（精裝）

1. 古陶瓷　2. 瓷器　3. 窯業　4. 唐代

618　　　　　　　　　　　　　　　　100000600

ISBN-978-986-254-443-3

9 789862 544433

古代歷史文化研究輯刊
五　編　第三十冊　　　　　　ISBN：978-986-254-443-3

唐代越窯青瓷研究

作　　　者　康才媛
主　　　編　王明蓀
總 編 輯　杜潔祥
印　　　刷　普羅文化出版廣告事業
出　　　版　花木蘭文化出版社
發 行 所　花木蘭文化出版社
發 行 人　高小娟
聯 絡 地 址　新北市永和區中正路五九五號七樓之三
　　　　　　　電話：02-2923-1455／傳真：02-2923-1452
電 子 信 箱　sut81518@gmail.com
初　　　版　2011 年 3 月
定　　　價　五編 32 冊（精裝）新台幣 56,000 元

唐代越窯青瓷研究

康才媛　著

作者簡介

　　康才媛，任職銘傳大學通識教育中心，開授中國歷史文化、中國藝術與美感等相關課程。研究中國古陶瓷是一件偶然的事，大學時代在圖書館看到藝術家出版社刊印的《陶瓷路》一書，開啟對古陶瓷的興趣，也種下對於古陶瓷難以忘懷的情感。

　　博士班時解除戒嚴、兩岸開放，國家圖書館開放一些大陸的考古報告，在環境允許下，重拾對古陶瓷的關注，計劃撰寫博士論文，所幸獲得指導老師王師吉林的支持。由於宋瓷為中國瓷藝的巔峰，然而宋瓷的美學理念源自於唐代越窯，遂決定以越窯為認識的起點。然而，撰寫論文期間感到最困擾的事便是難以理解陶瓷考古報告的描述，決定於民國84年暑假前往越窯所在的上林湖窯址及周邊窯址進行考察，獲得當時浙江省考古所副所長任世龍老師的協助，不僅幫忙安排行程、聯繫考古單位，並給予我許多個別的考古學指導，在浙江各窯址的一個月多期間，真是人生中可貴、愉快的經驗。

　　距離博士論文完成已十五年，隨著考古不斷調查發現，新增不少考古資料，但此次修改不僅受限結構，又有時間壓力，無法完全補足新資料；故衡量論文結構與論點均未與新資料有矛盾衝突的前題下，遂採原始結構呈現。

提　　要

　　唐代「越窯」指唐代越州窯，窯場所在地分布於越州和明州一帶，其中心的窯址在今浙江省慈溪縣上林湖，此地生產的瓷器以青瓷為主要品種，是唐代南方瓷品的代表。

　　唐代越窯，遠承東漢、南北朝的燒窯傳統，隋代、初唐時期再度興起，在唐高宗至玄宗時期成為聞名全國的新興瓷業，生產的瓷品主要提供兩京與北方權貴使用，屬於上層階級使用的高級產品。然而，八世紀中葉安史之亂以後，北方市場逐漸消退，南方市場興起，並在九世紀以後，大量流通於邗溝、江南運河，及寧紹平原之間。此外，海外的貿易更拓展它的銷售網路，成為知名世界的第一大瓷品。

　　越窯的瓷業發展，除受社會變動影響外，瓷藝創作更是成功的因素，不論自然純青的釉色、溫潤不刺眼的釉質，以及刻劃荷葉、荷花的紋飾，或如花、葉、瓜般的自然植物造形，均符合使用者追求自然樸素的美感趣味，以及學佛、求仙的宗教情境，因此越窯青瓷器在其主要使用者──士大夫、僧侶、道士的飲茶活動中，不僅是形象美的茶器，更是傳達意境美的藝術品。

　　綜合而論，唐代越窯青瓷是浙江瓷業以及時代審美風尚的總合，它所創造的瓷藝風格影響當時其他窯場，也刺激五代、宋代瓷藝創作；它的瓷業成就與銷售策略，也成為中國瓷業發展的典範。

目次

第一章　緒　論

第一節　題目釋義與研究方法

　　本論文的「越窯」指唐代越州窯瓷器，越窯瓷器是中國瓷器的重要品種，在中國瓷器發展史上扮演承先啓後的重要角色，盛唐時期的文人陸羽在《茶經》一書中曾記載：「碗，越州上……越瓷類玉」〔註1〕，而晚唐詩人陸龜蒙也在詩作〈秘色越器〉詩中談到：「九秋風露越窯開」〔註2〕，從此「越州瓷」、「越瓷」、「祕色越器」、「越窯」等名詞便流芳千古，成爲越州窯瓷器的代名詞，受到歷代文人、收藏家的欣賞與讚歎。

　　由於，唐代越窯瓷器以青瓷的數量最多，因此本論文論述的重點也以青瓷爲對象，這類青瓷以青釉爲主要釉料，部分用褐彩做裝飾，因此不論是青釉瓷器，或是青釉褐彩瓷器均包括在內，本論文對此均以「越窯青瓷」稱呼之。

　　在時間的界定上，由於越窯青瓷燒造的時間很長，本文雖以唐代爲範疇，但是爲了較完整的說明問題，採用的標本，包含少量的隋代末期產品，因此政治的斷限雖然屬於隋代，但是仍併入本論文唐代範圍。此外，本文「唐代」的終止年代爲唐昭宗乾寧元年（西元 894 年），雖然此時唐政權仍未瓦解，但藩鎮錢鏐已於乾寧二年（西元 895 年）被唐昭宗封爲「浙江東道招討使」〔註3〕，並實際占領浙江，左右浙江的社會、經濟、文化活動，因此，乾

〔註1〕　唐・陸羽，《茶經》，卷中〈四之器：盌〉，叢書集成新編第四十七冊（台北：新文豐出版股份有限公司，民國 75 年元月台一版），頁 714。

〔註2〕　唐・陸龜蒙，〈秘色越器〉，《全唐詩》第九函第十冊（上海古籍出版社，1994年 4 月版），頁 1585。

〔註3〕　宋・歐陽修，《新五代史》，〈吳越世家第七〉，二十五史縮印本（上海古籍書

寧二年（西元 895 年）以後，越窯所在地的浙江地區實質上已進入五代階段；而越窯的生產也在此後產生全新的發展，由於瓷器生產屬於經濟、商業與工藝技術活動，雖然整體的興衰變遷與政治發展脫離不了關係，但是發展上的斷限與政治斷限仍有出入，因此本論文的唐代範疇止於乾寧元年（西元894 年）。這種打破朝代的固定斷限，而根據產品本身發展，以隋末至唐末做時間架構的安排，似乎較能符合越窯本身發展的實際狀況。

　　長久以來，瓷器一直是中國人使用、欣賞的器物，但是宋代以後的文人與收藏家多僅止於觀賞與品評，並未對相關的問題做深入的探索與研究，因此文獻方面對瓷器記載多屬於作者主觀的看法，以及口耳相傳的常識。

　　目前，台灣的瓷器研究為一新的歷史學研究領域，由於長期以來一直缺乏陶瓷的實物考古經驗，加以傳世參考標本有限，研究的範疇極為封閉，未能形成完整開放的學術領域，因此多年來台北故宮博物院、國立歷史博物館擁有傳世參考標本最多，可謂是研究的重心所在〔註4〕。然而，民國七十年代澎湖地區發現大批的宋、元、明、清瓷器的遺留，可以說為台灣瓷器的研究提供另一豐富的寶庫〔註5〕。不過，對台灣陶瓷研究風氣助長最大的助力則是海峽兩岸開放以後，大陸地區考古資料的傳入，由於台灣學者可以赴大陸地區見證各種實物資料，大陸地區的學者與專業人士也能前來台灣，提供經驗與心得，因此整體研究的環境得到莫大的鼓舞。加以，民國七十年代後期，台灣地區藝術投資風氣，以及藝術欣賞、文物鑑賞課程的廣受歡迎，無不對學術研究風氣的提昇有推波助瀾的作用。此時，中國藝術史的研究也這股風氣的推動之下，從傳統歷史學中脫穎而出，器物史中的陶瓷史也得到較大的關注與重視，例如國立台灣大學與私立文化大學，分別於民國七十八年與八十二年成立獨立的藝術史研究所〔註6〕，北京大學考古系的碩士班與博士班，也有陶瓷考古專業，這些現象說明中國藝術史地位的提昇，以及中國陶瓷史受到肯定與重視。

　　　　店編、上海古籍出版社，1994 年版），頁 5160。

〔註 4〕台北故宮博物院的收藏，主要為宋至清代宮廷的藏品，因此沒有唐代越窯器。遷台以後，在收藏方面始有大陸地區墓葬、遺址出土物與歷代民間收藏品充實院藏，目前有少數越窯青瓷器。

〔註 5〕陳信雄，《澎湖宋元陶瓷》（澎湖縣立文化中心出版，1985 年）。

〔註 6〕國立台灣大學所成立的為「藝術史研究所」；私立中國文化大學在史學研究所之內，分設「美術史組」碩士班。

本論文在以上環境的發展助長下，研究資料主要有三個部分，分別爲傳統文獻資料，墓葬與遺址出土，以及瓷窯遺址調查與考古等三方面。在方法上，結合文獻與實物，首先利用瓷窯遺址的出土物，輔助考古類型學理論的運用〔註 7〕，以掌握越窯青瓷器考古器物疊壓中的先後關係〔註 8〕，對照墓葬、遺址中有確切年代資料的標準器，綜合對唐代越窯青瓷的先後發展與演變做分期說明，並探討越窯青瓷器工藝的淵源以及與各種其他工藝間交流影響的關係。另外，並參酌文獻資料對唐代越窯瓷業興起的社會經濟背景、產銷狀況，以及器物產生的文化藝術現象、審美觀點等進行多方面的探討。最後，試圖說明唐代越窯青瓷在唐代瓷器工業，以及中國瓷業發展史中所扮演的角色與定位。

第二節　「越窯」名稱由來與涵義

對於越窯青瓷器的研究，首先必須界定「越窯」的涵義。以筆者的見解，對越窯的認識至少應該包括三方面的認知，一爲「越窯」名稱的由來與涵義；二爲越窯燒造的時間；三爲越窯窯址的分布。由於，長期以來，學者對以上諸多問題呈現複雜的看法，甚至到 1990 年代，爭論依然存在，並未形成明確一致的共識，因此，本論文首先即就以上三個問題，簡述學者的看法（表 1-1）。

以越窯名稱的由來與涵義而言，有三種意見最爲常見，一部分學者主張古越國說，認爲越窯窯址分布於古越國，因此稱當地生產的青瓷產品爲越窯；然而，有部分學者認爲越窯窯址分布於古越人的居住所，因此稱越窯；不過，多數學者依據《茶經》等唐代詩文記載，主張越窯爲唐代「越州窯」的簡稱。

對於越窯燒造的時間，學者也有兩種較常見的看法，部分學者認爲從漢代至宋代歷經千年的燒造歷史；而其他學者則主張唐代以前生產的青瓷不應稱爲越窯，應該以「古越瓷」、「早期越窯」、「原始青瓷」、「會稽窯」、「晉瓷」等名稱稱呼，唯有唐至北宋這段時間的產品才能稱爲「越窯」。

〔註 7〕 俞偉超，〈關於「考古類型學」的問題──爲北京大學七十七至七十九級青海、湖北考古實習同學而講〉，收錄於章偉超主編，《考古類型學的理論與實踐》（北京：文物出版社，1989 年 5 月一版）。

〔註 8〕 任世龍，〈瓷窯遺址發掘中的地層學研究〉，收錄於《考古學文化論集》（三）（北京：文物出版社，1993 年出版），頁 411～418。

表 1-1：學界對「越窯」概念釋義表

人　名	越窯名稱來源	燒窯燒造時間	越窯分布範圍	資料出處
陳　萬　里		唐代已有越窯，並可上推至晉代。越窯器物，宋代已不復見		陳萬里，〈越窯與秘色瓷〉，收錄於《陳萬里陶瓷考古文集》，1940 年，頁 17、19
			我們把蕭山、紹興、餘姚等地所燒造的稱爲越器以外，與越器先後同一時代而在浙西的地區裡，還有其他燒造青釉的古代窯地，如我所發見的湖州錢山漾的搖鈴山窯，以及德清窯、富陽窯等處屬於越器的青釉系統	陳萬里，〈再談越器〉，收錄於《陳萬里陶瓷考古文集》，頁 164
王　士　倫	所謂「越州窯瓷器」，顧名思義，是指古越州燒造的瓷器			〈餘姚窯瓷器探討〉，《文參》，1958 年第八期，頁 42
小山富士夫	越窯稱呼源自南中國吳越、閩越、南越人的居住所	漢代、吳、晉、南朝至唐、北宋	越州窯的範圍在華中、華南各地，包括浙江各地，溫州、湖南湘陰窯、長沙瓦渣坪窯、江西、福建、江蘇、四川等地	〈中國の陶磁〉，收錄於《小山富士夫著作集》，1975 年，頁 247～283
沈　作　霖梁　志　明	越州窯瓷器，是指古代稱越州時所燒製的瓷器	漢代、兩晉之後	紹興及其鄰近諸縣	〈紹興上灶官山越窯調查〉，《文物》，1981 年第十期，頁 47
三上次男	唐代浙江越窯爲浙江餘姚窯	東晉、南朝的中國青瓷，均稱爲越窯青瓷		三上次男，《中國陶磁史研究》，頁 12、249
劉　良　佑	原則上，我們將浙江地區在宋室南渡以前所燒造的青瓷，均稱爲越窯	興盛期間，起自東漢，終於北宋	浙江境內	〈梅青蔥翠說龍泉〉，《故宮文物》，74 年 9 月，頁 51
中國陶瓷史	唐代通常以州所在命名瓷器，故定名爲「越窯」或「越州窯」	越窯青瓷自東漢創燒以來，中經三國、兩晉，至南朝、唐、五代到北宋越窯均大規模生產	越窯的主要產地上虞、餘姚、紹興等	《中國陶瓷史》，中國硅酸鹽學會主編，1987 年，頁 137、193
朱　伯　謙		越窯創建於漢，結束於宋	越窯主要產地在紹興、上虞、餘姚等地	〈越窯〉，收錄於《朱伯謙論文集》，1990 年，頁 125、128

熊　寥	唐代越州窯，乃座落於在唐代越州行政區內的窯場	漢唐時期	陸羽《茶經》講的越窯，應是唐代天寶年後越州轄區，包括會稽、山陰、諸暨、餘姚、剡縣、蕭山、上虞七縣《茶經》內的越州，自然不會有慈溪縣	熊寥，《中國陶瓷與中國文化》，1990年，頁80〜81
李毅華陳定榮	因其中心窯場上虞、餘姚在隋唐時屬越州，當時各地名窯，以州稱，「越州窯」即由此得名，簡稱「越窯」	早起東漢，興於三國兩晉，唐代進入全盛，衰于北宋	越窯分布在曹娥江中下游、甬江流域的寧紹平原，包括上虞、餘姚、紹興、寧波、鄞縣等地的大批窯場，範圍數百里	〈越瓷青瓷與人類文明〉，收錄於《陶瓷研究第三輯》，1990年第十期，頁29
李　剛	唐人所謂的「越窯」、「越器」、「越瓷」等，無疑是對明州、越州一帶瓷窯和所產瓷器的統稱越窯是對古越地青瓷窯場的統稱	唐人所謂的「越窯」，在東漢時就已真正形成	分布範圍在寧紹平原一帶，涉及紹興、上虞、餘姚、慈溪等地	李剛，《古瓷新探》，1990年，頁25
阮平爾		始於商周時期的早期青瓷，歷經東漢瓷器成熟階段，並至宋代衰落為止	主要包括寧紹平原紹興、寧波兩地區，早期窯址集中在曹娥江流域的上虞和紹興縣，唐宋以後又以寧波地區的慈溪上林湖、鄞縣東錢湖更為密集	〈越瓷談網〉，收錄於《中華文物學會一九九一年刊》，頁23
矢部良明		後漢、三國、西晉、南北朝、唐、五代、北宋	南北朝以前，越窯在浙江省北部的海岸沿海的寧波市、上虞市。中唐以後，浙江省餘姚縣、紹興市、蕭山縣為越州窯	矢部良明，《中國陶磁的八千年》，1992年，頁77、152
沈作霖	越窯乃隋唐時屬越州的窯，故又名「越州窯」	春秋戰國至北宋	分布範圍在寧波平原一帶，涉及紹興、上虞、餘姚、慈溪等地	沈作霖，〈紹興越窯概述〉，《南方文物》，1993年第四期，頁59〜63
馮先銘		創建於漢。越窯燒瓷的歷史悠久，可追溯到商代末年的原始瓷	越窯瓷業分布在浙江東部廣大地區，以上虞、紹興、慈溪、餘姚為代表	馮先銘，《中國陶瓷》，1994年，頁253〜254、335
任世龍		越窯燒造時間為唐至宋，故稱「唐宋越州窯」	慈溪上林湖為越窯典型遺存所在寧波東錢湖、臨海許墅、黃岩沙埠、婺州東陽、溫州西山、上虞甲杖窯寺前乃「越窯系」	任世龍，〈論「越窯」和「越窯體系」〉，收錄於《中國古陶瓷研究會——九十四年會論文集》，頁60、63〜64

龜井明德	將越窯分「狹義越窯」與「廣義越窯」	唐宋時期	狹義越窯分布於浙江北部的餘姚窯鄞縣等廣義越窯包括狹義越窯外,另有浙江東南部甌窯及浙江中部金華窯	龜井明德,〈日本貿易陶瓷研究之方法論〉,收錄於《中國古代貿易瓷國際學術研討會論文集》,1994 年,頁 153
謝明良	「越窯」源於陸羽《茶經》。本是指唐代越州轄區瓷窯或原餘姚縣上林湖的青瓷產品,不過基於浙江上虞、紹興等地早自東漢已經開始燒造青瓷,至六朝時期窯址密集分布於曹娥江流域並無明顯的中斷,因此近年來頗有主張,所謂越窯是包括東漢上虞等地迄唐宋時代瓷業體系的總稱。因此,以「越窯系」一詞概括六朝時期浙江地區燒瓷風格相近的四大窯系作品	「越窯系」燒造時期為東漢至唐宋		謝明良,〈中國早期青瓷史雜識──從年喜文教基金會藏品談起〉,收錄於《千峰翠色越窯特展》,1996 年,頁 24、40
林士民	越窯	唐代至北宋	上林湖附近的銀錠湖、杜湖設窯燒制	林士民,《青瓷與越窯》,上海古籍出版社,1999 年,頁 2、3
徐定寶	越窯	東漢至南宋初	浙東地區	徐定寶主編,《越窯青瓷文化史》,北京:文物出版社,2001 年,頁 1

　　然而,有關越窯窯址分布的問題,學界也存在多種不同的意見,部分學者認為唐代《茶經》成書年代的越州地區為越窯器的產地,具體窯址分布的範圍在現今浙江省慈溪縣、紹興縣市、上虞縣、諸暨縣、蕭山縣等地,也就是以上地區窯址生產的產品才可稱為「越窯」;有的學者則主張越窯窯址分布於現今慈溪、紹興、寧波、上虞等杭州灣沿岸的寧紹平原一帶,所指的範圍較前述唐代越州地區廣;不過,有的學者對越窯窯址的分布,採取更廣的解釋,認為除寧紹平原外,舉凡浙江東南部的奉化、臨海、蕭山、餘姚,以及浙江北部的湖州,均為越窯窯址分布;但是,仍有學者更將越窯窯址分布的範圍廣而大之,主張涵蓋於整個華南地區,包括浙江、福建、湖南、江西、廣東等省,由於這些地區窯址生產的產品均具有越窯青瓷的特徵,因此均可稱為「越窯」,由表 1-1 可以得知學者對越窯概念認知分歧的狀況。

由於學界對越窯概念的認知存在多層次的分歧，因此欲解決此一爭論，還越窯較符合歷史真相的概念，拙見以為必須從兩方面著手，首先需從史料著眼解開謎團，同時參酌考古調查資料，利用文獻、實物相互佐證。第二個方面必須整體的剖析越窯由來、涵義、時間、地區的觀點，全面的觀照問題的本質，並拋開長久以來習慣的用法。因此，以下便試從「越窯」名稱的由來，探討其涵義，並引申出時間、地區的問題。

「越窯」一詞應該始於唐代，目前所知，在唐代以前似乎沒有史料、文獻有「越窯」的記載，或是將「越」與「瓷」或「窯」關聯在一起的史料。最早提出以「越」做為瓷器名稱的史料為成書於唐玄宗、肅宗時期的《茶經》，《茶經》的作者陸羽在書中，曾經對當時的瓷器茶器進行評價，他說：「盌，越州上，鼎州次，婺州次，岳州次，壽州、洪州次，或以邢州處越州上，殊為不然。若邢瓷類銀，則越瓷類玉」〔註9〕，這段文字是最早將「越」與「瓷」關聯在一起的史料，其中「越」指「越州」是十分明顯的。這段史料說明唐代的瓷器品種，有以州命名的習慣；此外，從越州、鼎州、婺州、岳州、壽州、洪州、邢州等七種品類記載，透露著以州命名的習慣在當時已經十分普遍。

以州名為瓷器品種命名的習慣在唐代詩文中有許多記載，以越州瓷為例，便有「越甌」、「越器」、「越窯」等名稱。例如唐德宗時期（西元780～804年）的進士孟郊曾在〈憑周況先輩于朝賢乞茶〉詩中敘及：「蒙茗玉花盡，越甌荷葉空」〔註10〕，可見德宗時期，已有「越甌」的名稱，稱呼越州生產的瓷器。其後，至唐僖宗和唐昭宗時期（西元874～904年）的文人陸龜蒙在他的詩作〈秘色越器〉詩中有：「九秋風露越窯開」〔註11〕的詩句，說明直到晚唐時期，「越器」與「越窯」的名稱也一直存在。綜合這些以「越」為名的瓷器名稱，舉凡「越瓷」、「越甌」、「越器」、「越窯」、「秘色」等，應是淵源於越州瓷器的代稱，因此越窯的由來乃源於唐代越州窯瓷器，與部分學者所提出的「古越國」或「古越人居住地」的概念無關。

另外，以州名為瓷器品種命名的習慣，在《茶經》成書年代的唐玄宗至肅宗時期（西元712～761年）形成，充分說明越窯瓷器知名於世，必然在玄

〔註9〕 同註1。
〔註10〕唐·孟郊，〈憑周況先輩於朝賢乞茶〉詩，《全唐詩》第六函第五冊三八〇卷（上海古籍出版社，1994年4月版），頁945。
〔註11〕同註2。

宗至肅宗以前。由於玄宗天寶年間（西元 742～755 年）的越州包括會稽（今
紹興）、山陰（今紹興）、諸暨、餘姚、剡縣（今嵊縣）、蕭山、上虞共七縣
〔註 12〕，雖然這七縣均有唐代青瓷窯址，但是根據民國二〇年代之後陳萬里
先生，以及浙江省各考古單位多次調查，證實浙江地區唐代青瓷窯址的中心
位於慈溪縣的上林湖，當地的瓷業發展成熟最早，生產的瓷器產品最精美，
甚至當地出土的凌偊罐形墓志，便標明上林湖當地為「貢窯」所在〔註 13〕，
而且陝西省法門寺出土，標明「秘色」瓷的越窯青瓷器，也能在上林湖窯址
找到相同的標本〔註 14〕，這些資料說明慈溪縣上林湖窯址是唐代浙江地區窯
業的中心所在，也是越窯所在。

　　然而，矛盾的是，慈溪上林湖在玄宗與肅宗時期卻不屬於越州範圍，這
種結果似乎暗示著窯址考古的結論，與文獻資料存在矛盾與不合之處。有些
學者便依據這一個理由，主張唐代的越州窯並不包括慈溪上林湖各窯址，例
如浙江省工藝美術學院的熊寥便主張這種看法，認為陸羽《茶經》成書當時
的越州並不包括慈溪，那麼慈溪上林湖窯址自然不能算是越州窯的窯址範圍
〔註 15〕。根據筆者的認知，如此的論證基本上是忽略越瓷概念形成的時間，
以及未加考慮當時習慣用法所致。

　　由於，開元二十六年（西元 738 年）唐政府曾對地方行政區劃做一次大
的改變，在此之前，越州的轄縣屢經多次改變，但武德八年（西元 625 年），
鄮縣歸屬越州〔註 16〕；然而，開元二十六年之後，鄮縣又改制為明州，並在
明州之下分設鄮縣、奉化、慈溪、翁山（今定海）四縣（圖 1-1）〔註 17〕。由
於，開元二十六年以前，慈溪隸屬鄮縣，鄮縣隸屬越州，因此當時的慈溪上

〔註12〕後晉・劉昫等撰，楊家駱主編，《舊唐書》，卷四十〈地理三〉，新校本（台北：
　　　　鼎文書局，民國 74 年 3 月四版），頁 1589～1590。玄宗天寶年間，越州領有
　　　　七縣。

〔註13〕中國上海人民美術出版社編集，《中國陶瓷全集（四）・越窯》，1981 年 9 月，
　　　　圖 149。

〔註14〕朱伯謙，〈古瓷中的瑰寶——秘色瓷〉，收錄於張岦之、韓金科主編，《首屆國
　　　　際法門寺歷史文化學術研討會論文選集》（陝西：人民教育出版社出版發行，
　　　　1992 年 6 月一版），頁 251。

〔註15〕熊寥，《中國陶瓷與中國文化》（杭州：浙江美術學術出版社，1991 年 6 月一
　　　　版二刷），頁 72～82。

〔註16〕同註 12。

〔註17〕宋・歐陽修、宋祁撰，《新唐書》，卷四十一〈地理志五〉，新校本（台北：鼎
　　　　文書局，民國 74 年 3 月四版），頁 1061～1062。

林湖隸屬越州是毫無置疑的事實，稱呼慈溪上林湖窰址生產的瓷器為「越州窰」，也是理所當然的是事。

圖 1-1：唐代越州、明州圖

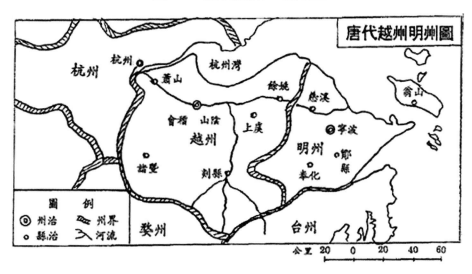

（根據譚其驤，《中國歷史地圖集》，圖 55～56 所繪）

然而，陸羽在著作《茶經》時，會將當時不屬於越州轄地的上林湖產品稱為「越州瓷」，必然是順應舊稱呼和舊習慣使然，也就是上林湖窰址生產的越窰瓷器，知名於世必然在開元二十六年（西元 738 年）行政區劃變動以前，由於當時人對上林湖產品已習慣以「越瓷」或「越州窰」稱之，因此陸羽在撰寫《茶經》時，並不因為上林湖改隸明州，而改稱「明州瓷」，而是順應舊習慣，稱為「越州瓷」。這種習慣，甚至一直延續至唐末、五代，以及北宋。

第三節　越窰青瓷燒造的時間

本論文所探討的時間為唐代，確切的斷限為隋末至晚唐，不過對於越窰燒造的起迄時間，仍然必須做一番釐清，然而，有關越窰燒造時間的掌握，筆者認為首先必須從越窰所在浙江地區的瓷業狀況加以了解。

浙江為我國瓷器的發源地〔註18〕與重要燒造地，根據考古調查得知，從

〔註18〕參見馮先銘，《中國陶瓷》（上海古籍出版社，1994 年 11 月一版），頁 230 及表 2。原始瓷產生地點的說法眾多分歧，根據馮先銘先生看法，應屬「吳越青瓷」乃浙江地區的產物。

商代末期到周代，在浙江東部的紹興、蕭山、諸暨、德清、吳興等縣便有原始青瓷器的燒造〔註19〕，在上虞也有燒造原始青瓷器的龍窯遺址發現〔註20〕。漢代時期，燒造青瓷器的範圍大至上虞、紹興、諸暨、慈溪、寧波、鄞縣、龍游、武義、永嘉等縣市，其中以上虞地區的窯址分布數量最多，也最密集〔註21〕。至六朝階段，浙江地區的瓷業發展更爲迅速，舉凡浙江的北部、中部與東南部均有密集的窯址分布〔註22〕。因此，唐代越州窯便是在這種具有燒造瓷器的歷史傳統背景下產生的瓷業，而且這一瓷業發展一直延續至北宋。

由於，浙江的瓷業傳統十分顯著，因此部分學者主張越窯始於東漢，雖然這些學者基本上同意越窯乃「越州窯」的簡稱，但是仍舊認爲用「越窯」稱呼東漢以來浙江地區的瓷業，是合乎歷史發展的方式，例如結合民國七○年代以前，陶瓷研究成果的《中國陶瓷史》一書，便是其中的代表。書中對浙江寧紹平原的瓷業歷史做說明，書中指出：

> 這裡（上虞、餘姚、紹興等地，原爲古代越人居住地）的陶瓷業自商周以來，都在不斷地發展著。特別是東漢到宋的一千多年間，瓷器生產從未間斷，規模不斷擴大，製瓷技術不斷提高，經歷了創造、發展、繁盛和衰落幾個大的階段。產品風格雖因時代的不同而有所變化，但承前啓後，一脈相承的關係十分清楚。所以紹興、上虞等地的早期瓷窯與唐宋時期的越州窯是前後連貫的一個瓷窯體系，可以統稱爲「越窯」。將紹興、上虞等地唐以前的早期瓷窯統稱爲越窯，既可看清越窯發生、發展的全部過程，還可避免早期越窯定名上的混亂，如「青釉瓷器」、「晉瓷」或把它另行定名爲「會稽窯」等。〔註23〕

以上的觀點，在陶瓷界影響十分深遠、廣泛，一般對於越窯的概念均源於此，因此所指的越窯，多數爲東漢至北宋的浙江青瓷，以1996年國立歷史博物館的「越窯特展」爲例，展覽的器物便有西周、春秋、戰國、西漢、東漢、吳、西晉、六朝、隋、唐、五代、北宋等朝的各地青瓷產品〔註24〕，說明《中國

〔註19〕同註18，頁335。
〔註20〕同註18，頁221。
〔註21〕同註18，頁221。
〔註22〕中國硅酸鹽學會主編，《中國陶瓷史》（北京：文物出版社，1987年），頁137。
〔註23〕同註22。
〔註24〕參見林淑心、謝明良、張偉華主編，《千峰翠色——越窯特展》，國立歷史博

陶瓷史》一書的論點影響至今，成爲極普遍的論點。

　　但是，以上的論點卻對越窰即越州窰的概念，造成無法自圓其說的矛盾，由於越窰即唐代越州窰，因此對越窰產生以前的產品，以越窰名稱稱之，並不符合歷史事實，甚至可能帶來誤解與混淆。

　　此外，《中國陶瓷史》的論點，是以整個浙江做爲整體範圍，說明其瓷業生產的發展過程，並不是以慈溪上林湖爲中心窰址的唐代越州窰爲討論範疇。由於，根據考古調查顯示，從漢至北宋，浙江地區的瓷業生產持續成長〔註25〕，但是在此一千年的歷史中，隨著時代不同，瓷業中心有多次中心轉移的現象〔註26〕，唐代以前的「早期越窰」，是以上虞爲中心的瓷業發展階段，這一階段的瓷業，以上虞窰址爲中心，並包括周圍影響所及的窰址，在發展上，歷經東漢興起、兩晉成熟，隋至唐初衰落的過程〔註27〕，是一獨立、完整的的瓷業。反觀，唐宋越州窰則是以慈溪上林湖爲生產中心的瓷業，目前已知在上林湖四周的窰址遺存，包括東漢、三國、南朝晚期、唐、五代、北宋的遺存，經研究其發展過程爲東漢興起，唐、五代、北宋達到生產顛峰，至北宋以後逐步衰落〔註28〕，這說明以上林湖爲中心發展出來的瓷業，和以上虞爲中心發展出來的瓷業不同，因此，唐代越州窰是新歷史條件影響下產生的獨立瓷業。

　　《中國陶瓷史》並未考慮兩瓷業之間的不同，而將之混爲一談，視爲相同的瓷業與相同的窰址空間，因此遂導致書中所言：「早期越窰是唐宋越州窰

　　　　　　物館主辦、國立台灣大學藝術史研究所協辦、財團法人年喜文教基金會提供，
　　　　　　財團法人年喜文教基金會出版，1996年（民國85年）2月初版。
〔註25〕任世龍，〈論「越窰」和「越窰體系」〉，收錄於《東南文化一九九四年增刊一》
　　　　　　（南京博物館《東南文化》編輯部編輯，1994年），頁62。
〔註26〕謝明良，〈中國早期青瓷史雜識——從年喜文教基金會藏品談起〉，刊於《千
　　　　　　峰翠色——越窰特展》，國立歷史博物館主辦、國立台灣大學藝術史研究所協
　　　　　　辦、財團法人年喜文教基金會提供，財團法人年喜文教基金會出版，1996年
　　　　　　（民國85年）2月初版，頁40。
〔註27〕同註25。
〔註28〕同註25，頁60。任世龍先生認爲上林湖窰址群的發展狀況，瓷業發生年代可
　　　　　　推及東漢、三國之際，衰落的階段在北宋晚期，而興盛階段爲三至五期，其
　　　　　　中三至五期約始於中唐玉璧底碗盛行的年代，終於盛行纖細刻花的北宋中期
　　　　　　以前。有關越窰衰落的原因，說法眾多紛紜，例如李剛認爲是上林湖當地農業
　　　　　　興起，取代瓷業的結果。部份學者主張因當地瓷土枯竭所致。多數學者主張
　　　　　　因其他窰業，例如北方耀州窰，南方龍泉窰興起，造成越窰競爭力降低。也有
　　　　　　學者，例如陳萬里、蔡和璧等認爲缺乏政治力的支持，是越窰衰落的原因。

賴以孕育、發生的基礎淵源」的論點。畢竟，兩瓷業的發展、興衰過程不同，若加以區別劃分似乎較恰當。

　　部分學者常用「早期越窯」的名稱稱呼唐代以前，以上虞爲中心窯場的瓷業。拙見認爲這一稱呼不甚理想，因爲這樣的名詞仍未跳脫「越窯」範圍。另外，學界也常以「古越窯」、「晉瓷」、「縹瓷」、「浙江青瓷」、「會稽窯」等名稱，稱呼以上虞爲中心的瓷業產品，筆者仍認爲似乎有待商榷。

第四節　越窯窯址分布

　　根據前述的論點，「越窯」是指唐至北宋，越州地區窯址生產的瓷器產品。基於這個概念，以下便試圖探討唐代越窯窯址分布的問題。

　　雖然，越窯名詞的起源來自唐代越州窯，是具有行政區劃和地理空間考慮的概念，但是，瓷器爲商業產品，具有流行性與模仿性，因此，除越州的窯址會生產越窯器外，其他地區的窯址也會引進工藝技術，給予程度不同的模仿，由於此種理由，越窯窯址將不受行政區劃的侷限，反而應以器物特徵做爲是否爲越窯窯址的劃分依據。

　　不過，瓷器爲藝術與技術合一的產品，產品特徵的形式受制於多方面因素影響，包括當地製瓷的歷史傳統，地區的胎土、釉料、燃料，鄰近窯址產品的種類，以及時代流行的工藝與風格等。透過這些因素的交互刺激，瓷器產品便會產生各自不同的特徵，舉例而言，在五代、北宋時期模仿越窯器最成功者有上虞的窯寺前窯[註29]與鄞縣沙葉河頭村窯[註30]，但兩窯產品的特色與上林湖產品仍有差異，絕非完全相同，說明仿作上林湖越窯產品有程度上的不同，因此判斷是否爲越窯窯址，首先必須釐清產品特徵，爲了辨明具有不同程度越窯特徵的產品，以下首先對「越窯青瓷」、「越窯系青瓷」、「越瓷風格青瓷」做概念的說明，藉著這三個名詞再進入越窯窯址分布的問題探討。

　　「越窯青瓷」是唐代越州窯的青瓷產品，在唐代其中心產地在慈溪縣上

〔註29〕汪濟英，〈記五代吳越國的另一官窯——浙江上虞縣窯寺前窯址〉，《文物》，1963年一期，頁43～49。

〔註30〕參見浙江省文物管理委員會，〈浙江鄞縣古瓷窯址調查記要〉，《考古》，1964年四期，頁182～187。另見李輝柄，〈調查浙江鄞縣窯址的收穫〉，《文物》，1973年五期，頁30～39。基本上，上虞窯寺前窯與鄞縣沙葉河頭村窯產品胎土較白，釉的透明度高，胎體較輕薄，紋飾不如上林湖產品工藝精緻流暢。

林湖，目前根據考古調查得知，上林湖周圍的窰址分布以唐、五代、北宋最豐富多樣，造型與裝飾工藝最具水準，是領導整個唐代越窰器生產的中心窰址。然而，隨著上林湖窰址產品的受到喜愛與歡迎，市場需求大增，在慈溪上林湖附近，同屬越州，並包括開元二十六年（西元 738 年）以後的明州各地，有許多窰址興起，這些窰址不論有無製瓷的歷史傳統，生產的產品均模仿上林湖產品，但瓷器種類不如上林湖豐富，造形、紋飾也不如上林湖產品精美，但是種類、造形與裝飾均不脫上林湖產品的基本特徵，這些窰址可以視爲上林湖窰址的衛星窰址，角色上爲上林湖窰址空間的延伸，因爲這些窰址可以視爲越窰窰址，生產的產品也可以視爲越窰產品，例如紹興的上灶官窰址〔註31〕，寧波的小洞嶴窰址〔註32〕便是這類越窰窰址的代表。

以上林湖窰址爲生產重心的越窰產品受到喜愛，並成爲市場流行產品時，不僅越州和明州地區的窰址加以模仿，浙江各地，不少具有燒瓷傳統的窰址，在生產本身原有產品之餘，也開始燒造和上林湖窰址產品相同的瓷器。然而，這些地區的窰址，由於產品種類繁多，包羅各種傳統產品、鄰近窰址產品，以及上林湖窰址產品，因此面貌特徵複雜，與越州和明州地區窰址的單純面貌不同，因此這些浙江地區的窰址仍屬於獨立的瓷業，並非上林湖窰址的衛星窰址。具有此類性質的窰址，包活浙江南部溫州地區的窰址、浙江中部婺州地區的窰址，以及台州地區的窰址，因此筆者認爲這些地區生產與上林湖越窰器類似者，可稱爲「越窰系青瓷」。

例如溫州地區的窰址，密集分布在甌江北岸的永嘉、瑞安等縣，其中永嘉灶岩頭至大坟山一帶的窰址，以及溫州西山窰址，在唐代已生產類似上林湖越窰青瓷器的產品，例如西山窰址生產的刻花盤（圖 1-2），無論造形與紋飾均與上林湖產品類似〔註33〕。此外，婺州地區的窰址，集中於金華、蘭溪、東陽、永康、武義、衢州、江山、龍游等地，這些地區的窰址也製造各類青瓷器，例如金華華南公社的漢灶唐窰出土的敞口斜腹玉璧底碗和喇叭口短頸

〔註31〕 紹興市文管理委員會，〈紹興上灶官山越窰調查〉，《文物》，1981 年十期，頁 43～47。

〔註32〕 林士民，〈勘察浙江寧波唐代古窰的收穫〉，收錄於文物編輯委員會編，《中國古代窰址調查發掘報告集》（北京：文物出版社，1984 年一版一刷），頁 15～21。

〔註33〕 浙江省文物管理委員會，金祖明執筆，〈溫州地區古窰址調查紀略〉，《考古》，1965 年十一期，頁 26 及圖 4-8、圖 7-4。

多邊形短流執壺〔註34〕，特徵和上林湖青瓷產品類似。另外，台州地區也有
類似的窯址，例如魚山窯址出土的青瓷唾壺（圖 1-3）、喇叭口短頸執壺（圖
1-4）〔註35〕，塘下窯址出土的撇口弧腹矮圈足碗（圖 1-5）〔註36〕、刻荷花
荷葉紋碗（圖 1-6）〔註37〕等均與上林湖越窯器十分類似。因此，將以上三地

圖 1-2：四花口刻花盤　　　　　　圖 1-3：青瓷唾壺

溫州西山窯址出土

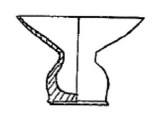

台州溫嶺魚山窯址出土

圖 1-4：　　　　　圖 1-5：　　　　　圖 1-6：
喇叭口短頸執壺　　撇口弧腹矮圈足碗　　刻荷花荷葉紋碗（殘）

台州溫嶺魚山窯址出土

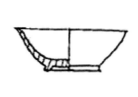

台州溫嶺塘下窯址出土

台州溫嶺黃泥園窯址出土

〔註34〕金華地區文管會、貢昌，〈談婺州窯〉，收錄於文物編輯委員會編，《中國古代
　　　窯址調查發掘報告集》（文物出版社，1984 年一版一刷），頁 28。唐中晚期的
　　　碗、執壺。
〔註35〕台州地區文管會、溫嶺文化局，〈浙江溫嶺青瓷窯址調查〉，《考古》，1991 年
　　　七期，頁 616 的 II 式執壺與渣斗，另見頁 618 的圖 2-4、圖 2-16。
〔註36〕同註 35，頁 617 的 II 式碗，另見頁 618 的圖 2-7。
〔註37〕同註 35，頁 617 的 VI 式碗，另見頁 618 的圖 2-18。

區窯址所生產具有上林湖越窯青瓷器特徵的產品稱為「越窯系青瓷」,一方面可以標明這些產品具有越窯器的特徵,二方面則反映這些產品與上林湖產品不同的事實。

　　根據上海辭書出版社出版《簡明陶瓷詞典》的說明,「窯系」指瓷窯體系,起源於陶瓷界對宋代窯業的認知,是根據各窯產品工藝、釉色、造形、裝飾異同,所劃分的瓷窯體系,此一概念為重視風格影響的概念。然而,曾任浙江省文物考古研究所的任世龍先生,對瓷業體系的問題,也曾做更詳盡的分析與說明,他說:

> 陶瓷界所稱的「瓷業體系」從其本質說來,即是瓷業發展的淵源流變關係,或是瓷器譜系。它由某些具有各自內涵和外緣的瓷業遺存類型的聯結關係而構成一種序列的形態,既不是一成不變的,也不是無法再行分割的一個整體。〔註38〕

而且,他又解釋道:

> 窯系可以是相對廣闊的地域範圍,擁有共同的工藝特徵和文化內涵的若干窯址群的相互聯結,也可以是某些單個的窯場與若干窯址群、組的聯結,甚至還可以是若干單個窯場的聯結。反而言之,屬於某一窯系的瓷業遺存,也並不絕對地集中分布於共同遺存區域之內。〔註39〕

以上的觀點十分符合瓷業發展的實際狀況。

　　以越窯體系為例,其劃分是否屬越窯系產品的窯址,劃分的標準,明顯地,不是地理空間或是行政區劃隸屬越州,而是當地窯址的瓷器產品特徵是否與上林湖產品相同。以目前所知,唐代溫州、婺州、台州地區均有部分窯址生產仿作上林湖越窯青瓷的瓷器,這些窯址並非集中一地區,而是採點狀分散的分布,分布的範圍擴及全浙江。

　　就產品種類而言,溫州、婺州、台州地區凡有生產具備上林湖越窯青瓷特徵產品的窯址,其窯業內涵不是一成不變,也不是無法再行分割,也就是說以上的窯址,其產品內涵極多元,非越窯一種產品能夠概括。以婺州地區的窯場為例,唐代婺州窯的產品品質不甚精良,雖有仿作越窯特徵的產品,但是當上林湖窯正當巔峰的中晚唐時期,婺州窯已經開始走下坡,產品品質

〔註38〕同註25,頁64。
〔註39〕同註25,頁64。

極其粗陋﹝註40﹞，說明婺州窯在仿燒越窯之餘，其發展過程與上林湖越窯不同。另外，婺州窯在唐代的發展特色與內涵，也不是無法再行分割的整體，婺州地區窯址除生產類似上林湖窯青瓷外，仍有眾多特殊產品，包括獨具地方特色的蟠龍罍，這種蟠龍罍在南朝時期已開始創燒﹝註41﹞，是婺州窯代表性的產品；另外，婺州窯產品的裝飾風格似乎也和上林湖不同，擅用褐彩裝飾，尤其在碗、執壺的青釉內施以大褐斑﹝註42﹞。此外，婺州窯的乳濁釉產品，也是其他窯址沒有的品種﹝註43﹞。從以上特有的青瓷品種與裝飾方式判斷，婺州地區的瓷業是具有強烈自我風格的瓷業，角色上具有濃厚獨立窯業的內涵，因此在唐代，時人稱其「婺州窯」，陸羽的《茶經》一書便提到婺州窯，地位與越州窯可相提並論。

從以上現象，可以得到某種理解，站在越窯的角度，婺州有不少窯址生產具有越窯特徵的青瓷，因此根據產品風格的觀點，婺州的窯址，凡是生產具有越窯特徵的產品，則稱此類產品為「越窯系青瓷」。反觀，站在婺州窯的觀點，婺州地區各窯址，不論是否有越窯系青瓷生產，各窯址均有為數眾多的特有產品，稱為「婺州窯」仍然符合實際狀況。這可能即是任世龍先生再次指出：「（越窯體系）之所以形成理論上的種種區劃和分析，也無非是為了便於我們更好地去認識、去研究、去揭示古代瓷業『自我』演進的歷史軌跡」﹝註44﹞的原因。畢竟，對於瓷窯體系的概念，至今並無較嚴格的定義。

越窯系產品出現的時間，以及越窯系窯址分布的問題，以任世龍先生的看法，主張在晚唐，特別五代、宋初形成，窯址分布的地點在寧波的東錢湖、台州臨海和許墅（市）、台州黃岩沙埠、婺州東陽、溫州西山等地﹝註45﹞。根據上述產品特徵原則，溫州、婺州、台州部分窯址生產越窯風格青瓷的時間，並不晚於九世紀初﹝註46﹞，說明九世紀以前浙江地區的瓷業已經具備形成越

﹝註40﹞ 同註22，頁197～198。

﹝註41﹞ 同註34，頁27。

﹝註42﹞ 同註34，頁30。

﹝註43﹞ 貢昌，〈浙江龍游、衢縣兩處唐代古窯址調查〉，《考古》，1989年七期，頁610。

﹝註44﹞ 同註25，頁64。

﹝註45﹞ 同註25，頁63。

﹝註46﹞ 溫州地區的四花口刻花盤，在上林湖窯址生產的年代為九世紀中葉。婺州地區的玉璧底碗，在上林湖窯址生產的年代在八世紀下半葉至九世紀上半葉。台州地區的執壺、刻花盤，在上林湖窯址生產的年代在九世紀上半葉；撇口弧腹矮圈足碗生產的時間在八世紀下半葉，可見九世紀中葉以前，浙江地區

窰系的條件。

　　「越窰風格青瓷」的出現與產生，也是探討越窰窰址分布課題，不可避免的關鍵性問題。由於，瓷器為日常使用和流通的商品，在市場網路上具有流動的性格，依照市場原則，舉凡受到市場青睞的產品，必然成為其他窰場模仿，以及工藝引進的對象。越窰瓷器在開元二十六年（西元 738 年）以前已經知名於世，受到人們，尤其是士人喜愛，它的器類、造形、裝飾等方式，自然成為當時各地窰場仿燒的對象。依據瓷窰考古與調查，舉凡長江以南各省有許多青瓷窰址，生產與上林湖越窰類似的產品，這些窰址仍然屬於零星分布，產品的質量也較越窰和越窰系青瓷遜色許多，而且產品也少照單全收的仿燒；不過，產品特徵與工藝表現受到上林湖越窰產品影響是不容置疑的，這類青瓷產品，可以將之稱為「越窰風格青瓷」。

　　生產越窰風格青瓷的窰址，分布於江蘇、福建、廣東各省，例如江蘇省宜興的澗眾窰，生產的青瓷產品，有部分特徵即是上林湖越窰器的特徵，例如斜腹餅形足碗（圖 1-7）的器形和上林湖產品的斜腹玉璧底碗類似，但是器身較高，圈足方式也不相同〔註47〕；另外，侈口弧腹玉璧底碗（圖 1-8）的器形和上林湖窰址產品不同，但是挖足卻採用上林湖越窰產品特有的玉璧底方式〔註48〕，可見，澗眾窰對於上林湖越窰青瓷器，乃採取部分仿製的原則。

　　圖 1-7：斜腹餅形足碗　　　　　　圖 1-8：玉璧底碗

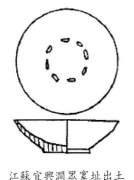
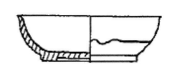

　　　江蘇宜興澗眾窰址出土　　　　　　江蘇宜興澗眾窰址出土

　　的瓷業已經具備形成越窰系的條件。

〔註47〕南京博物院，〈江蘇宜興澗眾窰〉，收錄於文物編輯委員會編，《中國古代窰址調查發掘報告集》（文物出版社，1984 年 10 月一版一刷），頁 53 的 III 式碗，及頁 55 的圖 6-3。

〔註48〕同註47，頁 53 的 IV 式碗，及頁 55 的圖 6-4。

在福建省，也有類似澗眾窯的例子，例如建甌縣的下塘窯址生產的嗽叭口短頸瓜棱執壺（圖 1-9），以及撇口長頸雙繫執壺（圖 1-10）〔註49〕與上林湖窯址產品類似，不過器形的弧度與上林湖產品稍有不同。此外，福建省建陽縣仙乃崗窯窯址採集到的敞口碗（圖 1-11），器形與上林湖產品稍有不同，但是在碗腹外側利用直線象徵花瓣的作法〔註50〕，正是唐代上林湖越窯碗最擅用的裝飾手法。

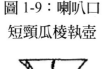

圖 1-9：喇叭口　　　　　圖 1-10：撇口　　　　　圖 1-11：
短頸瓜棱執壺　　　　　長頸雙繫執壺　　　　　出土敞口碗

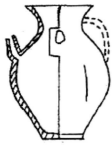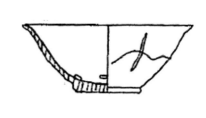

福建建甌下塘窯址出土　　福建建甌下塘窯址出土　　福建建陽仙乃崗窯址

即使，未與浙江接壤的廣東省也有越窯風格的製作，在梅縣水車窯生產一種斜腹玉璧形足碗（圖 1-12）〔註51〕，造形和上林湖產品幾乎一致，唯一不同的地方在於碗底裝燒的特徵，和上林湖產品相異〔註52〕。此外，根據水車窯的考古調查，窯址出土一種四花瓣口，卷沿，矮圈足或玉璧形足的碗，及花瓣碗〔註53〕，從文字描述看來，也和唐代上林湖出土的圖形四花口盤類似。

由上可知，唐代南方地區有不少青瓷窯址仿燒上林湖越窯器的例子，這些窯址目前多數分布在江蘇、福建、廣東各省，生產具有部分越窯器特徵的

〔註49〕張家、徐冰，〈福建建甌東游下塘唐窯調查〉，《考古》，1994 年六期，頁 573 的 I 式、II 式執壺，及頁 574 的圖 2-1、圖 2-2。

〔註50〕建陽縣文化館，〈福建建陽古瓷窯址調查簡報〉，《考古》，1984 年七期，頁 636 的 I 式碗，及頁 637 的圖 2-1。

〔註51〕馮先銘，〈近十年陶瓷考古主要收穫與展望〉，收錄於《中華文物學會一九九一年刊》（台北：中華文物學會出版），頁 9～10「梅縣唐三璧底盤片」。

〔註52〕廣東省博物館，〈廣東梅縣古墓葬和古窯址調查、發掘簡報〉，《考古》，1987 年三期，頁 214 的 I 式碗。

〔註53〕同註 52。

青瓷器，均可以「越窯風格青瓷」
稱之。相信，隨著瓷窯遺址考古
的不斷進行，越窯風格青瓷的面
貌將更多樣豐富，生產的窯址數
量也將增多，分布更爲廣大。少
部分學者將這些生產越窯風格青
瓷的窯址視爲越窯窯址，生產具
越窯風格青瓷的產品視爲越窯，
使得越窯窯址範圍無限擴大，產
品特徵更加模糊，此類產品與越
窯器的區分有其必要。

圖 1-12：玉壁底碗

廣東梅縣水車窯址出土斜腹玉壁底碗

　　綜合以上的論述，越窯窯址
的分布並非依據地理空間關係或行政區劃爲劃分原則，而是採取產品特徵爲
劃分原則。由於，產品特徵相似程度不同，瓷業生業內涵不同，爲了借助產
品特徵說明越窯分布問題，本論文採取先界定「越窯青瓷」、「越窯系青瓷」、
「越窯風格青瓷」三概念，以辨別以上瓷器的生產地，其中生產越窯器的窯
址在唐代的越州、明州範圍內；而越窯系青瓷生產的窯址分布於浙江婺州、
台州，以及福建泉州等地；然而生產越窯風格青瓷的窯址則散列於江蘇、福
建、廣東等省。

第五節　越窯研究成果、現況與展望

一、研究起源

　　越窯的研究起源於民國二〇年代，根據陳萬里的說法，民國二十五年，
上林湖窯址的越窯瓷片首次在杭州古董市場出場，獲得極大的關注，甚至引
起歐美考古學者競相收集〔註54〕，從此開啓了學界對越窯的研究風氣。

　　民國二十五年以後，陳萬里先生以及日本學者均曾長期對越窯加以探索
與研究，民國二十六年陳萬里將採集於上林湖窯址的瓷器碎片，挑選圖片精
彩者，繪製成《越器圖錄》一書，書中收錄百張左右圖片，至今對越窯的研

〔註54〕陳萬里，《越器圖錄》，上海：中華書局印刷發行，1937 年（民國 26 年），自
　　　　序頁 1。

究仍具有重要的參考價值，不過稍有遺憾的是，此圖錄僅有圖繪，沒有任何器形與尺寸資料，使用上受到限制。陳萬里除出版《越器圖錄》外，並曾撰寫〈越器之史的研究〉、〈越窯與秘色瓷〉、〈餘姚上林湖訪問記〉等有關文章〔註55〕，在越窯研究方面，扮演十分重要的啓發角色，他擺脫了陶瓷研究在書房中，交談式的傳統研究方式，提昇陶瓷破片的地位，以及開啓陶瓷窯址標本採集的工作，對輔助文獻研究有極重要的意義。〔註56〕

二、日本方面的研究

陳萬里之後，不少日本學者對越窯投以熱切的關注，最初，杭州日本領事松村雄藏和中尾萬三曾親自前往上林湖〔註57〕。此後，小山富士夫曾針對越窯寫過不少文章〔註58〕；而三上次男更針對越窯的貿易，對日本、韓國、東南亞、中東、北非的越窯遺留做調查〔註59〕，並協助日本出光美術館對以上地區的中國陶瓷器遺留做整理〔註60〕，其中重要的一部分便是唐宋的越窯。這股考古調查的風氣，在日本一直延續至今。

此外，日本本土的考古調查，也獲得爲數不少的唐宋越窯青瓷，這些貿易瓷分布於日本本州與九州各地〔註61〕，爲越窯的研究拓增重要的標本，也提供越窯海外貿易方面重要的訊息。此外，日本學界對越窯較爲關注者爲日本貿易陶瓷研究會會長龜井明德，他曾對越州窯的編年做考察〔註62〕，並曾

〔註55〕陳萬里著，李輝炳策劃，《陳萬里陶瓷考古文集》（北京：紫禁城出版社、香港：兩木出版社出版，1990 年一版一刷）。

〔註56〕同註 55，前言。

〔註57〕日・松村雄藏，〈越州古窯址探查記——紹興縣九岩古越州窯址及餘姚上林湖越州窯址〉，收錄於《陶磁》第八卷第五號「越州窯號」，頁 21〜29。

〔註58〕詳見日・小山富士夫，《小山富士夫著作集》（上），〈中國の陶磁〉，1975 年（昭和 52 年），朝日新聞社發行。内中有「越州の古窯址」、「唐長慶三年銘の青磁墓誌」、「越州窯に關する詩文」、「わが國の遺蹟出土の越州窯」、「エジプト・フオスタシト出土の越州窯」、「ベルシヤ・サマラ出土の越州窯」、「イソド・ブラミナバシド出土の越州窯」。

〔註59〕日・三上次男，《陶磁貿易史研究》（上），東アジア，東南アジア篇，中央公論美術出版。

〔註60〕日・三上次男，〈中世中國とエジプトーフスタート遺跡出土の中國陶磁を中心として一〉，收錄於《陶磁の東西交流》（日本：財團法人出光美術館編集發行），頁 84〜99。

〔註61〕日・橿原考古學研究所附屬博物館編，《貿易陶磁——奈良・平安の中國陶磁》（臨川書店刊，1993 年）。

〔註62〕日・龜井明德，〈越州窯青磁의編年的考察〉，收錄於《韓國磁器發生有關的

來台發表〈日本貿易陶瓷研究之方法論〉一文〔註63〕。另外，在 1993 年，日本大阪市立東洋陶磁美術館也曾舉辦「越州窰」展覽〔註 64〕，可見日本對越窰的關心仍然不減。

三、中國大陸的研究

　　目前，越窰研究貢獻最大，成就最顯著者，應屬民國四〇年代以後，整個中國大陸的考古工作，這一階段的瓷窰考古工作以陳萬里的科學考古為基礎，並加以充實研究方法，不僅將重點置於器物本身，從分析器物特徵的類型學〔註 65〕方向著手，更結合地層學研究，從瓷窰址堆積中，判斷器物的相對年代〔註 66〕，整體而言，對瓷器的研究已做到真正科學研究的要求。

　　在以上研究方法更進一步的背景下，大陸地區的瓷窰研究得到良好的發展，不過，較遺憾的是，越窰的研究在地層學的運用上，一直沒有達到理想的水準。由於，越窰中心窰址所在的上林湖為湖泊區，隨著上林湖地區附近人口增加與工業需求，湖泊擴充為水庫，因此，多數窰址早已沈陷水中，無法做地層學的研究。在民國四十六年（西元 1957 年），上林湖曾經興修水庫，當地考古單位遂在上林湖水庫範圍內進行採集標本的工作，並提出〈浙江餘姚青瓷窰址調查報告〉〔註 67〕，這篇報告有圖有文，器物有尺寸，對上林湖越窰器的研究提供極為重要的參考。與此同時，另有一篇〈餘姚窰瓷器探討〉一文〔註 68〕，內容與圖片均不如前書豐富。

　　不過，上林湖窰址的遺存隨著人口增加，水庫範圍加大，遺址破壞更加迅速，民國七十八年（西元 1989 年），慈溪地區由於用水困難，再度擴充水庫面積，多數窰址遂沈於庫底。在民國七十九年（西元 1990 年）浙江省文物考古研究所曾組織上林湖窰址考察小組，對存在窰址進行勘測，其中舊有與

諸問題》。

〔註63〕　日・龜井明德，〈日本貿易陶瓷器研究之方法論〉，收錄於《中國古代貿易瓷國際學術研討會論文集》，國立歷史博物館出版，1994 年（民國 83 年），頁 150〜169。

〔註64〕　日・（財）大阪市立美術振興協會發行，《越州窰の青磁 I──古越窰の造形》、《越州窰の青磁 II──唐から宋へ》，1994 年。

〔註65〕　同註 7。

〔註66〕　同註 8。

〔註67〕　金祖明，〈浙江餘姚青磁窰址調查報告〉，《考古學報》，1959 年三期，頁 107〜119。

〔註68〕　王士倫，〈餘姚窰瓷器探討〉，《文物》，1958 年八期，頁 42〜46。

新編的窯址共一二五處，包括東漢、三國遺存七處，南朝晚期遺存一處，唐代遺存七十處，五代、北宋遺存四十七處，這些窯址依時間先後順序分為六個期別〔註 69〕，不過，此次的調查並未發表詳細的調查報告。目前，浙江省文物考古研究所仍然持續對上林湖窯址做調查、採集工作。所幸，部份窯址地勢較高，未被水庫淹沒，浙江地區的考古單位，仍持續對窯址挖掘調查，故 2002 年由慈溪市博物館編寫《上林湖越窯》一書，同年浙江省文物考古研究所也發表《寺龍口越窯址》一書，兩書為目前唐宋越窯少見的較完整考古報告，是掌握越窯面貌最重要的資料。

越窯資料的來源，除取自上林湖窯址之外，大陸地區墓葬、遺址出土的越窯具有重要價值，在紀年墓葬與無紀年墓葬的越窯器出土發現中，以寧波唐代遺址出土的越窯器數量最多〔註 70〕，由於出土報告為零星發表，因此對於出土物的整體狀況無法全面掌握，不過，寧波出土物屬於唐代越窯成熟階段的產品，對越窯的了解具有關鍵性的意義。

除寧波出土外，最令人興奮的出土，則是民國七十六年（西元 1987 年）陝西扶風法門寺地宮秘色瓷器的出土，此次的十三件瓷器，在物帳中標明「瓷秘色」〔註 71〕，這無異揭開秘色瓷是否存在的千年迷團，並使世人親見歷史記載中「秘色」的真面目。

對於瓷器的研究，不可忽略胎、釉成分的科學分析。民國三〇年代開始，周仁先生便開始注意陶瓷科學技術的問題，並分析陶瓷的胎釉成分，企圖藉以解釋部分考古與文獻無法解釋的科學、工藝方面的問題〔註 72〕。此一研究傳統，至今依然受到肯定與重視，在民國七十八年（西元 1989 年）古陶瓷科學技術國際討論會中，便有〈上林湖歷代越瓷胎、釉及其工藝的研究〉

〔註 69〕同註 25，頁 59～60。

〔註 70〕見林士民，〈浙江寧波市出土一批唐代瓷器〉，《文物》，1976 年七期，頁 60～61。另見林士民，〈寧波東門口碼頭遺址發掘報告的唐代遺物〉，收錄於浙江省文物考古所編著，《浙江省文物考古所學刊》（文物出版社，1981 年 11 月一版一刷），頁 113～118。另見林士民，〈浙江寧波出土的唐宋醫藥用具〉，《文物》，1982 年八期，頁 91～93。另見林士民，〈Zheilang Export Green Glazed Wares: Ningbo Data〉，收錄於《「浙江青瓷外銷」論文學術討論會論文》（香港大學亞洲研究中心出版，1994 年），頁 141～168。

〔註 71〕陝西省法門寺考古隊，〈扶風法門寺塔唐代地宮發掘簡報〉，《文物》，1988 年十期，頁 23～24。

〔註 72〕周仁等著，《中國陶瓷研究論文集》（北京：輕工業出版社，1983 年 5 月一版一刷），頁 1 出版說明。

論文〔註73〕可供參考。

近年來，對越窯的關注，隨法門寺秘色瓷的出土，又回到對秘色瓷的探討，民國八十一年（西元 1992 年），在首屆國際法門寺歷史文物學術討論會中再次談到秘色瓷。民國八十四年（西元 1995 年），並在上海召開「秘色瓷討論會」，會中提出的論文多達三十篇左右，是一次對秘色瓷總探討的會議，會議中雖有共識，但是意見分歧之處仍多，而議題的焦點在於秘色瓷的涵義，究竟是因色，或因性質而產生的定義；而另一焦點為秘色瓷屬於官窯或貢窯的爭論，就目前的實物與文獻，仍無法對以上問題做出令人信服的定論，唯待日後更可靠的資料。〔註74〕

四、台灣方面的研究

目前，越窯的研究，已經不再是大陸地區，日本及海外有越窯遺存地區把持的狀況，隨著澎湖地區有大量五代、北宋越窯青瓷的出土〔註75〕，台灣地區也獲得探討越窯的機會與有利資料。由於，澎湖地區出土越窯器被認為是外銷的高級產品，對越窯面目的揭示與貿易形式的探討，有無法低估的意義。

最後，值得一提的是，民國八十五年（西元 1996 年）國立歷史博物館、年喜文教基金會與國立台灣大學藝術史研究所共同舉辦的「越窯特展」，展出的展品層次高、質量精，文字的部分尤其具有啟發的論點，例如越窯概念的提出、越窯中心論的觀點〔註76〕，以及越窯青瓷工藝對高麗製瓷技術的影響〔註77〕等，都有精闢，具建設性，與啟發性的看法。不過，此次的展品多集中唐以前的青瓷產品，唐代成熟期的作品極少，輕重之別顯得稍有遺憾。為

〔註73〕李家治、陳顯求、陳士萍、朱伯謙、馬成達，〈上林湖歷代越窯瓷胎、釉及其工藝的研究〉，收錄於李家治、陳顯求主編，《古陶瓷科學技術國際討論會論文集》（上海：科學技術文獻社，1992 年），頁 336～344。

〔註74〕至今本次討論會論文集仍未出版，僅有打字稿及手稿約三十餘篇。但汪慶正主編，《越窯·秘色瓷》（上海古籍出版社，1996 年 11 月），一書有六十五幅圖版，及二十三篇節錄稿。

〔註75〕陳信雄，《越窯在澎湖——五代十國時期大量越窯精品的發現》，台南：文山書局，1994 年（民國 83 年）初版。

〔註76〕同註26，頁 40。

〔註77〕成耆仁，〈初探越窯青瓷在高麗康津地區之生根與開花〉，刊於《千峰翠色——越窯特展》，財團法人年喜基金會，1996 年（民國 85 年）初版，頁 101～110。

撰寫此篇論文，個人於 1995 年 7 月與 8 月間，承蒙浙江省考古研究所安排，前往上林湖窯址參觀三週，期間考古所副所長任世龍老師陪同、指導，並拜會朱伯謙、林士民、童兆良、謝純龍等老師。本論文中所採用「1995 年上林湖窯址出土」標本，便是個人在上林湖上手的瓷片，線圖由個人繪製，1997年撰寫完成的博士論文「唐代越窯青瓷器研究」亦郵寄以上諸位老師，懇請給予指正。

五、未來展望

整個越窯的研究，不論海內、海外，仍處在方興未艾之際，雖然對於越窯面貌問題已有較全面、精確的掌握。但是，學界對其涵義與概念的釐清，仍然存在過多的歧異，在此前題下，討論問題自然倍增爭議與困難，因此，「窯系」定義的問題首先必須釐清。另外，越窯青瓷、越窯系青瓷、越窯風格青瓷，在產品特徵與窯址分布的問題上，仍有極端複雜交錯的關係，必須待日後更多窯址出土與研究，才能得到更完整、符合事實的論點。展望未來，從商品的角度，對越窯概念的釐清有助於浙江青瓷的研究，進而對南方青瓷的研究，甚至整個唐宋之際，中國瓷業相互影響的研究，是一十分具有意義的探討課題；此外，從藝術品的觀點，探討越窯青瓷的文化、藝術價值，進而掌握中國青瓷所蘊含的文化內涵，更是不容忽略的議題。

第二章　唐代越窯青瓷的造形

　　唐代越窯的中心窯場在浙江省慈溪縣上林湖，此地生產的越窯青瓷器為唐代瓷品的佼佼者，不僅入貢朝廷，並提供權貴、士大夫、僧侶、道士等上層階級使用，也是輸出海外的重要貿易產品，因此在器類造形、裝飾紋樣方面均影響當時其他各窯場的瓷器產品，不論「越窯系青瓷」、「越窯風格青瓷」，或是其他地區的青瓷器均有仿效的例證。這些仿效品，部份模仿器類的造形，部分模仿紋飾，均以上林湖窯址產品為參考標準。

　　本章以探討器物造形為主，說明越窯青瓷最主要的器類與造形，在參考標本的取樣上，儘量以上林湖窯場生產者為主。除採集於上林湖窯址的標本外，舉凡墓葬、遺址出土物，或是傳世品，較難證明為上林湖窯生產物，因此這些紀年參考標本可能有少部分為上林湖附近，即紹興、寧波、上虞等地生產的同樣風格的越窯器；甚至為溫州、婺州、台州等地生產相同風格越窯系產品，由於這些產品具有共同的時代風格，因此仍可做為判斷年代的依據。

第一節　碗

　　依據口部造形的差異，常見的碗可分為直口、撇口、折沿口、花口四種不同的分類。

一、A型碗

　　A型碗的口部敞直，依據腹部與圈足的不同，又可細分Aa型與Ab型兩種。

（一）Aa 型碗

1. Aa 型 I 式碗（直口弧腹假圈足）

這種型式碗的特徵爲口部直，腹部呈弧型，腹部最寬處在下腹近中間處，多數標本製作較粗糙。在上林湖編號四的木勺灣窯址有不少此型式碗的生產（圖 2-1）[註1]，也是此窯址坦露地面，數量最多的標本，所見標本的口徑分別有 11.8 公分、13.6 公分、15.2 公分三件，前兩件的足部屬平底內凹的假圈足形式。

此型式碗出現的時間爲隋末唐初，在浙江省江山縣隋開皇十八年（西元598 年）墓出土五件碗，其中兩件的造形（圖 2-2、圖 2-3）與此型式相同，根據出土報告描述，兩件碗的造形口壁較直、深腹、小假圈足、素面[註2]。因此 Aa 型 I 式碗的時間最早可推至隋代；加以，江山上元三年（西元 676 年）墓，也能見到此型式碗（圖 2-4）[註3]；且龜井明德也曾引用西元 697 年廣

圖 2-1：唐・越窯青瓷碗　　**圖 2-2：隋・青瓷碗**　　**圖 2-3：隋・青瓷碗**

口徑 6.9 公分，高 3.7 公分
底徑 3.4 公分，浙江省
江山縣何家山公社出土

口徑 9.7 公分，高 4.6 公分
底徑 4.6 公分，浙江省
江山縣何家山公社出土

圖 2-4：唐・青瓷碗　　**圖 2-5：唐・青瓷碗**

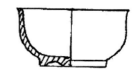

口徑 11.8 公分，高 4.4 公分
底徑 4.9 公分
上林湖窯址出土

口徑 10.6 公分，高 4.6 公分
底徑 4.6 公分，浙江省
江山縣何家山公社 M6 墓出土

廣東子游夫妻墓出土

[註1] 筆者曾於 1995 年夏季前往上林湖窯址，因此本論文討論時所指「1995 年上林湖採集」的標本，均指上林湖文物保管所收藏標本。

[註2] 江山縣文物管理委員會，〈浙江江山隋唐墓清理簡報〉，收錄於《考古學集刊》（三），考古編輯部編輯，頁 162 及圖 3-3、圖 3-5。

[註3] 同註2，頁 164～165 及圖 7-5。

東唐墓出土 Aa 型 I 式碗（圖 2-5）〔註4〕，可見此型式碗至少延續至武后神功元年（西元 697 年），流行的時間超過數十年之久。

　　雖然，江山縣在唐代爲衢州轄地，生產的青瓷器不排除是婺州窯的產品〔註5〕；而廣東出土碗也不排除當地品，但這些產品與同時代的越窯應有時代的共同性，因此時代必然不會相距太大。

2. Aa 型 II 式碗（直口深弧腹）

　　此型式碗的特徵爲口部直而微斂，腹部呈弧形，腹部最寬處在口沿以下的腹部上側，圈足的形式有平底、玉璧底、圈足底三種。此型式碗在 1995 年上林湖窯址採集到數件標本，應屬當時較流行的器形，以圖 2-6 爲例，碗口徑爲 9 公分，高 5.7 公分，足徑 5.4 公分，造形工整勻稱。在上林湖窯同型式的碗另有二件（圖 2-7、圖 2-8）其中一件的口徑爲 8.6 公分，高 6 公分，底徑 8.6 公分〔註6〕，兩件標本的底足爲圈足底。

圖 2-6： 唐・越窯青瓷碗	圖 2-7： 唐・越窯青瓷碗	圖 2-8： 唐・越窯青瓷碗
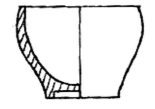		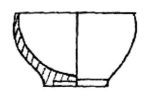
口徑 9 公分，高 5.7 公分 底徑 5.4 公分 1995 年上林湖窯址採集	口徑 8.6 公分，高 6 公分 底徑 4.6 公分 1995 年上林湖窯址採集	1995 年上林湖窯址採集

　　Aa 型 II 式碗流行的時間在九世紀上半葉，目前所知最早的紀年標本，出土於鎮江殷府君寶歷二年（西元 826 年）唐墓，墓中那件碗（圖 2-9）的口徑

〔註4〕日・Kamei Meitoku（龜井明德），〈The Term of "The Yue Ware Mi Ce Ci" Mentioned in Japanese Ancient Historical Documents〉，收錄於汪慶正主編，《越窯・秘色瓷》（上海古籍出版社，1996 年 11 月一版一刷），頁 51～52，附圖 35-3。

〔註5〕貢昌，〈談婺州窯〉，收錄於文物編輯委員會編，《中國古代窯址調查發掘報告集》（北京：文物出版社，1984 年 10 月一版一刷），頁 25，圖三：「婺州窯器物演變圖」中，隋代碗即撇口弧腹平底碗，與此處的 Aa 型 I 式碗類似。

〔註6〕圖 2-8 由於當時漏做記錄，因此缺乏尺寸資料。

爲 8.4 公分，高 4.4 公分，底徑 3.2 公分，釉色淺綠，並有開片〔註7〕，尺寸較
上林湖窰址採集標本小，且圈足爲平底假圈足形式，與上述兩件標本稍有不
同，這件碗的出土，對 Aa 型 II 式碗的生產年代具有重要的參考價值。

此外，較寶歷二年晚的安徽巢湖會昌二年（西元 842 年）唐墓，也有 Aa
型 II 式碗（圖 2-10）的出土，此碗的特徵爲斂口、圓唇、鼓腹、玉璧形底，
通體施牙黃色釉，釉色均勻無開片，胎白質堅，口徑 6.8 公分，腹徑 10.8 公
分，底徑 4.8 公分〔註8〕。此型式碗最晚的出土標本爲寧波唐代碼頭大中（西
元 847～859 年）層遺址出土碗（圖 2-11），口徑 11 公分，高 6 公分，底徑
5.2 公分，底部爲圈足形式〔註9〕，此件標本提供了 Ab 型 II 式碗年代的參考
依據。

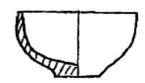

圖 2-9：
唐・青瓷碗

口徑 5.4 公分，高 4.4 公分
底徑 3.2 公分
江蘇鎮江殷府君墓出土

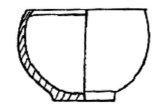

圖 2-10：
唐・越窰青瓷碗

口徑 6.8 公分，高 4.8 公分
安徽巢湖市環城公社
會昌二年墓出土

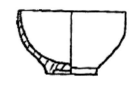

圖 2-11：
唐・越窰青瓷碗

口徑 11 公分，高 6 公分
底徑 5.2 公分
寧波唐代海港遺址出土

此型式碗在無紀年的墓葬中也有三件例證，其中一只碗（圖 2-12）的口
徑爲 8.4 公分，高 4.2 公分，底徑 4 公分，底部爲平底假圈足，釉色呈現青綠
色，且釉不及底，整體的製作較粗糙〔註10〕。另外，浙江紹興木柵唐墓出土
的一件碗也是 Aa 型 II 式碗的代表例證，碗（圖 2-13）的口徑爲 6.8 公分，高

〔註 7〕 鎮江博物館，〈江蘇鎮江唐墓〉，《考古》，1985 年二期，頁 135 的 II 式碗，及
頁 134 的圖 5-2。
〔註 8〕 巢湖地區文物管理所，〈安徽巢湖市唐代磚室墓〉，《考古》，1988 年六期，頁
523 及圖 3-9。報告中記述此碗腹徑 10.8 公分，但從圖片看來顯然有誤差。
〔註 9〕 Lin Shimin（林士民），〈Zheilang Export Green Glazed Wares: Ningbo Data〉，收
錄於《「浙江青瓷外銷」論文學術討論會論文集》（香港：大學亞洲研究中心
出版，1994 年），頁 146～148 及圖 36。
〔註 10〕 同註 7，頁 135 及圖 2-1。

4.1 公分，底徑 4.2 公分，同樣爲平底假圈足形式，釉色呈現青綠色。〔註11〕

　　在杭州老和山編號六十五唐墓的一件碗（圖 2-14），口徑爲 11 公分，底徑 6.5 公分，高 5.2 公分，底部爲圈足形式，但挖足輕淺，此墓被訂爲晚唐墓〔註12〕，由於墓中出土這件碗，從文字描述與線繪圖看來，應爲此 Aa 型 II 式碗，另外此墓同時出土 Ba 型 I 型碗，然而 Ba 型 I 式碗生產的時間不晚於九世紀中葉，因此可以判斷此墓可能爲九世紀上半葉的墓葬。

　　由以上諸例可知，Aa 型 II 式碗的出現率極高，說明乃當時普遍流行的器物造形，流行於九世紀上半葉。

圖 2-12：唐・青瓷碗　　圖 2-13：唐・青瓷碗　　圖 2-14：唐・青瓷碗

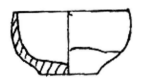

口徑 8.4 公分，高 4.2 公分
底徑 4 公分
江蘇鎮江 M3 墓出土

口徑 6.8 公分，高 4.1 公分
底徑 4.2 公分
浙江紹興里木柵 M12 唐墓出土

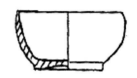

口徑 11 公分，高 5.2 公分
底徑 6.5 公分
杭州老和山 M65 唐墓出土

（二）Ab 型碗

1. Ab 型 I 式碗（直口折腹假圈足）

　　此型式碗的尺寸較大，且胎較厚，因此部分考古報告將之列爲「缽」，此型式碗的特徵爲口部直而微撇，腹部斜直內收，口腹間有明顯內折痕跡，器腹最寬處在上腹部折腰處，足部爲假圈足內凹，整體製作較粗糙。

　　此型式碗的標本，在上林湖編號四的木勺灣窰址有許多遺存，以 1995 年在窰址採集的標本（圖 2-15）爲例，口徑 15.4 公分，高 7.1 公分，

圖 2-15：
唐・越窰青瓷碗

口徑 15.4 公分，高 7.1 公分
底徑 6.4 公分
1995 年上林湖窰址採集

〔註11〕紹興縣文管所，〈浙江紹興里木柵晉唐墓〉，《考古》，1994 年六期，頁 540 及圖 10-7。

〔註12〕浙江省文物考古研究所，〈杭州老和山唐、宋墓〉，收錄於浙江省文物考古研究所編，《浙江省文物考古研究所學刊——建所十週年紀念》（北京：科學出版社，1993 年一版），頁 259、268 及圖 8-6。

碗底徑 6.4 公分。

此型式碗，在窯址中常與 Aa 型 I 式碗共同出現，因此兩型式碗生產的時間應該不致相差太遠。此外，在衢州武德八年（西元 625 年）墓中也有此型式碗（圖 2-16）出土〔註 13〕，說明 Ab 型 I 式碗流行的時間在初唐時期。雖然這件碗可能並非上林湖產品，但從時代風格的角度考慮，越窯此型式碗的時間應不至於有太大的差距。

圖 2-16：唐・青瓷碗

口徑 9.5 公分，高 4 公分
底徑 5 公分
浙江衢州市 M20 唐墓出土

2. Ab 型 II 式碗（直口弧腹玉璧底）

此型式碗的特徵為口部敞直微內斂，腹部呈淺弧型，底足為玉璧型。此型式碗在西元 1958 年上林湖窯址曾採集到標本（圖 2-17），口徑為 13.2 公分，高 3.8 公分，目前收藏於浙江省博物館。〔註 14〕

圖 2-17：唐・越窯青瓷碗

口徑 13.2 公分，高 3.8 公分，上林湖窯址出土

此型式碗可供紀年參考的標本出土於揚州胥浦唐墓，從墓葬出土報告的說明與線圖看來，應屬此一型式碗，碗（圖 2-18）口徑 14.8 公分，高 5.2 公

〔註 13〕 衢州市文物館，〈浙江衢州市隋唐墓清理簡報〉，《考古》，1985 年五期，頁 456 及圖 12-1。

〔註 14〕 中國上海人民美術出版編集，《中國陶瓷全集（四）・越窯》（日本：株式會社 美乃美發行，1981 年 9 月 1 日出版），圖 142。

分，底徑 7 公分；雖然此墓的墓誌文字模糊不清，未能對確切年代有所說明，但墓誌中有「安史肇亂」字跡〔註 15〕，可知此型式碗的流行年代應該在安史之亂後不久，也就是西元八世紀的第三個四半期左右。不過，此型式碗延續的時間爲九世紀中葉，1978 年在寧波遵義路唐代遺址出土一只碗（圖 2-19），口徑爲 13.2 公分，高 3.8 公分，由於此遺址伴隨有大中二年（西元 848 年）銘碗出土，說明遺址的年代大約在九世紀中葉〔註 16〕，因此從以上兩件標本的時代，可以建立 Ab 型 II 式碗的大致起迄年代。

圖 2-18：唐・青瓷碗

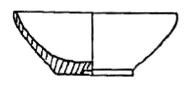

口徑 14.8 公分，高 5.2 公分，底徑 7 公分
揚州唐代手工業作坊遺坊出土

圖 2-19：唐・青瓷碗

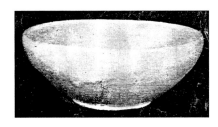

口徑 13.2 公分，高 3.8 公分
寧波遵義路唐代遺址出土

此型式碗的大小不甚一致，1995 年個人曾在寧波市文物管理研究親自見到一件口徑 15.6 公分的此型碗。

二、B 型碗

B 型碗的特徵爲撇口，依腹部不同可分 Ba 型與 Bb 型兩種。

（一）Ba 型碗

1. Ba 型 I 式碗（撇口直腹矮圈足）

這些型式碗的造形較大，口部外撇，腹部直或稍弧，圈足極矮。

此型式碗的標本在上林湖黃鱔山等窰址曾採集到不少標本，以圖 2-20 爲例，碗口徑 19 公分，高 6.1 公分，圈足 11.3 公分，此標本僅餘碗的一半，口沿外撇稍突出，腹部平直稍微弧，圈足極矮，從側面觀之幾乎無圈足，乃足

〔註15〕王勤金、李久海，〈揚州出土的唐宋青瓷〉，收錄於《中國古代青瓷研究專輯》（《江西文物》編輯部編輯出版，1991 年 12 月 30 日出版），頁 91 及圖 1-2。
〔註16〕林士民，〈浙江寧波市出土一批唐代瓷器〉，《文物》，1976 年七期，頁 61 及圖版 5-5。

周挖有凹槽而已。類似的標本在上林湖出現不少，以所見標本爲例，碗口徑分別 15.8 公分、16 公分、20.4 公分，部分標本的圈足稍微明顯，標本的精、粗程度差別頗大。

目前所知，此型碗最早的出土例證爲唐至德元年（西元 756 年）廣東唐墓，墓中出土碗（圖 2-21）的造形爲大敞口、淺腹、假圈足，足周有溝槽，口徑 18 公分，高 5.5 公分，整體製作十分粗糙〔註17〕，從圖片看來，與上林湖產品似乎有些差距，因此一般均未將之列爲越窯器討論，只有小山富士夫將之訂爲越窯器〔註 18〕，即使此件並非上林湖產品，但依據時代風格判斷，仍然可以做爲年代依據的參考。

圖 2-20：唐・越窯青瓷碗　　　　圖 2-21：唐・青瓷碗

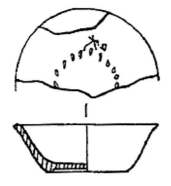

口徑 19 公分，高 6.1 公分
底徑 11.3 公分，1995 年上林湖窯址採集

口徑 18 公分，高 5.5 公分
廣東韶關羅源洞唐墓出土

除廣東唐墓外，洛陽大歷十四（西元 779 年）唐墓中出土的一只「豆青釉大碗」（圖 2-22），口徑爲 21 公分，高 5.5 公分，從圖片的造形看來，應屬此 Ba 型 I 式碗〔註19〕，報告中所稱的「豆青釉」的色澤，應與上林湖所採集參考品的青灰色釉相近。

另外，浙江南田島唐元和十二年（西元 817 年）唐墓中出土一件圓唇微翻、淺腹、斜直壁、矮圈足，施青灰釉的大碗（圖 2-23），口徑爲 21.5 公

〔註17〕徐恆彬，〈廣東韶關羅源洞唐墓〉，《考古》，1964 年七期，頁 344 及圖版 6-4。
〔註18〕日・小山富士夫，《小山富士夫著作集》（上），〈中國の陶磁〉，東京：大阪朝日新聞社出版，昭和 52 年（西元 1975 年）6 月 25 日出版，頁 256。
〔註19〕河南省文化局文物工作隊第二隊，〈洛陽十六工區七六號唐墓清理簡報〉，《文物參考資料》，1956 年五期，頁 41 及圖 13 右上。

分，高 6 公分〔註20〕，不論是出土報告中所記述的特徵，或是線繪圖中，均與上林湖窯址採集 Ba 型 I 式碗相近，可以做爲此一型式碗年代判斷的另一參考。因此，綜上所述可以得知目前所見此型的流行年代在八世紀中至九世紀上半葉。

圖 2-22：唐・青瓷碗　　　　圖 2-23：唐・青瓷碗

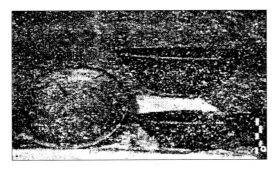
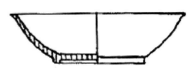

上圖右上，口徑 21.5 公分，高 6 公分　　　口徑 21 公分，高 5.5 公分
底徑 11.4 公分，浙江南田島出土　　　洛陽十六工區 M76 唐墓出土

2. Ba 型 II 式碗（花口直腹圈足）

此型式碗雖爲花口造形，但整體造形與 Ba 型 I 式碗極類似，可能屬 Ba 型 I 式碗的後續發展型式，因此筆者將之列入 B 類撇口碗討論。

此型式碗的造形特徵的口部外撇呈十瓣花口，部分資料稱爲「菱花口」，腹部直但稍微有些弧度，底部爲矮圈足。此型式碗在上林湖窯址有出土，其中一件（圖 2-24）的口徑爲 15.5 公分，高 4.5 公分，花口部分已殘，腹部略有弧度，底爲矮圈足，碗外腹有三道直線紋象徵花瓣。類似的標本在上林湖址見到另外一件（圖 2-25），口徑 15 公分，高 4.8 公分，碗外腹有兩道直線紋象徵花瓣，碗內有一圈弦紋做爲裝飾。

此型式碗的燒造年代較 Ba 型 I 式碗晚，目前所知在海寧縣博物館收藏一件（圖 2-26），口徑 14.1 公分，高 3.3 公分，口部呈十瓣花口，腹部直而稍弧，腹部外側有五道直線紋象徵花瓣，底爲圈足底，此碗出土於大中七年（西元853 年）墓〔註21〕，爲此型式碗的年代提供一有利證明。

〔註20〕 符永才、顧章，〈浙江南田島發現唐宋遺物〉，《考古》，1990 年十一期，頁
　　　　1050 及圖 2-10。
〔註21〕 同註 14，圖 143。

圖 2-24：唐・青瓷碗　　　　　圖 2-25：唐・越窯青瓷碗

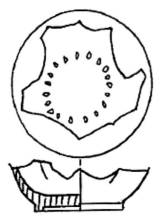
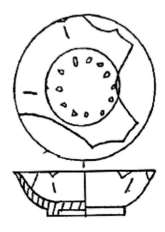

口徑 15.5 公分，高 4.8 公分　　　口徑 15 公分，高 4.8 公分
1995 年上林湖窯址採集　　　　　1995 年上林湖窯址採集

圖 2-26：唐・青瓷碗

口徑 14.1 公分，高 3.3 公分，浙江省海寧縣徐步橋大中七年墓出土，海寧縣博物館藏

（二）Bb 型碗

1. Bb 型 I 式碗（斜腹玉璧底）

此型式碗的特徵的敞口，腹部斜直，淺腹，底足爲玉璧形。〔註22〕

此型式碗在上林湖窯址有大量的出現，爲唐代碗類最常見也最典型的代表造形。以圖 2-27 爲例，口徑 14 公分，高 3.9 公分，底徑 5.7 公分，口沿

〔註22〕所謂「玉璧足（底）」，指圈足很寬，整個足看起來像玉璧般，故稱「玉璧足」。

外敞，腹部斜直，腹與底的角度約呈三十度，因此腹部極淺，足部為玉璧形足，從外觀看來，底足極淺，造形工整勻稱。此型式碗的腹部多數較淺，但也有復部稍深者，例如同屬上林湖窯址的標本，碗口徑均 14 公分，高度則分別有 4 公分、5.1 公分、5.2 公分。

　　Bb 型 I 式碗流行的時間為八世紀中葉至九世紀中葉，將近一百年的時間，目前所見最早的標本出現於河南三門峽的唐代墓葬，此墓葬有紀年碑銘，但字跡糊模不清，僅見「……四年正八終於私第」幾字，由於墓內有開元通寶與乾元重寶，而乾元重寶鑄製年代為代宗乾元年以後，最近者只有德宗大歷年超過四年，因此墓誌所記，最可能的紀年應為大歷四年（西元 769 年）或大歷十四年（西元 779 年），因此此墓的年代約在德宗大歷年間〔註23〕。此墓中出土碗（圖 2-28）的底部，據報告記載為「平底微內凹」〔註24〕，但從圖片中碗的造形與尺寸判斷與 Bb 型 I 式碗並無不同，因此，這件碗的出土對於此型式碗時代的判定具有重要的參考價值。此一時間的判定與日本龜井明德考證的「八世紀第三個四半期」為玉璧底碗開始流行年代〔註25〕接近。

　　從出土資料可知，Bb 型 I 式碗在八世紀末以後生產量達於巔峰，墓葬與遺址出現的例證急速增加，貞元八年（西元 792 年）江蘇儀徵縣劉姓夫婦墓

圖 2-27：唐・越窯青瓷碗

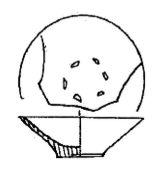

口徑 14 公分，高 3.9 公分
底徑 5.7 公分
1995 年上林湖窯址採集

圖 2-28：唐・青瓷碗

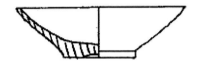

口徑 16 公分，高 4 公分
河南三門峽唐墓出土

〔註23〕賈峨，〈陶瓷之路與絲綢古道的連接點〉，收錄於《中國古代青瓷研究專輯》（《江西文物》編輯部編輯出版，1991 年 12 月 30 日出版），頁 102。由於同墓出土另有刻花銀杯，大體與西安何家村出土銀器風格類似，而何家村銀器被認為乃盛唐銀器，故此墓為盛唐、中唐墓。

〔註24〕許天申，〈試論河南出土的越窯瓷器〉，收錄於《中國古代青瓷研究專輯》（《江西文物》編輯部編輯出版，1991 年 12 月 30 日），頁 4 及圖 1-2。文中敘述此碗的口徑為 6 公分，應為「16」公分的筆誤。

〔註25〕日・龜井明德，〈日本貿易陶瓷器研究之方法論〉，收錄於《中國古代貿易瓷國際學術研討會論文集》（國立歷史博物館編輯出版，民國 83 年 10 月），頁 153。

中有一件出土〔註26〕。貞元十年（西元 794 年）浙江諸暨縣牌頭茶場唐墓也有相同的出土〔註27〕。貞元十一年（西元 795 年）西安西郊西昌縣令夫人史氏墓也有一件 Bb 型 I 式碗〔註28〕。此外，開成五年（西元 840 年）安徽合肥唐墓出土青瓷碗三件，其特徵為：「敞口、璧形足」，口徑 14.2 公分，高 4.2 公分，底徑 5.3 公分，釉色米黃，潤澤有光〔註29〕，其特徵為越窯玉璧底碗的特徵。

Bb 型 I 式碗的流行時間延續至九世紀中葉偏後，在寧波市遵義路唐代遺址的大量出土物中也有此型式碗（圖 2-29），據報告記載，碗的特徵「玉璧底，直腹，高 4.2 公分，口徑 14.3 公分，底徑 5 公分」〔註30〕，由於出土伴隨有一印有「大中二年（西元 848 年）」銘款的碗，無異替此型式碗的年代提供重要的佐證。另外，大中五年（西

圖 2-29：唐・青瓷碗

口徑 14.3 公分，高 4.2 公分
寧波遵義路唐代遺址出土

元 851 年）紹興唐墓中也有一件此型式碗〔註31〕，可見此型式碗的燒造時間超過九世紀中葉。馮先銘先生曾對玉璧底碗，包括白瓷與青瓷的時間做斷限說明，指出始於西元 763 年，終於 840 年，共約八十年〔註32〕，由以上標本看來，玉璧底碗流行時間較馮先銘先生推斷的還要晚一些。

Bb 型 I 式碗是唐代最典型的碗之一，除以上紀年墓葬、遺址出土外，無

〔註26〕 吳煒，〈江蘇儀徵胥浦發現唐墓〉，《考古》，1991 年二期，頁 190 及圖 4-2。
〔註27〕 林士民，〈談唐五代越窯青瓷〉，收錄於《浙東文化論叢》（北京：中央編譯出版社出版發行，1995 年 3 月一版一刷），頁 60。
〔註28〕 陳安利、馬驥，〈西安西郊唐西昌縣令夫人史氏墓〉，《考古與文物》，1988 年三期，頁 39 及圖 1-12。
〔註29〕 合肥市文管處，〈合肥市發現明代瓷窖藏和唐代邢窯瓷〉，《文物》，1978 年八期，頁 52 及圖 4。
〔註30〕 同註 16，頁 61 及圖版 5-3。
〔註31〕 林士民，〈談越窯青瓷中的秘色瓷〉，收錄於汪慶正主編，《越窯・秘色瓷》（上海古籍出版社，1996 年 11 月一版一刷），頁 7。根據表中記載。
〔註32〕 參見馮先銘，〈瓷器鑑定的五大要領〉，收錄於《中華文物學會一九九二年刊》（台北：中華文物學會編輯出版，1993 年出版），頁 9。文中記述為「737～840」，此「737」乃筆誤，因此篇文章乃演講稿整理而成，馮先生的口頭演講為「763～840」，筆者當時在場聆場。

紀年墓葬、遺址的出土也很多，例如浙江紹興里木柵編號三號唐墓〔註33〕。另外，推測為九世紀中葉至十世紀初的江蘇鎮江編號十九號唐墓〔註34〕等，也有出土。

2. Bb 型 II 式碗（花口斜腹平底）

此碗的特徵為口部外敞，呈十瓣花口，腹部斜直，口部外側有五道直線痕，底部為平底。此型碗可能為 Bb 型 I 式的後續演變形式，因此筆者將之置於 B 型碗討論。

此型式碗的標本，在上林湖編號二十一菱白灣窯址有出土（圖 2-30），口部淺，估計為 15～16公分左右，高度為 3.8 公分，口部可能為十瓣花口，腹部斜直，碗內底部劃有一圈弦紋，碗外側有兩道直線紋象徵花瓣，底部為平底。

圖 2-30：
唐・越窯青瓷碗

口徑 15～16 公分，高 4 公分
1995 年上林湖窯址採集

Bb 型 II 式碗在臨海縣文物管理委員會有一件收藏（圖 2-31），口徑為 14.3 公分，高為 3.8 公分〔註35〕，造形與上林湖採集標本類似。另外，上海博物館也有一件收藏（圖 2-32）。〔註36〕

圖 2-31：唐・青瓷碗　　　　　圖 2-32：唐・青瓷碗

口徑 14.3 公分，高 3.8 公分
臨海縣文物管理委員會藏

口徑 6.2 公分，高 3.9 公分
底徑 14.1 公分，上海博物館藏

〔註33〕同註 11，頁 539 及圖 10-3、圖 10-5。
〔註34〕同註 7，頁 134 及圖 5-5。
〔註35〕同註 14，圖 141。
〔註36〕汪慶正主編，《越窯・秘色瓷》（上海古籍出版社出版，1996 年 11 月一版一刷），圖 26。

此型式碗流行的時間在九世紀下半葉的晚唐時期，目前所知在寧波唐代海港第四期（西元 946～985 年）文化層也有出土（圖 2-33），碗口徑 14.6 公分，高 4 公分，底徑 6 公分，碗口呈花口狀，復部斜直，平底，腹部有直線痕花瓣設計〔註37〕，此件標本提供了 Bb 型 II 式碗流行於九世紀下半期的證據，其年代與 Ba 型 II 式一致，應屬同一時期的產品。

圖 2-33：唐・青瓷碗

口徑 14.6 公分，高 4 公分
底徑 6 公分
寧波唐代海港遺址出土

三、C 型碗

C 型碗的特徵為口部呈折沿，由於造形的差異又可分 Ca 與 Cb 兩型。

（一）Ca 型碗

1. Ca 型 I 式碗（折沿弧腹圈足）

此型式碗的特徵為口沿平折，腹部呈矮弧形，圈足底，流行時間在八世紀下半葉至九世紀上半葉，目前所見最早的標本為大歷十三年（西元 778 年）河南偃師杏園村鄭洵墓，此墓出土碗（圖 2-34）的特徵為「敞口，弧壁，矮圈足作璧形，碗底釉下淺刻大魚化龍圖案」〔註38〕，為最早的紀年出土器物。

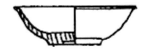

圖 2-34：唐・青瓷碗

口徑 14.4 公分，高 4.3 公分
河南偃師杏園村鄭洵墓出土

類似標本在寧波唐代海港遺址的貞元期（西元 785～805 年）文化層有出土，碗（圖 2-35）口徑 16.6 公分，高 3.4 公分，底徑 7.6 公分〔註39〕。由此可見 Ca 型 I 式碗的使用年代，最晚始於大歷年間的八世紀下半葉，而且至少延續至九世紀初的貞元年間。

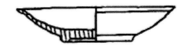

圖 2-35：唐・青瓷碗

口徑 16.6 公分，高 3.4 公分
底徑 7.6 公分
寧波唐代海港遺址出土

〔註37〕 同註 9，圖 62。

〔註38〕 中國社會科學院考古研究所河南二隊，〈河南偃師市杏園村唐墓的發掘〉，《考古》，1996 年十二期，頁 9 及圖 17-6。

〔註39〕 同註 9，頁 142～144 及圖 13。

此型碗，在鄞縣烏龜山也曾出土一件「印花雲龍蓮葉紋碗」（圖 2-36），口徑 22.1 公分，高 5.2 公分〔註40〕，便是 Ca 型 I 式碗的例證，不過此件碗缺乏紀年資料，無法確知燒造的年代。

2. Ca 型 II 式碗（折沿花形圈足）

此型碗的特徵為口部外敞有小折沿，部份口部有凹陷象徵花口，腹部淺呈弧形，外腹部有直線紋象徵花瓣，底部為矮圈足形式。

在上林湖窯址曾採集此型式碗的標本（圖 2-37），碗口圓形，無凹陷的花口，但外腹部有直線紋象徵花瓣，口徑 14.6 公分，高 4.3 公分，底徑 6.3 公分，全器造形工整，唯有圈足挖足處不甚平整。

圖 2-36：唐・青瓷碗　　　　圖 2-37：唐・越窯青瓷碗

口徑 22.1 公分，高 5.2 公分
鄞縣烏龜山出土，鄞縣文物管理委員會藏

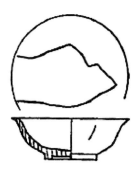

口徑 14.6 公分，高 4.3 公分
底徑 6.3 公分
1995 年上林湖窯址採集

類似造形的刻花碗在寧波唐代海港遺址出土的外銷瓷中有一件造形相同，但尺寸較大的碗（圖 2-38），口徑為 34.4 公分，高 12.4 公分，底徑 12.8 公分，根據考古地層的報告，此碗出土於唐代元和年（西元 806～820 年）文化層〔註41〕，對 Ca 型 II 式碗的流行年代提供可參考的依據。

（二）Cb 型碗（折沿弧腹平底）

此型碗的特徵為侈口、平折沿、腹壁弧度大而斂收，底部為平底內凹。

此型碗出土的例證極少，目前唯有陝西法門寺有三件出土，其中一件（圖 2-39）的口徑為 22.4 公分，高 6.8 公分，底徑 9.5 公分，胎體較厚，通體

〔註40〕同註 14，圖 161。
〔註41〕同註 9，頁 144～145 及圖 26。

施青綠色釉，釉層均勻，光潔瑩潤，尺寸較一般碗大，乃唐懿宗咸通十五年（西元 874 年）的上林湖窯址生產的秘色瓷器。〔註42〕

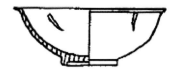

圖 2-38：唐・青瓷碗

口徑 34.4 公分，高 12.4 公分
底徑 12.8 公分，寧波唐代海港遺址出土

圖 2-39：唐・越窯秘色青瓷碗

口徑 22.4 公分，沿寬 10 公分，高 6.8 公分
底徑 9.5 公分，陝西扶風法門寺地宮遺址出土

四、D 型碗

D 型碗的特徵為花口造形，且全器造形有如花朵，依造形不同可分三種。

（一）Da 型碗（海棠花口）

此型碗的特徵為碗口呈橢圓四瓣，為海棠花形，瓣口有凹陷，碗腹斜直，部分稍有弧度，口部凹陷相應的外腹部有直線紋象徵花瓣。

1958 年金祖明曾在上林湖窯址採集到此型式碗的標本（圖 2-40），碗口寬處為 13.8 公分，高 5.2 公分，碗內有劃花紋飾。〔註43〕

圖 2-40：唐・越窯碗

口徑 13.8 公分，高 5.2 公分
上林湖窯址出土

類似的碗在寧波遵義路唐代遺址也有出土（圖 2-41），碗高 4.4 公分，底徑 5.2 公分，碗內也有劃花紋飾，由於此碗出土時伴隨著印有「大中二年（西元 848 年）」銘的碗出土〔註44〕，說明這件 Da 型碗的流行時間約在晚唐大中年間。

目前，所見 Da 型碗的口部寬處均不超過 15 公分，唯有上海博物館有一件

〔註42〕陝西省法門寺考古隊，〈扶風法門寺塔唐代地宮發掘簡報〉，《文物》，1988 年十期，頁 23。另見宋伯胤，〈秘色抱青瓷之響——記法門寺塔基出土的秘色瓷器〉，《故宮文物》，民國 80 年 4 月，九十七期。

〔註43〕金祖明，〈浙江餘姚青瓷窯址調查報告〉，《考古學報》，1959 年三期，頁 113 及圖版 3-16。

〔註44〕同註 16，頁 61 及圖版 6-3。

造形相似，但尺寸相當大的此型碗（圖 2-42），口徑爲 32.2 公分，高 10.8 公分，口部略直，腹部稍有弧度，碗內平素無紋〔註45〕，是極罕見的 Da 型碗。

圖 2-41：唐・青瓷碗　　　　　　圖 2-42：唐・青瓷碗

碗高 4.4 公分，底徑 5.2 公分　　　　口徑 32.2 公分，高 10.8 公分
寧波遵義路唐代遺址出土　　　　　　　　　上海博物館藏

（二）Db 型碗（花口弧腹高撇足）

此型碗的特徵爲口部呈花口，腹部微弧，花口凹陷相應的外腹部有象徵花瓣的直線紋，碗面平，圈足外撇，且多數呈高圈足，碗內有素面、劃花、印花等三種不同表現方式。

以 1995 年上林湖採集的標本（圖 2-43）爲例，碗口徑爲 12.2 公分，高 5.5 公分，底徑 7.4 公分，造形工整，呈花口花形設計，碗腹外側有直線紋象徵花瓣，圈足外撇，足高 1.3 公分，挖足精整，碗內刻劃四瓣朵花紋飾，應屬高品質的產品。

Db 型碗在上林湖窯址出現不少，依照個人在上林湖文物保管所所見，編號三十、三十六、三十七等窯址均有爲數不少的標本。早年，陳萬里也曾在上林湖採集到此型碗標本（圖 2-44）〔註46〕。此外，三上次男在訪問上林湖黃鱔山窯址時也曾發現（圖 2-45）〔註47〕。金祖明在

圖 2-43：唐・越窯青瓷碗

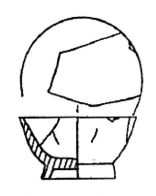

口徑 12.2 公分，高 5.5 公分
底徑 7.4 公分
1995 年上林湖窯址採集

〔註45〕楊可編主編，《中國美術全集・工藝美術編（二）・陶瓷（中）》，中國美術全集編輯委員會編，上海：人民美術出版社，1991 年 12 月一版二刷，圖 65。
〔註46〕陳萬里，〈1949～1959 對於古代窯址的調查〉，收錄於《陳萬里陶瓷考古文集》（北京：紫禁城出版社、兩木出版社，1990 年一版一刷），頁 222 及圖 3。
〔註47〕日・三上次男，〈越窯を訪ねへ——慈谿の上林湖窯址群〉，收錄於《中國陶

1959 年的窯址調查也有一件（圖 2-46），不過這件標本的碗內並非劃花，而是刻劃一圈弦紋。〔註48〕

此型碗的造形基本上變化不大，然而裝飾方式卻有很多種變化，除上述窯址出土標本的劃花，刻劃弦紋外，遺址也有碗內素面無紋者，例如寧波遵義路唐代遺址出土碗（圖 2-47）〔註49〕即屬此型。另外，還有印花紋飾者，例 1995 年筆者便在上林湖窯址看到印花紋飾的標本（圖 2-48），口徑為 10.5公分，高 5.6 公分，底徑 6.5 公分。

圖 2-44：唐・越窯青瓷碗

上林湖窯址出土

圖 2-45：唐・越窯青瓷碗

上林湖黃鱔山窯址出土

圖 2-46：
唐・越窯青瓷碗

口徑 13 公分，高 7 公分
上林湖窯址出土

圖 2-47：
唐・青瓷碗與碗托

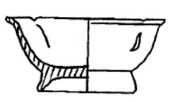

口徑 11.7 公分
高 4.5 公分
寧波遵義路唐代遺址出土

圖 2-48：
唐・越窯青瓷碗

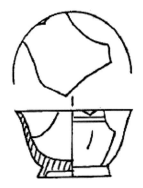

口徑 10.5 公分，高 5.6 公分
底徑 6.6 公分
1995 年上林湖窯址採集

磁史研究》（日本：中央公論美術出版社，1985 年），頁 331，插圖 156。
〔註48〕同註43，頁 113「碗」及圖版 3-14。
〔註49〕同註16，頁 60 及圖版 5-4。

在出土標本方面，杭州老和山曾出土一件（圖 2-49），口徑 10.3 公分，高 5.5 公分，碗內爲劃花〔註 50〕。另外，上述寧波遵義路出土碗，由於出土於大中二年（西元 848 年）地層，碗口徑 17.7 公分，殘高 4.5 公分，圈足完全脫落，碗內無紋飾，碗腹外測有四道直線紋，碗內線紋相應處則微微凹進，造形十分生動自然〔註 51〕，這件碗的出土，說明 Db 型碗開始流行的年代最晚在九世紀中葉。另外，上

圖 2-49：唐・青瓷碗

口徑 10.3 公分，高 5.5 公分
杭州老和山出土，浙江省博物館藏

虞地區咸通十二年（西元 871 年）墓中出土一件劃花杯〔註 52〕，此件杯很可能爲 Db 型碗，因此，此一出土物對 Db 型碗的生產年代再次提供可參考的依據。三上次男認爲此型碗爲晚唐五代物〔註 53〕，時間上應可提早到晚唐，並不至於延續至五代。

（三）Dc 型碗（花口弧腹圈足）

此型碗的特徵爲口部外敞，呈五瓣花口，腹部爲弧形內收，口部凹陷相應的外腹部有直線紋象徵花瓣，底足爲高圈足或圈足形式。此型碗與上述 Db 型碗的造形特徵基本相同，但口部外撇明顯，器形較大，胎體較薄，製作明顯工整精緻，即使釉色、釉質也較一般產品精美。

在上林湖文物保管所陳列室陳列一件此型式碗，碗口約 15 公分，口部外撇，呈五口，腹部弧，圈足輕一般圈足高，約 1.5 公分，碗內有一圈弦紋，釉色青綠，胎體較一般產品薄，乃上乘的精品之作。

Dc 型碗的出土例證，最有名的爲陝西扶風法門寺出土的秘色瓷（圖2-50），口徑爲 21.4 公分，高 9.4 公分，足徑 9.9 公分，足高 2.1 公分，爲高撇足形式，其中碗底最厚處僅 0.6 公分而已，可見胎體薄的程度；此外，造形工整端莊，從口部外撇，弧度均勻，以及外撇的高圈足設計看來，上下的線條

〔註 50〕同註 14，圖 162。

〔註 51〕同註 16，頁 60 及圖版 5-4。

〔註 52〕李知宴，〈論越窯和銅官窯瓷器的發展和外銷〉，《考古與文物》，1982 年四期，頁 101。

〔註 53〕同註 47，三上次男在圖片說明處說明爲晚唐五代作品。

極優雅流暢，整體有如一朵成熟綻放的花朵，全器釉色呈青綠色，爲唐懿宗咸通十五年（西元 874 年）的秘色瓷。〔註54〕

　　從法門寺地宮出土的秘色瓷，可知 Db 型碗產生的年代在九世紀的下半葉。目前所知，除法門寺出土的兩件此型碗外〔註55〕。另有兩件出土，一件出土於寧波唐代海港遺址第四期（西元 946～985 年）文化層中，碗（圖 2-51）的口徑爲 15.6 公分，高爲 7.1 公分，足徑爲 7.4 公分，碗口外撇，呈五瓣花口，碗腹弧形內收，圈足外撇，高爲 1.2 公分，腹部外側有直線象徵花瓣〔註56〕，造形基本上與上林湖文物保管所陳列室陳列的 Dc 型碗相同。不過，尺寸較法門寺秘色瓷小，且圈足也較矮，造形美感稍遜於法門寺出土物。此外，根據報告顯示，在英國牛津大學的阿什莫爾博物館也有一件此型碗，但圈足也較法門寺秘色瓷矮〔註57〕，可能與寧波出土物、上林湖文物保管所收藏者較相同。

圖 2-50：唐・越窯秘色青瓷碗

口徑 21.4 公分，高 9.4 公分
底徑 9.9 公分，足高 2.1 公分
陝西扶風法門寺塔基出土

圖 2-51：唐・青瓷碗

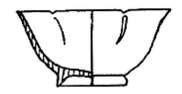

口徑 15.6 公分，高 7.1 公分
底徑 7.4 公分
寧波唐代海港遺址出土

五、唐越窯青瓷碗的分期與演變

　　由以上的論述可知在常見的十四種型式碗中，從演變的特徵分析，可分爲三期（圖 2-52）。以下即就此三期，說明各期的時代與特徵。

（一）第一期（隋至武后）

　　也就是西元七世紀以前，此期常見的碗有 Aa 型 I 式、Ab 型 I 式兩種，兩種碗的特爲口部直或稍微外敞，腹部則呈有弧度或折角型式，圈足爲平底或平底內凹。

〔註54〕同註42，前文圖 28，後文圖 6。
〔註55〕同註42，前文頁 24。
〔註56〕同註9，頁 148 及圖 60。
〔註57〕宋伯胤，〈秘色抱青瓷之響——記法門寺塔基出土的秘色瓷器〉，《故宮文物》，民國 80 年 4 月，九十七期，頁 26。

圖 2-52：唐越窰青瓷碗分期演變圖

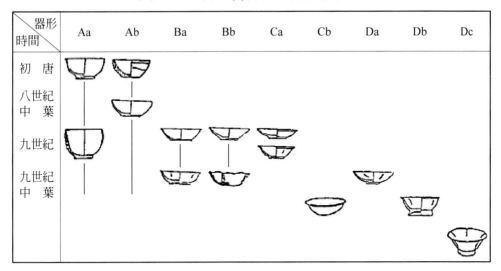

器形 時間	Aa	Ab	Ba	Bb	Ca	Cb	Da	Db	Dc
初　唐									
八世紀 中　葉									
九世紀									
九世紀 中　葉									

（二）第二期（唐中宗至德宗年間）

即八世紀期間，此一時期的碗造形，包括 Aa 型 II 式、Ab 型 II 式、Ba 型 I 式、Bb 型 I 式、Ca 型 I 式五種。其中 Aa 型 II 式與 Ab 型 II 式基本上延續第一期的 Aa 型 I 式、Ab 型 I 式而來，口部仍呈直口，腹部的弧度變得較圓滑，底部則由平底內凹逐漸演變為玉璧形足。

另外，Ba 型 I 式與 Ba 型 I 式、Ca 型 I 式似乎沒有上承的造形，可能是受其他窰場影響或自我新發展的造形，前兩型式的口部外敞，腹部斜直，少部分產品的腹部稍有弧度，底部為矮圈足或玉璧形足。此期碗的造形特徵為圓形器為主，造形規整，端莊、穩重，且均為平素無紋飾的青瓷產品。

（三）第三期（唐德宗至昭宗乾寧二年）

即九世紀期，最晚至乾寧二年（西元 895 年）。由於此期產品造形多，變化大，因此仍可分為前、後兩階段。前階段指九世紀上半葉，此階段的產品，以延續前期的 Aa 型 II 式、Ab 型 II 式、Ba 型 I 式、Bb 型 I 式、Ca 型 I 式五種為主，並有花口花瓣形的 Ca 型 II 式新產品產生。然而，九世紀中葉的後階段，則全部為花口花瓣型碗，包括 Ba 型 II 式、Bb 型 II 式、Cb 型、Da 型、Db 型、Dc 型等六種新造形，這些花口花瓣以缺口象徵花口，外腹部的直線條象徵花瓣，其中有四花口、五花口、十花口〔註58〕、海棠花口等多種不同。

〔註58〕十花口的碗，部分記載為「五花口」，由於此十花口碗的碗腹線條只有五條，

在腹部方面，九世紀前階段產品多斜直腹，例如 Ba 型 II 式、Bb 型 II 式、Da 型等，此外，多數產品為稍弧形腹，包括 Ca 型 I 式、Ca 型 II 式、Db 型、Dc 型等。而且，外腹部多有直線紋象徵花瓣，部分精緻產品，在線條相應的內腹部則有突稜，整體造形形似盛開的花朵。

在圈足部份，花口花形碗的底部均為圈足形式，例如 Ca 型 II 式、Da 型為矮圈足，而 Db 型、Dc 型則為高圈足。

由以上碗的分期與特徵分析，可以看出唐代碗的造形演變，即在口部方面，由平口逐漸轉變為花口。外形由平素無紋的圓形器，逐漸演變為有弧度、線條、缺口象徵花形、花瓣、花口的「仿生造形器」。底部則由平底或平底內凹，逐漸演變為玉璧底、矮圈足和高圈足外撇。另外，值得注意的是，唐代各式碗多屬矮腹碗，容量均較少。

第二節　盤（碟）

由於唐代越窯碗的造形多為淺腹，因此造形上與盤（碟）類似，因此除原始文獻特別標明屬盤或碟外，凡是腹部較矮，低於 3.5 公分者，此處便歸於盤（碟）。

一、A 型盤

A 型盤的特徵為口部外撇，呈四角形，四角處有缺口代表委角，腹部呈弧形，底足為圈足。此型盤在上林湖窯址有出土（圖 2-53），目前陳列於上林湖文物保管所陳列室，由於標本僅餘委角處的一小部分，殘寬 7 公分，因此標本無法復原。

此型盤出土的例證，包括寧波唐代海港的大中層（西元 847～859 年）有出土（圖 2-54），口徑 11.5 公分，高 2.2 公分，底徑 4.9 公分。〔註 59〕

A 型委角方盤，也有盤內有紋飾的產品，例如 1975 年出土於唐代揚州遺址的劃花方盤，口徑 23.3

圖 2-53：
唐・越窯青瓷盤（殘片）

殘寬 7 公分
上林湖窯址出土
上林湖文物保管所藏

因此實際應為五瓣造形，但為了與五花口花瓣造形區別，本文對此型十花口五花瓣碗均以「十花口」稱之。

〔註 59〕同註 9，頁 146 及圖 39。

公分，高 3.3 公分，底徑 10 公分〔註 60〕，由於缺乏紀年資料，無法做為 A 型盤年代的參考。

二、B 型盤

B 型盤的特徵為圓形口，依據造形不同，可分為兩種。

（一）Ba 型盤

1. Ba 型 I 式盤（四花口圓形玉璧足）

此型盤的特徵為口部為四曲口外敞，淺腹，玉璧足（圖 2-55），目前出土於河南偃師李園村鄭洵墓。〔註 61〕

2. Ba 型 II 式盤（四花口圓形圈足）

此型盤的特徵為口部折沿，口沿上有四處凹陷象徵花口，腹部呈弧形內收，在花口相應的外腹部有直線紋象徵花瓣，盤底平坦而淺，底部則為圈足底。

此型盤的標本在紹興唐墓中有出土（圖 2-56），口徑 15 公分，高 2.2 公分，底徑 6.3 公分〔註 62〕，由於墓中無紀年資料，因此無法對確切年代有所判斷。不過根據報告者的推論，此墓應為中唐偏晚期的墓葬〔註 63〕，由於墓中有 Ab 型 II 式碗的伴隨出土，而 Ab 型 II 式碗的流行年代為八世紀下半期至九世紀上半期；加以，此盤的造形與 Ca 型 II 式碗類似，然而此型式碗又是九世紀上半葉的產品，說明此墓應屬於九世紀上半葉的墓葬，此判斷可以做為 Ba 型 I 式盤年代的參考。

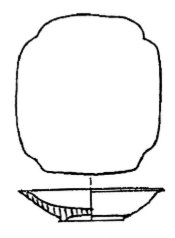

圖 2-54：唐·青瓷盤

口徑 11.5 公分，高 2.2 公分
寧波唐代海港遺址出土

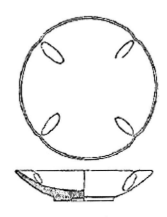

圖 2-55：唐·青瓷盤

口徑 16.5 公分，高 3.4 公分
河南偃師杏園村鄭洵墓

〔註 60〕同註 15，頁 91 及圖 1-7。

〔註 61〕揚州博物館、揚州文物商店編，《揚州古陶瓷》（文物出版社，1996 年 9 月一版一刷），圖 70。

〔註 62〕同註 38，頁 9 及圖 17-1。

〔註 63〕同註 11，頁 542。

　　此外，寧波唐代海港遺址出土一只盤（圖 2-57），從報告中的線繪圖看來，應是此圓形花口圈足盤，盤口外撇，口徑 14.5 公分，高 3.2 公分，底徑 6.4 公分，由於出土於唐大中（西元 847～859 年）文化層〔註64〕，可見此型碗乃九世紀上半葉延續至中葉的產品。

　　Ba 型 II 式盤，也有盤內刻花的產品，例如江蘇邗江縣出土，目前收藏於揚州博物館的刻花盤（圖 2-58），盤內為荷葉紋，口徑 15.1 公分，高 2.5 公分〔註65〕。另外，在廣東省博物館也收藏一件此型盤（圖 2-59），口徑 14.2 公分，高 3 公分，底徑 6.1 公分，盤內也有刻花紋飾。〔註66〕

圖 2-56：唐・青瓷盤　　　　　　　圖 2-57：唐・青瓷盤

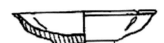

口徑 15 公分，高 2.2 公分，底徑 6.3 公分　　　口徑 14.5 公分，高 3.3 公分，底徑 6.4 公分
紹興木柵里 M17 唐墓出土　　　　　　　　　寧波唐代海港遺址出土

圖 2-58：唐・青瓷盤　　　　　　　圖 2-59：唐・青瓷盤

口徑 15.1 公分，高 2.5 公分，揚州博物館藏　　口徑 14.2 公分，高 3 公分，底徑 6.1 公分
江蘇省邗江縣霍橋鄉河南村出土　　　　　　　　廣東省博物館藏

〔註64〕同註9，頁 146 及圖 40。
〔註65〕同註61，圖 69。
〔註66〕廣東省博物館，《廣東省博物館藏陶瓷選》（文物出版社發行，1992 年 9 月一版一刷），圖 51。

（二）Bb 型盤（四花口圓形平底）

此型盤的特徵爲口部敞直，腹部弧度很大，平底。以寧波唐代海港遺址大中層（西元847～859 年）出土盤（圖 2-60）爲例，口徑爲14.6 公分，高 3.3 公分，底徑 6.4 公分，盤內有刻劃花朵紋飾。〔註 67〕

圖 2-60：唐・青瓷盤

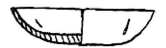

口徑 14.6 公分，高 3.3 公分
底徑 6.4 公分
寧波唐代海港遺址出土

三、C 型盤（撇口折沿平底）

此型盤的特徵爲口部折沿外撇，呈花口形，而腹部呈弧形，底爲平底內凹，此型碗出土於唐懿宗咸通十五年（西元 874 年）的陝西扶風法門寺塔基遺址，相同的盤共有兩件，其中一件（圖 2-61）的口徑爲 26.2 公分，高4 公分。〔註 68〕

C 型盤的標本在上林湖窯址曾有出土（圖 2-62），目前陳列於上林湖文物保管所陳列室，標本殘寬約 10 公分，只留存盤的口部與底部，從標本可見盤口折沿處與腹部有明顯的折痕，口部尖端胎薄處僅約 0.15 公分，盤底最厚處約 1 公分左右，全器製作工整精美，在盤腹內側有凸起直線象徵花瓣，全器釉色呈青綠色，無玻璃般的光亮現象。估計這件標本的口徑較法門寺出土者小，約 18～20 公分左右。

圖 2-61：唐・越窯秘色青瓷盤　　**圖 2-62：唐・越窯青瓷盤**（殘片）

口徑 25.3 公分，高 4 公分
陝西扶風法門寺塔基出土，法門寺博物館藏

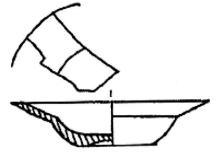

殘寬約 10 公分，上林湖窯址出土
上林湖文物保管所藏

〔註 67〕同註 9，頁 146 及圖 41。
〔註 68〕同註 36，圖 3。

四、D型盤

依據造形不同，可分為兩種型式。

（一）Da型盤（四花口平底盤）

此型盤的特徵為口部直敞，呈四瓣花口，在口沿處有四道凹陷象徵花口，盤腹斜直，在外腹部有四道直線象徵花瓣，底部為平底內凹，部份盤內有刻花紋飾，例如寧波遵義路唐代遺址出土盤（圖 2-63）即屬於此型，口徑為 15.1 公分，高 3.5 公分，底徑 4 公分。〔註69〕

圖 2-63：唐‧青瓷盤

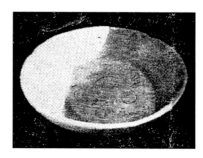

口徑 15.1 公分，高 3.5 公分
底徑 4 公分，寧波遵義路唐代遺址出土

（二）Db型盤（五花口平底）

此型盤的特徵與 Da 型類似，不同之處在於口部呈五花口，且盤內無劃花紋飾，但腹內有直凸稜線象徵花瓣。此外，盤腹與盤底有明顯折痕。此型盤的標本出現於唐懿宗咸通十五年（西元 874 年）法門寺地宮遺址，盤（圖 2-64）尺寸較大，口徑 23.8 公分，高 6.1 公分，底徑 17.4 公分，此種秘色瓷盤的高度較一般盤高，但物帳中將之稱為盤，因此此處列為盤討論。〔註70〕

圖 2-64：唐‧越窯秘色青瓷盤

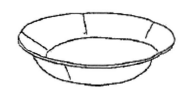

口徑 23.8 公分，高 6.1 公分
底徑 17.4 公分，法門寺博物館藏
陝西扶風法門寺塔基出土

五、E型盤（五花口折沿平底）

此型盤的造形與 D 型盤類似，但口部與腹部不同，D 型盤的口部直而敞，而 E 型盤的口部外撇形成小折沿。此外，D 型盤的腹部斜直度小，因此盤腹與盤底間有類似弦紋的折痕；E 型盤的腹部斜直度大，因此盤底較平坦沒有折痕。

〔註69〕同註 16，頁 61 及圖 2。文中說明此盤的底徑為 4 公分，但從圖片看起來應超過 4 公分，可能屬筆誤。

〔註70〕同註 42。前文頁 24 的「III 式盤」及圖 29。後文頁 28 的「盤類 III 式」及圖 12、圖 13。

E型盤同樣出土於咸通十五年（西元 874年）法門寺地宮遺址，盤（圖 2-65）口徑 20.1公分，高 4.6 公分，底徑 9 公分，此件秘色瓷盤的高度也較一般盤高，同樣的，因地宮物帳中將之稱爲盤，因此將此件列爲盤討論。〔註71〕

圖 2-65：
唐・越窯秘色青瓷盤

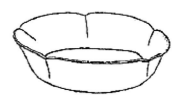

口徑 20.1 公分，高 4.6 公分
底徑 9 公分，法門寺博物館藏
陝西扶風法門寺塔基出土

六、唐越窯青瓷盤的分期與演變

　　唐越窯青瓷中盤的數量與種類明顯較碗少許多，這種現象反映於窯址與墓葬、遺址中，說明盤可能是較高級的器類，屬於上層社會的產物，而且，從以上產品多爲九世紀的產品，也可以得知其流行與使用時間較晚。

　　盤的特徵爲不論方盤或圓盤，口部均呈花口形式，以凹陷缺口象徵花口，以外腹部的直線紋象徵花瓣；盤面有素面與劃花兩種。

　　在整個流行期間，可以分爲前後兩期（圖 2-66），其中早期的花口多呈四花口，例如 A 型、Ba 型 I 式與 Ba 型 II 式、Da 型等，晚期即九世紀下半葉，約咸通十五年（西元 875 年）則有五花口盤出現，例如 Db 型、E 型盤均屬之。

圖 2-66：唐越窯青瓷盤分期演變圖

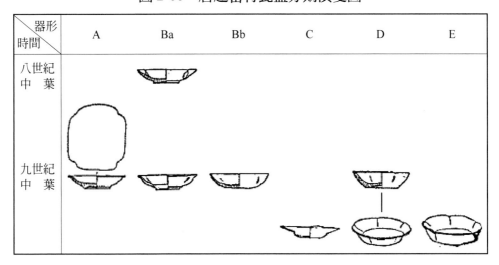

器形 時間	A	Ba	Bb	C	D	E
八世紀中葉						
九世紀中葉						

〔註71〕同註 42，前文頁 24 的「II 式盤」，圖版 7-3。宋伯胤文頁 28 的「盤類 II 式」，圖 8、圖 9。

從盤的發展可知，與當時碗的發展有類似之處，即九世紀以後均以仿生造形的花口、花瓣、花形爲主，因此這種花口、花瓣、花形盤和碗遂形成唐代九世紀期間器物主要的特徵。

第三節　執　壺

此處的執壺，指造形有流、把的壺，以下依據壺口的不同，分爲 A、B、C 三型。

一、A 型執壺

（一）Aa 型執壺

1. Aa 型 I 式執壺（喇叭口長頸平底）

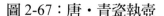

圖 2-67：唐・青瓷執壺

此型執壺的特徵爲壺口外敞如喇叭狀，頸部長且直，腹部呈橢圓形，頸腹的分界明顯，底部爲平底，壺流短呈圓柱狀，爲八世紀末的執壺造形。以山西長治唐貞元八年（西元 792年）宋嘉進墓出土的壺爲例，壺（圖 2-67）口徑 8 公分，高 21 公分，底徑 8 公分〔註72〕，即爲此型式執壺的代表。

口徑 8 公分，高 21 公分
底徑 8 公分，長治市博物館藏
山西長治宋嘉進墓出土
B.C. 792

2. Aa 型 II 式執壺（喇叭口長頸瓜棱腹）

此型執壺的特徵爲嗽叭口、長頸、橢圓腹、腹部外側有直線紋象徵瓜棱，流口爲八方棱角形，底部爲平底內凹的假圈足形式，部分爲圈足造形。此型式執壺的流口除八方棱外，也有超過八方棱的例子，例如上林湖窯址出土一標本（圖 2-68）的流口，便超過八棱，且每一棱面寬窄並不相同。

此型式的執壺在江蘇鎮江殷府君唐墓有出土（圖 2-69），口徑 7.2 公分，高 18.2 公分，底徑 7.2 公分，底部爲平底假圈足形式〔註73〕，這件執壺提供

〔註72〕長治市博物館，〈長治市西郊唐代李度、宋嘉進墓〉，《文物》，1989 年六期，頁 48 及圖版 4-4。

〔註73〕同註 7，頁 135 及圖 4-1。

此型式執壺生產年代的有利依據。此外，寧波遵義路唐代遺址大中二年（西元 848 年）文化層也只有一只出土（圖 2-70），口徑 11 公分，高 25.5 公分，底徑 8.5 公分，可見此型式執壺至少延續至九世紀中葉〔註74〕。此外，上海博物館收藏一件刻有會昌七年（西元 847 年）銘的執壺（圖 2-71），也應是此型執壺的代表，此件執壺的瓜棱腹上有刻劃花，乃較特殊的例子。〔註75〕

圖 2-68：唐・越窯青瓷執壺（殘片）

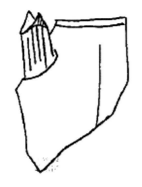

殘高 11.8 公分，上林湖窯址出土
上林湖文物保管所藏

圖 2-69：唐・青瓷執壺

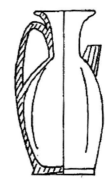

口徑 7.2 公分，高 18.2 公分
底徑 7.2 公分，江蘇鎮江 M9 唐墓出土

圖 2-70：唐・青瓷執壺

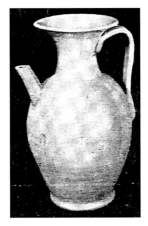

口徑 11 公分，高 25.5 公分
底徑 8.5 公分，寧波唐代海港遺址出土

圖 2-71：唐・青瓷執壺

口徑 10.3 公分，高 27 公分，底徑 9.9 公分
上海博物館藏，B.C. 847

〔註74〕同註 16，頁 60 及圖版 5-1。
〔註75〕同註 36，圖 12。

3. Aa 型 III 式執壺（喇叭口長頸長流瓜棱）

此型式執壺的造形特徵大致與 Aa 型 II 式相同，唯一不同在於壺流由八方棱角短流轉變為弧形長流，且底部形成圈足型式。

此型式執壺在寧波唐代遺址有兩件出土，一件（圖 2-72）出土於遵義大中二年（西元 848 年）層遺址，口徑為 9.8 公分，高為 22.2 公分，底徑 8 公分〔註76〕。此外，唐代碼頭遺址的大中年（西元 847～859 年）層也有一件出土（圖 2-73），口徑 11.6 公分，高為 26 公分，底徑 8.8 公分，底徑為圈足型式〔註77〕。兩件造形基本相同，但後者腹部沒有瓜棱狀的線條。

（二）Ab 型執壺

Ab 執壺依照時間先後，又可分為兩式。

1. Ab 型 I 式執壺（喇叭口短頸）

此型式執壺的特徵為口部外撇，呈喇叭狀，頸部短，溜肩，頸腹間的線條平滑，並有橫形繫兩只，腹部呈橢圓形，底部為圈足形式，流為短圓形。

此型式執壺在寧波唐代海港遺址的貞元期（西元 785～805 年）地層有發現（圖 2-74），口徑 7.2 公分，高 17.9 公分，底徑 6.6 公分〔註78〕，說明此

圖 2-72： 唐・青瓷執壺	圖 2-73： 唐・青瓷執壺	圖 2-74： 唐・青瓷執壺
	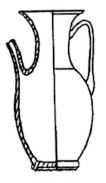	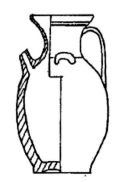
口徑9.8公分，高22.2公分 寧波遵義路唐代遺址出土	口徑11.6公分，高26公分 底徑8.8公分 寧波唐代海港遺址出土	口徑7.2公分，高17.9公分 底徑6.6公分 寧波唐代海港遺址出土

〔註76〕 林士民，《青瓷與越窯》（上海古籍出版社，1999 年 12 月一版），頁 26，圖 88。

〔註77〕 同註 9，頁 147 及圖 44。

〔註78〕 同註 9，頁 142 及圖 1。

型式執壺的大致年代在八世紀晚期至九世紀初期。

2. Ab 型 II 式執壺（喇叭口短頸瓜棱）

此型式執壺的特徵大體與 Ab 型 I 式執壺類似，不同處在於腹部造形，Ab 型 II 式執壺的腹部雖然仍爲橢圓形，但重心在壺的下半身，且腹部有直線象徵瓜棱，與 Ab 型 I 式的素面，且腹部重心在中央的造形明顯不同。

此型式執壺出土於寧波唐代遺址的元和層（西元 806～820 年），壺（圖 2-75）口徑 6.3 公分，高 16.2 公分，底徑 6.3 公分〔註 79〕，說明 Ab 型 II 式執壺較 Ab 型 I 式晚。

二、B 型執壺

B 型執壺的基本造形爲口部外撇，依頸部不同可以分爲 Ba 型與 Bb 型兩種。

（一）Ba 型執壺

1. Ba 型 I 式執壺（撇口短頸圓流）

此型式執壺的特徵爲口部外撇，頸部極短，溜肩，頸腹不明顯，頸部兩側有豎形繫兩只，腹部呈橢圓形，壺流爲圓形短流，平底。

此型式執壺出土於寧波唐代海港遺址的貞元朝（西元 785～805 年），其中一件標本（圖 2-76）的口徑是 7.5 公分，高爲 16.5 公分，底徑爲 7.2 公分〔註 80〕，說明此型式執壺流行的大致年代在八世紀末至九世紀初左右。

2. Ba 型 II 式執壺（撇口短頸八方流）

此型式執壺的造形特徵爲口部外撇、短頸、溜肩、橢圓形腹、圈足型式足，流爲八稜形短嘴，此型式執壺腹部最寬處在下腹部，因此造形明顯

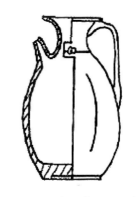

圖 2-75：唐・青瓷執壺

口徑 6.3 公分，高 16.2 公分
底徑 6.3 公分
寧波唐代海港遺址出土

圖 2-76：唐・青瓷執壺

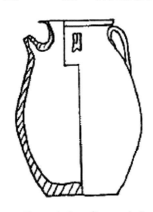

口徑 7.5 公分，高 16.5 公分
底徑 7.2 公分
寧波唐代海港遺址出土

〔註 79〕同註 9，頁 144 及圖 19。
〔註 80〕同註 9，頁 142 及圖 4。

與 Ba 型 I 式不同。目前已知此型執壺出土於元和五年（西元 810 年）墓，壺（圖 2-77）口徑 6.1 公分，高 14.3 公分〔註81〕，是少見有明確紀年的標準器。

（二）Bb 型執壺

Bb 型執壺的特徵爲撇口長頸，依據時代先後，可細分三種。

1. Bb 型 I 式執壺（撇口長頸）

此型式壺的特徵爲撇口、長頸，頸腹相接處明顯，腹部爲橢圓形，壺流爲圓形短流。

此型式執壺在寧波唐代元和朝（西元 806～820 年）遺址有兩件出土，不過兩件的型式特徵略有差異，其中一件（圖 2-78）除以上特徵外，底部爲平底，口徑 8.7 公分，高 17.3 公分，底徑 6.9 公分〔註82〕。另一件（圖 2-79）的腹與底和前件不同，腹部有直線紋象徵瓜棱，且底部呈圈足型式〔註 83〕，以上兩件標本說明元和年間，可能素面平底執壺與瓜棱形圈足執壺造形轉變的時期。

圖 2-77：	圖 2-78：	圖 2-79：
唐・青瓷執壺	唐・青瓷執壺	唐・青瓷執壺

 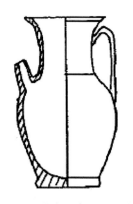 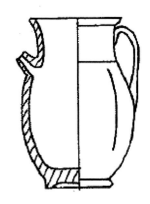

口徑 6.1 公分，高 14.3 公分　　　口徑 8.7 公分，高 17.3 公分　　　口徑 6.6 公分，高 12 公分
紹興古城王府君夫人墓出土　　　　底徑 6.9 公分　　　　　　　　　底徑 5.1 公分
北京故宮博物院藏，B.C. 810　　　寧波唐代海港遺址出土　　　　　寧波唐代海港遺址出土

〔註81〕　同註 45，圖 63。
〔註82〕　同註 9，頁 144 及圖 20。
〔註83〕　同註 9，頁 144 及圖 21。

2. Bb 型 II 式執壺（撇口長頸瓜棱）

此型式執壺的特徵與上述 Bb 型 I 式瓜棱腹執
壺相似，但頸腹間已有明顯變化，由於底部變窄、
腹部重心上移，整理造形遂顯得修長許多，此型
式執壺的頸腹間有兩支豎形耳。

此型執壺出土於寧波唐代碼頭大中層（西元
847～859 年）遺址，執壺（圖 2-80），口徑 11.2
公分，底徑 9.2 公分〔註84〕，流行年代約在九世紀
中葉，較 Bb 型 I 式晚。

3. Bb 型 III 式執壺（撇口長頸瓜棱長流）

此型式執壺的造形特徵與 Bb 型 II 式相同，
但重心更加上移，整體造形呈現修長、輕盈的匀
稱優雅美感；而且壺流明顯加長，北京故宮博物
院便有一件收藏（圖 2-81），口徑為 9.8 公分，高
為 20.1 公分，被認為是五代產品〔註85〕，從 Bb
型執壺的特徵看來，此件執壺應在大中年（西元
847～859 年）之後。由於九世紀以後，壺流有朝
弧形長流的特徵發展，而此件北京故宮博物院的
藏品便有此特徵。

三、C 型執壺

C 型執壺的基本特徵為口部敞直，腹部呈圓
形，由於造形不同，可分為 Ca 與 Cb 兩型。

（一）Ca 型執壺

1. Ca 型 I 式執壺（直口圓腹短流）

此型式執壺的造形特徵為口部直，長頸，頸腹間有明顯接痕，腹部接
近圓形，底部為平底內凹的假圈足形式，流為圓柱小短流。

此型式執壺出土於寧波唐代海港貞元朝（西元 785～805 年）遺址，其中
一件標本（圖 2-82）的口徑為 9.9 公分，高 15 公分，底徑 8.4 公分，為八世

圖 2-80：唐・青瓷執壺

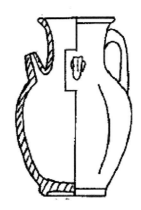

口徑 11.2 公分，高 24.4 公分
底徑 9.2 公分
寧波唐代海港遺址出土

圖 2-81：
晚唐～五代・青瓷執壺

口徑 9.8 公分，高 20.1 公分
北京故宮博物院藏

〔註84〕同註 9，頁 146 及圖 46。
〔註85〕同註 45，圖 110。

紀至九世紀之交的產品。〔註86〕

2. Ca 型 II 式執壺（直口圓腹長流）

此型式執壺的造形特徵為口部直，長頸，頸腹間有明顯接痕，並有兩支豎形繫，腹部呈圓形，底部為圈足形式；然而，壺流為弧形長流，明顯與 Ca 型 I 式不同，由於此型式執壺的重心在腹部上側，因此造形較 Ca 型 I 式輕巧勻稱。

此型式執壺，在日本淨明寺遺址有出土（圖 2-83），從壺流與壺腹、圈足推斷，應為晚唐或稍後的作品。〔註87〕

（二）Cb 型執壺

1. Cb 型 I 式執壺（喇叭口單把）

此型式執壺的持徵為喇叭口，短頸，圓腹，平底，多角形壺嘴。

此型式執壺在上林湖窯址中有出土（圖 2-84），標本稍有變形，壺口殘，但有明顯外撇現象，壺腹橢圓，但近似圓形，壺底為平底假圈足型式，壺流脫落，但仍可見六方形的痕跡，單把處為四方形中空把，把上有圓孔，壺口徑殘 4 公分，高 10.4 公分，底徑 6.5 公分。

圖 2-82：	圖 2-83：	圖 2-84：
唐・青瓷執壺	晚唐～五代・青瓷執壺	唐・越窯青瓷單把執壺

 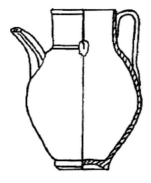 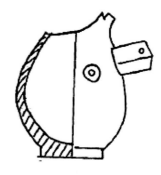

口徑 9.9 公分，高 15 公分　　口徑 9.1 公分，高 21 公分　　殘口徑 4 公分，高 10.4 公分
　　底徑 8.4 公分　　　　　　　　底徑 7.8 公分　　　　　　　　　底徑 6.5 公分
寧波唐代海港遺址出土　　　日本淨明寺遺址推定地出土　　上林湖窯址出土

〔註86〕同註9，頁 142 及圖 3。

〔註87〕日・橿原考古學研究所附屬博物館編，《貿易陶磁──奈良・平安の中國陶磁》（臨川書店刊行，1993 年 6 月出版），II 遺物實測圖 791，頁 175。

　　Cb 型 I 式執壺，目前出土於寧波唐代第三層文化層，即大中年（西元 847
～859 年）遺址，壺（圖 2-85）口呈喇叭口外翻，平底，六方形嘴，口徑 5.6
公分，高 8.6 公分，底徑 5.2 公分，推測爲溫藥用的執壺。〔註 88〕

2. Cb 型 II 式執壺（直口單把瓜棱）

　　此型式壺的特徵爲口部短直，腹部呈橢圓，腹上有瓜棱狀線條，底部爲
圈足形式，壺流爲弧形長流。

　　此型執壺出土於寧波唐代大中層（西元 847～859 年）遺址，壺（圖
2-86）的口徑爲 5.6 公分，高爲 16.4 公分，底徑爲 8 公分〔註 89〕。從圈底、瓜
棱腹、腹部變長等特徵判斷，此型式執壺應較 Cb 型 I 式晚。

圖 2-85：唐・青瓷單把執壺　　　　圖 2-86：唐・青瓷單把執壺

口徑 5.6 公分，高 8.6 公分，底徑 5.2 公分　　　口徑 5.6 公分，高 16.4 公分，底徑 8 公分
　　寧波唐代遺址出土　　　　　　　　　　　寧波唐代海港遺址出土

四、唐越窯青瓷壺的分期與演變

　　由以上十四種造形標本中，依據特徵不同可分爲兩期（圖 2-87）。

（一）第一期（德宗貞元年間以前）

　　也就是九世紀以前，此時期的執壺基本造形已經形成喇叭口、撇口、直
口三種基本型式，腹部多矮圓，多爲平底或平底假圈足形式，壺流則爲圓形
短柱。此時執壺包括 Aa 型 I 式、Ab 型 I 式、Ba 型 I 式、Ca 型 I 式四種。

〔註 88〕同註 76，頁 25，圖 86。
〔註 89〕同註 76，頁 22，圖 75。

圖 2-87：唐越窯青瓷執壺分期演變圖

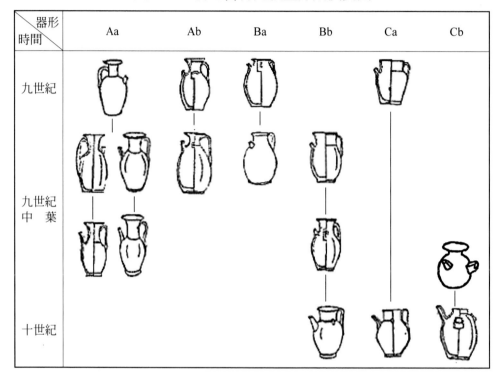

（二）第二期（德宗貞元年間以後）

也就是九世紀以後，此期執壺造形的特徵為頸部逐漸變細變長，例如 Aa 型 II 式的頸部便較 Aa 型 I 式細長。且頸腹交接處逐漸明顯，且九世紀上半葉以後，多數執壺腹部為瓜稜造形，例如 Bb 型 I 式、Ab 型 II 式、Aa 型 III 式、Bb 型 II 式、Bb 型 III 式、Cb 型 II 式等均為瓜稜腹造形。

此外，整體執壺的重心逐漸上移，例如 Aa 型 III 式腹部最寬處便較 Aa 型 II 式高，說明重心已較高，另外，Bb 型 III 式的腹部最寬處也較 Bb 型 II 式高，由於重心上移，因此整體造形呈現較修長的趨勢。

壺流也有明顯的改變，由第一期的短流向第二期的六、方或多方形式演變，至九世紀下半葉則有弧形長流出現。圈足方面也多採用圈足設計，與第一期的平底不同。

由上可知，執壺的大量出現約在八世紀下半葉，在眾多造形之中，演變的趨勢為壺體由矮圓逐漸修長，流部由短流向長流發展，底部由平底演變成圈足，壺腹由素面無紋演變為瓜稜造形，朝「仿生造形」的形式發展；此外，腹部上的雙繫，則由橫形繫變為直形繫。

第四節　碗　托

碗托，包括一般所稱的盞托、杯托。唐代飲茶風氣盛行，爲避免茶碗燙手，因此碗托流行，目前根據窯址採集與遺址出土，碗托依據口部不同，可分爲 A、B 兩種，A 型的口部呈圓形，B 型則爲捲荷葉形。

一、A 型碗托

（一）A 型 I 式碗托（圓形）

此型碗托的特徵爲托部呈弧形淺盤，盤內有凸起一圈，底部爲圈足形底。

此型碗托在上林湖窯址曾見過標本（圖 2-88），口徑 13.9 公分，腹部外側有四道直線紋象徵花瓣，全器製作圓整，釉色青黃，滿釉。此外，1959 年金祖明先生也曾在上林湖窯址採集到相同標本（圖 2-89），口徑 14 公分，高 3.3 公分，釉色灰綠，不過這件標本在托面上有刻劃花紋裝飾。〔註90〕

此型標本目前沒有確切紀年的資料，不過寧波唐代海港遺址的大中朝（西元 847～859 年）曾有出土〔註91〕，可見應屬九世紀中葉的產品。加以窯址中同時遺存大量 Bb 型 I 式碗，而此型式碗流行於八世紀下半葉至九世紀上半葉，可知此型碗托的使用年代當不至於與 Bb 型 I 式碗差距太大。此外，金祖明採集標本，托內有刻花紋飾，若以碗、盤、執壺刻花流行於九世紀上半葉的情況判斷，此型碗托可能是九世紀上半葉的產品。

（二）A 型 II 式碗托（四花口碗托）

此型碗托的造形特徵爲盤微向內侈，腹部呈

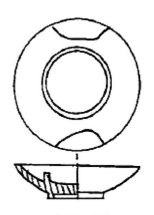

圖 2-88：
唐・越窯青瓷碗托

口徑 13.9 公分
上林湖窯址出土
上林湖文物保管藏

圖 2-89：
唐・越窯青瓷碗托

口徑 14 公分，高 3.3 公分
上林湖窯址出土

〔註90〕同註 43，頁 113 及圖版 3-15。
〔註91〕同註 9，頁 147 及圖版 2-E。

深弧狀，矮圈足，盤內有凸起一圈，圓形盤口上有四處凹陷象徵花口。

　　此型式碗托在寧波唐代遺址有出土，碗托（圖 2-90），口徑 15.3 公分，總高 3.9 公分，底徑 7.3 公分，但無紀年資料可供判斷年代〔註92〕。不過，此型式碗托的盤部分與 Ca 型 II 式碗、Ba 型盤類似；然而這兩種器形均爲九世紀上半葉的產品，因此 Aa 型 II 式碗托的年代應距九世紀上半葉不遠。

二、B 型碗托（捲荷葉型）

　　此型碗托的基本特徵爲托部呈折沿淺弧腹平底盤狀，口部四瓣，瓣端向內捲曲有如荷葉，底部爲圈足底，全器造形有如立體荷葉，極生動優雅。

　　此型碗托的大致年代在九世紀中葉，寧波唐代大中遺址便有出土（圖 2-91）〔註93〕。此外，安徽巢湖會昌二年（西元 842 年）墓中也有出土此型碗托（圖 2-92）〔註94〕，年代與寧波出土者類似，可見九世紀中葉乃 B 型碗托流行的期間。

圖 2-90：	圖 2-91：	圖 2-92：
唐・青瓷碗托	唐・青瓷碗托	唐・青瓷碗托

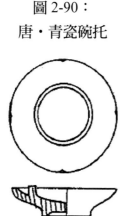

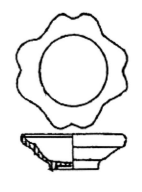

口徑 15.3 公分，高 3.9 公分
底徑 7.3 公分，寧波唐代遺址出土
寧波市文物保管所藏

口徑 15.8 公分，高 4 公分
寧波唐代海港遺址出土

口徑 14 公分，高 3.7 公分
安徽巢湖，M2 唐墓出土

三、唐越窯青瓷碗托的分期與演變

　　以上五件標本均爲九世紀產物，若以九世紀爲一期，可細分前、後兩階

〔註92〕1995 年，筆者承蒙林士民先生協助於寧波市文保管所親見。
〔註93〕同註 9，頁 147 及圖 43。
〔註94〕同註 8。

段，前階段以 A 型 I 式碗托為主，碗托造形為簡單的圓盤狀。然九世紀中葉
及以後的後階段，碗托以 A 型 II 式、B 型兩種為主，兩型式碗托主體的盤面
上則出現花口與花瓣型式，甚至有逼真傳神的荷葉造形碗托出現。

　　越窯器物種類繁多，包括碗、盤（碟）、碗托、壺、罌、罐、瓶、盒、熏
爐、脈枕、水盂、盆、燈盞、鐘、墓志、鉢、匣等二十餘種，由於篇幅之
故，其他器物種類不擬敘述。

第三章　唐代越窯青瓷的紋飾

　　唐代越窯雖以「千峰翠色」、「如冰似玉」名重於世，但是紋飾的表現也有突出的成就。目前根據出土資料顯示，唐越窯青瓷器的紋飾多出現於碗、盤、盒上，但執壺、枕面、碗托也有部份有紋飾的例子，這些紋飾以刻劃花、印花最常見，淺刻紋、褐彩、鏤刻則為少數，以下即分別敘述之。

第一節　刻劃花

　　依據刻劃花題材、方式的不同，劃分 A、B、C、D 四種類型，其中 A 型為淺刻紋，B 型為荷花荷葉紋，C 型為荷葉紋，D 型為鏤刻紋。

一、淺刻紋

　　唐越窯青瓷起源於八世紀下半葉，目前所見此一時期的紋飾較少，但是，題材不拘一格，有捲草、雲朵、魚紋等，而且紋飾技法以淺刻為主要表現方式。以大歷四年（西元 669 年）或大歷十四年（西元 779 年）河南三門峽唐墓出土的穿帶壺（圖 3-1）為例，根據考古調查報告，此壺為越窯器，同墓並出土越窯玉璧底碗，壺身的紋飾題材與風格是目前極少見的特例。壺的造形上扁下圓，腹部圓鼓，全腹刻暗花卉紋，從線繪圖上可以看到紋飾左右對稱，並分內外兩層，內層中央及下部有花瓣紋與類似荷花花苞紋，左右兩側有捲雲紋，外圈的紋飾則分別為捲草與葉片紋，整體紋飾繁褥華麗，線條採細線刻形式〔註 1〕。不過，此型式的紋飾卻是八世紀下半葉越窯紋飾

〔註 1〕許天申，〈試論河南出土的越窯瓷器〉，收錄於《中古國代青瓷研究專輯》（《江西文物》編輯部編輯出版，1991 年 12 月 30 日），頁 4 及圖 1-1。

的代表。

　　此外，河南偃師杏園的鄭洵夫婦合葬墓，爲大歷十三年（西元778年）紀年墓，墓中出土一件 Ca 型 II 式碗，碗內刻有魚紋（圖 3-2），紋飾題材特殊，魚的姿態生動有趣，紋飾技法和前述穿帶壺相同，採細線淺刻方式。〔註2〕

圖 3-1：唐・青瓷穿帶壺　　　　　圖 3-2：唐・青瓷碗（紋飾）

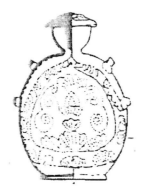

腹徑 13～15 公分，高 19 公分
底徑 9.4 公分，河南三門峽唐墓出土

口徑 14.4 公分，河南偃師杏園
M5036 唐墓出土

　　由以上兩件標本判斷，八世紀下半葉的紋飾手法有以淺刻爲表現方式的傾向，與九世紀以後的粗、細線條並用的方式不同。

二、荷花荷葉紋

　　依據構圖與布局不同，可分爲寫實繁密型與簡化疏朗型兩種。

（一）寫實繁密型荷花荷葉紋

　　此型紋飾的特徵爲刻劃寫實，構圖繁密。以上林湖採集標本（圖 3-3）爲例，碗造形爲 Ca 型 II 式，碗內紋飾由四瓣朵花與兩片側面的荷葉構成，紋飾布滿碗面，具有寫實的趣味。此外，同爲上林湖窯址採集的 Ca 型 II 式碗標本（圖 3-4）也有類似的紋飾，仍由四瓣朵花與兩片側面荷葉構成，不過線條較前件粗糙。另外，《越器圖錄》中也有具寫實風格的荷花荷葉紋，例如圖 3-5 中的海棠形器中央有一朵花，外圍爲兩片側面的荷葉，荷葉隨風搖擺的動態，透過粗細不同的線條捕捉的恰到好處，此外紋飾布滿器面，甚少留

〔註 2〕 中國社會科學院考古研究所河南二隊，〈河南偃師杏園村唐墓的發掘〉，《考古》，1996 年十二期，頁 1065 及圖 17-6。

白空間，乃寫實繁密風格紋飾的特徵。另外，圖 3-6〔註 3〕也是相同的構圖與風格。

圖 3-3：唐‧越窯青瓷碗紋飾

口徑 14.2 公分，1995 年上林湖窯址採集

圖 3-4：唐‧越窯青瓷碗紋飾

口徑 14.6 公分，1995 年上林湖窯址採集

圖 3-5：唐‧越窯青瓷碗紋飾

上林湖窯址出土

圖 3-6：唐‧越窯青瓷碗紋飾

上林湖窯址出土

在出土物方面，目前揚州市三元路出土委角方盤，盤內便有此型褥麗寫實的荷花荷葉紋（圖 3-7）〔註 4〕。另外，寧波唐代元和層（西元 806～820年）遺址出土的 Ca 型 II 式碗（圖 3-8），也是此型紋飾的典型例證，此粗紋飾刻劃極精細縟麗，中央朵花為花蕊與四花瓣構成，荷花之外有四片側面翻轉的荷葉，布局工整但不失寫實，此件標本說明寫實繁麗的荷花荷葉紋流行於九世紀的前期。此外，在寧波唐代海港的大中層（西元 847～859 年）曾出土一件盒蓋，蓋面紋飾（圖 3-9）也是此型紋飾，可見這種寫實繁密的荷花荷葉紋至少流行於九世紀中葉。不過，此件盒蓋的紋飾已有逐漸簡化疏朗的趨

〔註 3〕陳萬里，《越器圖錄》（上海：中華書局發行，民國 26 年 3 月），頁 88、84。
〔註 4〕揚州博物館、揚州文物商店編，《揚州古陶瓷》（北京：文物出版社，1996 年 9 月一版一刷），圖 70。

勢，但荷葉翻轉的姿態仍然保存，爲寫實型紋飾過渡至簡化型紋飾的轉型紋飾。〔註5〕

圖 3-7： 唐・青瓷盤紋飾	圖 3-8： 唐・青瓷碗紋飾	圖 3-9： 唐・青瓷盒蓋紋飾

口徑 13.7 公分 揚州市三元路出土 揚州唐城遺址文物保管所藏	口徑 34.4 公分 寧波唐代碼頭出土	口徑 12.6 公分 寧波唐代海港遺址

寫實繁密形式的荷花荷葉紋不只是上林湖越窯器的代表紋飾，在上林湖的衛星窯場以及浙江各地窯場也有類似的紋飾製作，例如寧波小洞嶴窯址，曾出土一片荷花荷葉紋的碗殘片，殘片紋飾〔註6〕爲四片桃形花瓣的荷花紋與四片荷葉組成，紋飾布局與上述寧波元和層出土碗的紋飾十分類似，但是刻劃手法卻粗糙許多，例如紋飾上便有多處疊燒泥點痕，破壞了紋飾整體的美感。

寧波之外，在紹興地區也有刻劃寫實繁密的荷花荷葉紋碗生產，據報告者的描述碗內爲蓮花紋飾〔註7〕，但從圖片看來，除碗心有如團菊的朵花紋飾外，也有側面荷葉紋飾，因此應是受到上林湖荷花荷葉紋影響下的產物。不過，此件標本的製作同樣不及上林湖產品精緻優美，疊燒泥點痕跡同樣破壞紋飾的整體美感。

〔註 5〕 Lin Shimin，〈Zheilang Export Green Glzaed Wares: Ningbo Data〉，收錄於《「浙江青瓷外銷」論文學術討論會論文集》（香港：香港大學亞洲研究中心出版，1994 年），圖 3-8 及頁 145，圖 26。

〔註 6〕 林士民，〈勘察浙江寧波唐代古窯的收穫〉，收錄於文物編輯委員會編，《中國古代窯址調查發掘報告集》（北京：文物出版社，1984 年一版一刷），頁 16 的 I 式碗，及頁 17 的圖 4-3。

〔註 7〕 金重德，〈禹王廟式越州窯之研究〉，收錄於《越州古窯研究》，民國 33 年 8 月出版，頁 10 及圖 24。由於圖片過於模糊，因此不附圖片。

除寧波、紹興外，在溫嶺地區的魚山窯址
也曾出土荷花荷葉紋碗殘片（圖 3-10），雖然報
告者認爲這是牡丹花紋〔註 8〕，但從線繪圖看
來，紋飾中央爲四瓣朵花，朵花外側佈滿繁密
的葉紋，應爲荷葉紋無疑。可見，溫嶺地區的
窯場也曾受到上林湖影響，生產此類荷花荷葉
紋飾產品。

以上各地生產的標本，在紋飾表現上均以
寫實繁密的荷花荷葉紋爲主，此型紋飾以荷花
與荷葉相互搭配，其中荷花的形式並無一定格

圖 3-10：唐・青瓷碗紋飾

浙江溫嶺黃泥園窯址出土

式，部份爲朵花，部分爲團花；然而，外圍的荷葉則以隨風擺動的側面荷葉
爲主，不僅所占面積比例大，技法表現也較成熟豐富，成爲全器視覺焦點所
在，因此，此型紋飾中的荷花似乎僅是輔助的配角而已。此型紋飾刻劃的技
法爲同時運用粗、細不同的線條刻劃，營造荷葉隨風翻轉的自然動感，以及
荷葉生動的線條趣味。

寫實繁密的荷花荷葉紋飾流行於九世紀上半葉至中葉左右，常見裝飾於
碗內、盤內，尤其 Ca 型 II 式碗出現的機率最多，是九世紀中葉極具特色的越
窯產品。因此，上林湖附近的寧波、紹興、台州溫嶺等地窯址也受到此紋飾
的影響，生產此型紋飾產品。不過，這些鄰近地區窯址生產產品的題材、構
圖和上林湖雖然相同，但製作均不如上林湖產品精緻、生動、優美。

（二）簡化疏朗型荷花荷葉紋

此型紋飾的題材仍以荷花、荷葉紋爲主，但構圖簡單、布局疏朗，與前
述實寫繁密的紋飾不同。例如荷葉已無隨風翻轉的自然動感，而且紋飾比例
縮小，也沒有寫實型紋飾布滿整個器面的褥麗趣味，加以刻劃的線條粗細較
一致，也不再有寫實型紋飾粗細線條交互運用，營造自然生動的流暢美感。

此型紋飾在目前現有的出土資料中，除出現於碗內之外，盒蓋也有不少
出土。例如揚州東風磚瓦廠唐墓中有一盒蓋（圖 3-11）〔註 9〕，紋飾由四瓣朵

〔註 8〕 台州地區文管會、溫嶺文化局，〈浙江溫嶺青瓷窯址調查〉，《考古》，1991 年
七期，頁 6～7 及圖 2-18。

〔註 9〕 張南、周長源，〈揚州東風磚瓦廠唐墓出土的文物〉，《考古》，1982 年三期，
頁 328 及圖 2。

花與四片荷葉構成，從構圖、布局，刻劃筆法疏朗、簡單的特徵看來，也是此型紋飾的代表。此外，類似的紋飾在揚州唐代墓葬中出土的委角方盤中也有出現（圖 3-12）〔註10〕，盤的紋飾有朵花，朵花外有四片簡化小荷葉及四片筆劃較繁複的大片側面荷葉，雖然這組紋飾工整精緻，仍帶有寫實型紋飾的寫實趣味，但葉片呆板，已無隨風翻轉的動態美感，已較接近簡化、疏朗的紋飾風格。

圖 3-11：唐‧青瓷盒蓋紋飾　　　圖 3-12：唐‧青瓷委角方盤紋飾

口徑 4.3 公分，揚州東風磚瓦廠唐墓出土　　　口徑 23.3 公分，揚州唐墓出土

（三）圖案型荷花荷葉紋

此型紋飾的特徵仍以朵花和四片荷葉為主，但圖案不僅趨於簡化，甚至產生圖案化的形式整體顯得呆板。此型紋飾多見刻飾於 Db 型碗內，以上林湖出土 Db 型碗的紋飾（圖 3-13）為例，此紋飾為四瓣朵花，以及簡化的四片荷葉，構圖、布局與寫實型、簡化型紋飾相同，但趣味、風格已產生很大的差異。

又如，陳萬里在上林湖採集到的四件標本，其中圖 3-14 的紋飾，中央仍能看到朵花紋，但朵花外則為類似菱形的四片荷葉〔註11〕，此型紋飾的特徵為布局疏朗，紋飾簡化潦草，以菱形圖案代替荷葉紋飾。此外，圖 3-15〔註12〕的紋飾也和上件紋飾相同，中央為四瓣朵花，朵花外為四片菱形荷葉，圖案化的意味也很強烈。另外，圖 3-16〔註13〕的紋飾也是一樣，朵花草率，但可

〔註10〕 王勤金、李久海，〈揚州出土的唐宋青瓷〉，收錄於《中國古代青瓷研究專輯》（《江西文物》編輯部編輯出版，1991 年 12 月 30 日），頁91 及圖 1-7。

〔註11〕 同註3，頁 7 圖中。

〔註12〕 同註3，頁 7 圖上。

〔註13〕 同註3，頁 6 圖中。

辨認，外側荷葉紋飾則為三角形紋。圖 3-17〔註14〕的圖案化趣味更加明顯，以中央交叉紋象徵荷花，交叉紋外則用四片三角形紋代替荷葉，是此圖案型紋飾最簡化與圖案化的代表。

圖 3-13：唐・越窯青瓷碗紋飾　　　　圖 3-14：唐・越窯青瓷器紋飾

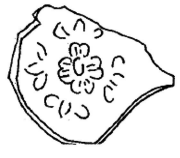

殘寬 11.3 公分，1995 年上林湖窯址採集　　　上林湖窯址出土

圖 3-15：　　　　　圖 3-16：　　　　　圖 3-17：
唐・越窯青瓷器紋飾　唐・越窯青瓷器紋飾　唐・越窯青瓷器紋飾

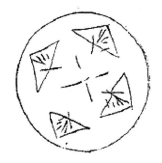

上林湖窯址出土　　　　上林湖窯址出土　　　　上林湖窯址出土

此型紋飾流行的時間較簡化型紋飾稍後一些，約九世紀中葉，在寧波唐代元和朝（西元 847～859 年）遺址曾出土盒蓋和 Db 型碗兩只，均為圖案型紋飾，例如圖 3-18 的蓋面紋飾〔註15〕，又如圖 3-19〔註16〕，碗心有四瓣朵花，朵花外有三角形荷葉。另外，圖 3-20〔註17〕的紋飾也是圖案紋飾的代

〔註14〕同註3，頁7圖下。
〔註15〕同註5，頁146及圖55。
〔註16〕同註5，頁146及圖35。
〔註17〕同註5，頁146及圖37。

表，雖然朵花部份較繁縟但荷葉仍爲三角形。以上三組紋飾反映出此型紋飾流行時間約九世紀中葉及其以後，較前述寫實型與簡化型紋飾晚。

圖 3-18：
唐・青瓷印盒紋飾

口徑 2.6 公分
寧波唐代海港遺址出土

圖 3-19：
唐・青瓷碗紋飾

口徑 12 公分
寧波唐代海港遺址出土

圖 3-20：
唐・青瓷碗紋飾

口徑 11.8 公分
寧波唐代海港遺址出土

三、荷葉紋

此型紋飾以荷葉紋爲主體，依據風格差異，可分爲兩種。

（一）寫實繁密型荷葉紋

此型紋飾以寫實繁密的荷葉爲主要題材，畫面並無荷花紋陪襯，布局、構圖與寫實型荷花荷葉紋飾類同，紋飾充滿整個畫面。早年陳萬里曾在上林湖窯址採集到此型紋飾的標本，例如圖 3-21 [註 18] 的紋飾爲一圓形器內的多片荷葉，荷葉由內向外展開，充滿整個器面，由於自然翻轉的動態，以及前後不同的層次，營造出生動的寫實趣味。

圖 3-21：
唐・越窯青瓷器紋飾

上林湖窯址出土

在出土物方面，寧波市文物管理所收藏一只 Ca 型 II 式碗，碗內刻劃此型紋飾，即三片由外向內開的側面荷葉，佈局繁縟、刻劃寫實 [註 19]，與圖 3-21 十分類似。此外，

[註18] 同註3，頁 86。
[註19] 筆者於 1995 年夏季拜訪寧波市文物管理委員會時親見，因此件標本未曾發表，因此僅以文字說明，而不附圖片。

鄞縣文物管理委員會收藏一件碗，根據圖錄標明為「印花雲龍蓮葉文碗」
〔註20〕，此碗外緣為由內向外展開的側面荷葉紋飾，推測可能即是此型紋
飾。此外，廣東省博物館所收藏的 Ba 型盤，盤內紋飾〔註21〕也能夠看到大片
由外向內展開的大片荷葉紋飾。不過，以上兩組紋飾均無紀年資料，且因圖
片緣故無法看清完整的紋飾。

此型紋飾的製作時間約為九世
紀中葉左右，以寧波唐代元和層（西元847～
859年）出土的 Da 型碗的紋飾（圖 3-22）

圖 3-22：唐・青瓷碗紋飾

〔註22〕為例，明顯為四片由外向內展開
的側面荷葉，這件碗的出土，無異說明九
世紀中葉為此類紋飾流行的時間。此外，
上述圖 3-21 的標本，從線圖看來，此器
物為四花口圓形器，根據第二章的推論，
四花口圓形盤流行的時間也在九世紀中
葉，兩者推論相符。基本上此型紋飾的趣

寬口徑 15.6 公分
寧波唐代海港遺址出土

味與寫實荷花荷葉紋飾類似，但時間稍晚些許。

（二）簡化疏朗型荷葉紋

此型紋飾仍以荷葉紋為主，但荷葉已無前型紋飾的寫實、繁密風格，反
而呈現布局疏朗、圖案比例縮小、線條簡單粗率的特徵。

目前此型紋飾多見裝飾於盒面，以寧波市文物管理委員會收藏的刻花油
盒（圖 3-23）〔註23〕為例，盒面以圓鈕為中心，鈕外分飾四片側面荷葉，荷
葉形如山形，筆法簡單率意，此型紋飾明顯與寫實型荷葉紋不同。另外，浙
江省博物館收藏的粉盒（圖 3-24）〔註24〕也有類似紋飾，紋飾分為上下兩
層，中央以圓鈕為中心，上下層紋飾均為四片三角形狀的荷葉紋，其中下層
紋飾的筆法較繁密，圖案比例較大。

〔註20〕 中國上海人民美術出版社編集，《中國陶瓷全集（四）・越窯》（日本：株式會
社美乃美發行，1981 年 9 月），圖 161。
〔註21〕 廣東省博物館，《廣東省博物館藏陶瓷選》（北京：文物出版社，1992 年 9 月
一版一刷），圖 51。
〔註22〕 同註 5，頁 147 及圖 52。
〔註23〕 同註 20，圖 148。
〔註24〕 同註 20，圖 146。

圖 3-23：唐・青瓷油盒

口徑 6.5 公分，寧波遵義路唐代遺址出土，寧波市文物管理委員會藏

圖 3-24：唐・青瓷粉盒

口徑 5.6 公分，浙江省博物館藏

　　此型紋飾流行的時間也在九世紀中葉，由於上述刻花油盒乃寧波遵義路唐代遺址大中二年（西元 848 年）層出土〔註25〕，因此推測此簡化疏朗型荷葉紋為九世紀中葉左右的產物。此外，從山形荷葉與三角形荷葉乃九世紀中

〔註25〕同註 20，頁 190，圖 148 圖說。

葉圖案型荷花荷葉紋飾的特徵，說明此型紋飾流行的年代和圖案型荷花荷葉
紋飾的九世紀中葉類似。

四、朵花紋

　　此型紋飾呈現的形式十分多樣，但以四瓣朵花最多，在布局上多疏朗奔
放，刻劃線條也較簡單率意。

　　例如寧波唐代大中（西元 847～859 年）層遺址出土一只 Aa 型 II 式碗，
碗內紋飾（圖 3-25）〔註 26〕為四瓣朵花，若將此組紋飾與寧波元和（西元 806
～820 年）層出土的 Aa 型 II 式碗的紋飾（圖 3-7）比較，便可分辨出此型朵
花紋乃寫實繁密型荷花荷葉紋的荷花部份。類似的紋飾也出現於同屬大中
（西元 847～857 年）層寧波遺址出土的 Bb 型盤（圖 3-26）〔註 27〕。此外，
在刻有「會昌七年」（西元 847 年）銘款的執壺，壺腹上也有類似的紋飾（圖
3-27）〔註 28〕，例如壺腹中央為筆劃簡單的四瓣朵花，而豎形繫下則有三瓣
桃形花瓣，紋飾布局雖與上述諸組紋飾不同，但紋飾內涵則均為桃形花瓣與
四瓣朵花的組合，因此，應屬於同一時期的作品。目前，此型紋飾出現於執
壺的例子極少見，而這件執壺對唐代越窯器刻劃花紋飾的說明，具有重要的
意義。

圖 3-25：唐・青瓷碗紋飾　　　　　　圖 3-26：唐・青瓷盤紋飾

口徑 11 公分，寧波唐代海港遺址出土　　　口徑 14 公分，寧波唐代海港遺址出土

〔註 26〕同註 5，頁 146 及圖 36。
〔註 27〕同註 5，頁 146 及圖 42。
〔註 28〕汪慶正主編，《越窯・秘色瓷》（上海：古籍出版社，1996 年 11 月一版一刷），
　　　　圖 12。

圖 3-27：唐‧青瓷執壺紋飾　　　　圖 3-28：唐‧青瓷盒

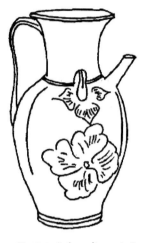

口徑 10.3 公分，高 27 公分　　　　口徑 8.4 公分，廣東省博物館藏

　　四瓣朵花紋的形式變化很大，廣東省博物館收藏的一件盒，其紋飾（圖3-28）[註29] 中央爲朵花，外有四朵側面荷花，荷花與荷花間有雙帶相連，這種紋飾是此型紋飾中較少見的精緻作品。

　　不過，四瓣朵花紋飾多以簡單率意的面貌出現，在上林湖窯址曾採集到Db 型碗，碗心的紋飾（圖 3-29）便是四瓣朵花的例證。然而，陳萬里先生也曾在上林湖窯址採集到類似的標本（圖 3-30）[註30]。此外，在寧波唐代海港遺址大中（西元 847～859 年）曾出土的 Bb 型盤，盤內的紋飾（圖 3-31）[註31]，由中心朵花與四朵小花構成，題材與構圖雖然較複雜，但仍不脫四瓣朵花的基本形態。

　　由於此型紋飾多出現於 Db 型碗內，而 Db 型碗的流行年代在九世紀中葉以後，因此四瓣朵花紋飾可能流行於此時，乃時代較晚的紋飾之一。

五、刻劃花紋飾的分期與演變

　　從以上四種紋飾形式的個別發展看來，唐代越窯青瓷紋飾產生年代大約在八世紀下半葉，發展至九世紀末的百餘年間，依其紋飾題材與特徵可分爲兩個時期。

〔註29〕同註21，圖 52。
〔註30〕同註3，頁 6 圖下。
〔註31〕同註5，頁 146 及圖 41。

圖 3-29：　　　　　　圖 3-30：　　　　　　圖 3-31：
唐·越窯青瓷碗紋飾　　唐·越窯青瓷器紋飾　　唐·青瓷盤紋飾

口徑 12.2 公分　　　　上林湖窯址出土　　　　口徑 14.6 公分
上林湖窯址出土　　　　　　　　　　　　　　寧波唐代海港遺址出土

（一）第一期（九世紀以前）

以淺刻紋飾為主，紋飾題材並不固定，但刻劃的技巧為纖細且粗細一致的淺刻方面，目前此類紋飾的標本甚少，對紋飾的認識也較有限。

（二）第二期（九世紀以後）

唐代越窯青瓷的紋飾最主要流行於此時期，此期紋飾最早紀年例證為元和五年（西元 810 年）王叔文夫人墓出土盤，由於出土報告並未說明紋飾的內容〔註32〕，因此題材、形式毫無所知。

目前依據紋飾題材不同，九世紀以後至少有荷花荷葉紋、荷葉紋、朵花紋等三種不同種類。從紋飾種類的發展脈胳判斷，寫實繁密的紋飾出現較早，至九世紀二〇年代已有成熟精美的產品產生，此後寫實繁密型、簡化疏朗型、圖案形式的紋飾共存，形成多樣、豐富的紋飾面貌。整體而言，此時的紋飾風格較自然、流暢、生動與率意，以粗細不同的刻劃筆法呈顯自然植物的樣態，極富動態的情趣。這種紋飾風格與五代末、北宋的纖細綺麗，有如針刻般的細線刻紋飾截然不同，是十分具有唐代時代特色的紋飾。

此外，紋飾與器形也有相互搭配的原則，例如以目前所見紋飾多出現於 Aa 型 II 式碗、Ca 型 II 式碗、Da 型碗、Db 型碗、A 型方盤、Bb 型盤、Ba 型盤等圓形器的器面上。不過九世紀四〇年代以後，執壺、碗托〔註33〕等器形

〔註32〕陳萬里，〈中國青瓷史略〉，收錄於《陳萬里陶瓷考古文集》（北京：紫禁城出版社、兩木出版社，1990 年一版一刷），頁 83。

〔註33〕金祖明，〈浙江餘姚青瓷窯址調查報告〉，《考古學報》，1959 年三期，頁 113

也有紋飾做裝飾例證。

第二節　印　花

　　唐代越窯青瓷器也有採用印花表現紋飾美感的作品，這類作品的題材與表現方面均不如刻劃花多樣豐富，目前墓葬、遺址、窯址出土的數量也不多，不過仍然自成一格，獨具特色，其中以花卉紋、動物紋最多。

一、花卉紋

　　河南三門峽出土的穿帶壺，除壺腹刻花外，在傘狀蓋頂上有模印花卉的紋飾（圖3-32），從線繪圖上可看到乃四組相同的紋飾，均勻散印於蓋面上，由於這件標本的時間為大歷四年（西元 769 年）或大歷十四年（西元 779年）〔註34〕，屬於八世紀下半葉的作品，依據這組紋飾可以大致窺得八世紀下半葉印花紋飾的面貌，不過這類紋飾極為少見，此件穿帶壺乃目前所見唯一的孤品。

　　花卉紋中較常見的為葵花紋，這種紋飾的特徵為簡單工整的花蕊與花瓣構成朵花。這種紋飾在目前曾發表的上林湖窯址報告中並沒有看到；但是寧波小洞嶴唐代窯址卻有此種標本（圖 3-33）〔註35〕出土，從標本的圖片看來，紋飾為陽線圖案，造形工整稍帶些許呆板，這種紋飾流行於九世紀上半葉，在寧波唐代元和（西元 806～820 年）層遺址，便有印製此型紋飾的碗片（圖 3-34）出土。〔註36〕

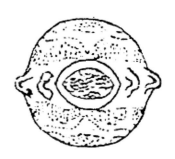

圖 3-32：唐・青瓷
穿帶壺蓋紋飾

3.5～4.7 公分
河南三門峽唐墓出土

圖 3-33：
唐・青瓷碗紋飾

口徑 15.3 公分
寧波鎮海小洞嶴唐代窯址出土

　　　　　　　及圖版 3-15。
〔註34〕同註1。
〔註35〕同註6，頁 16 的 I 式碗及圖 4-4。
〔註36〕同註5，頁 144 及圖 16。

　　另外，上林湖窯址曾出土流行於九世紀中葉以後的 Db 型碗，碗內印有四片簡化荷葉的紋飾（圖 3-35）〔註37〕，紋飾的造形與構圖和同一時期的簡化疏朗型荷葉紋類似，應屬同一時期的上林湖產品。

圖 3-34：唐・青瓷碗紋飾　　　　　　圖 3-35：唐・越窯青瓷碗紋飾

底徑 4.8 公分，寧波唐代海港遺址出土　　　　上林湖窯址出土

二、動物紋

　　越窯青瓷的印花紋飾中，除花卉紋中，種類豐富者為動物紋，目前上林湖窯場與寧波小洞嶴場共可見到龍紋、鳥紋、魚紋、臥獸等紋飾。

　　以龍紋為例，上林湖窯場至今並未有龍紋的標本出土。不過，寧波海港的元和（西元 806～820 年）層遺址卻曾發現一件印有團龍紋飾的碗片，碗片僅存三分之一的碗底，雖然僅見龍的一小部份，但龍身採盤軀形式仍清晰可

圖 3-36：唐・青瓷碗紋飾

底徑 10 公分
寧波唐代海港遺址出土

見，而且龍身的外側有一圈捲葉紋和雲氣紋（圖 3-36）〔註38〕。同樣類型的紋飾在寧波小洞嶴唐代窯址也有出土，在一件大盤的殘片上，有模印較細的龍紋與鈎連紋，此處報告所謂的「鈎連紋」〔註39〕可能即是上述出土於寧波海港遺址的捲葉與雲氣紋，因此寧波遺址出土碗不排除乃寧波小洞嶴窯址生

〔註37〕日・三上次男，《中國陶磁史研究》（中央公論美術出版，1985 年），頁 337 及插圖 156。

〔註38〕同註5，頁 144 及圖 15。

〔註39〕同註6，頁 18 的 VI 式碗。

產的可能性。

此外，前文已述鄞縣曾出土一件 Ca 型 II 式碗，根據圖錄標明此件碗為「印花雲龍荷葉紋碗」〔註40〕，從圖片看去，碗內紋飾以大片荷葉為主體，但無法看到雲龍的面貌，不過，這件標本對於越窯青瓷龍紋印花題材的了解，有極具意義的助益。印花龍紋也曾出現於執壺的壺腹上，在寧波唐代海港大中（西元 847～859 年）層遺址出土一只啦叭長頸執壺（圖 3-37），壺身便有龍紋裝飾。〔註41〕

印花龍紋出現的時間在九世紀上半葉及中葉，從前述寧波海港出土的標本可大致了解其流行年代。

龍紋之外，鳥類紋飾也是唐越窯擅用的印花題材，以上林湖出土 Db 型碗的紋飾（圖 3-38）為例，圖中為一隻展翅正欲飛翔的小鳥，便是印花紋飾的代表，這組紋飾雖然為印花形式，但是平實當中仍有生動趣味的美感。

圖 3-37：唐‧青瓷執壺紋飾　　　　圖 3-38：唐‧越窯青瓷碗紋飾

頸寬 7.6 公分，寧波唐代海港遺址出土　　　底徑 6.6 公分，上林湖窯址出土

同屬鳥類紋飾者還有鶴紋，這種鶴紋的標本出現於寧波唐代遺址，在一只 Db 型碗的碗內印著一隻類似鶴的鳥，鳥採站立姿式，鳥的腳下有類似雲氣的紋飾，鳥頭的外側則模印反寫陽紋「大中二年」（西元 848 年）四字（圖 3-39）〔註42〕，由於這只碗有具體紀年，明確說明雲鶴紋流行於九世紀中葉，是難能可貴的紀年標準器。可惜出土報告的照片並不清楚。

〔註40〕同註 20，圖 161。

〔註41〕同註 5，頁 146 及圖 47。

〔註42〕林士民，《青瓷與越窯》，上海古籍出版社，1999 年 12 月一版，頁 36，圖
　　　　129。

圖 3-39：唐・青瓷碗

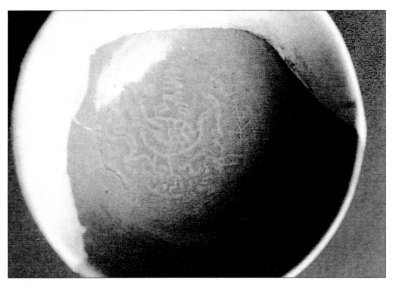

口徑 11.5 公分，寧波遵義路唐代遺址出土

　　唐越窯青瓷的印花紋飾中，還有魚紋、臥獸紋、雲彩紋等，雖然上林湖並未發現這些紋飾，但是在附近的窯場或遺址、墓葬均有出土，例如寧波小洞嶴唐代窯址出土雙魚紋飾的大盤〔註43〕。此外，根據考古調查報告，在浙江麗水的唐代土坑墓中曾經出土一件 Db 型碗，碗內印有凸獸，四周還有雲紋〔註44〕，由於以上紋飾均無圖片發表，或是圖片過份模糊，因此無法窺得眞實面貌。

　　印花產品並非上林湖窯場的主要產品，因此題材並不如刻劃花豐富，產品數量也較少，其中紋飾題材以花卉、動物、雲彩紋爲主，這些紋飾基本上與刻劃花不同，應屬兩種不同發展類型的產品，而且部份產品可能爲上林湖以外的寧波地區窯場出土物。不過，印花與刻劃花相同，流行於九世紀初以後；而且以碗、盤爲主要裝飾對象。

第三節　褐彩裝飾與鏤刻

　　唐越窯青瓷除運用刻劃花、印花創造裝飾美感外，同時發展出運用黑釉、

〔註43〕同註 6，頁 18 的 VI 式碗。
〔註44〕麗水縣文物管理委員會，〈浙江麗水唐代土坑墓〉，《考古》，1964 年五期。

褐釉創造裝飾紋樣的褐彩紋飾。這種紋飾設計包括褐斑、絞胎與文字裝飾等
方式。

　　目前在上林湖窯場出土的褐彩標本，爲施家坤窯址出土的褐彩文字標本
（圖 3-40），這件標本爲 Bb 型 I 式的玉璧底碗殘片，在釉下有褐彩書寫「……
徐敬……禹廟」的字樣〔註 45〕。由於玉璧底碗流行於八世紀下半葉至九世紀
上半葉，說明褐彩的運用在當時已受到重視，不過由於標本稀少，無異反映
出這種裝飾手法似乎仍不普遍。

圖 3-40：唐・越窯青瓷碗

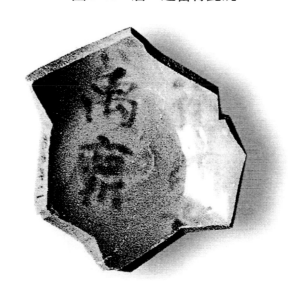

上林湖窯址出土

　　目前，褐彩紋飾的標本多爲墓葬或遺址出土物，例如寧波唐代碼頭遺址
曾出土一碗片，碗片的造形特徵爲敞口、直腹、矮圈足、口沿飾有四個對稱
的褐斑，產生時間約爲大中年（西元 847～859 年）間〔註 46〕。具有以上特徵
的產品在婺州地區唐代窯址遺存中有出土，例如金華市華南公社窯址群生產
的碗便有大斑裝飾。另外，蘭溪縣香溪窯群生產的碗，也有碗沿施劃褐色短

〔註45〕朱伯謙、林士民，〈我國黑瓷的起源及其影響〉，《考古》，1983 年十二期，頁
　　　　1136 及圖 4。另見同註 42，頁 20，圖 73。
〔註46〕林士民，〈寧波東門口碼頭遺址發掘報告〉，收錄於浙江省文物考古所編著，
　　　　《浙江省文物考古所學刊》（北京：文物出版社，1981 年 11 月一版一刷），頁
　　　　113 的 II 式碗及圖 9-2。此處的線圖只見碗的外型，無法看到紋飾。

線的裝飾〔註47〕，由此推論婺州地區應有燒造褐彩紋飾的傳統，因此寧波唐碼頭出土的褐彩碗與婺州窯可能有密切的關係。

　　四褐斑紋碗，除寧波出土外，在諸暨唐代土坑墓中也曾有出土報告，由報告中對造形與裝飾的說明〔註48〕，可知與寧波出土者類同。

　　褐彩紋飾碗，除上述兩件出土物外，在日本出光美術館有一件風格不同的碗（圖3-41），碗屬Bb型I式，碗腹呈四十五度斜出，碗內褐彩由碗心向碗沿採傘狀排列，紋飾表現極其炫爛華麗，由於目前上林湖窯址未曾發現此型標本，因此馮先銘先生將之訂為浙江產品，認為可能出自上林湖以外的窯場。〔註49〕

圖3-41：唐・青瓷褐彩碗

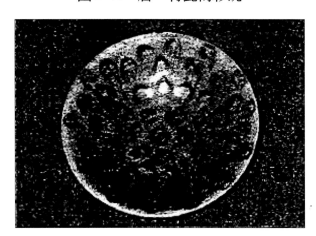

出光美術館藏

　　然而，褐彩紋飾運用最具創造力的設計為褐彩紋胎，在寧波唐大中二年（西元848年）層出土一件脈枕（圖3-42），枕身為立體伏獸，而伏獸上的枕面有褐彩紋飾，這組紋飾乃利用褐色胎土與一般胎土製成的絞胎做成，然而

〔註47〕　貢昌，〈談婺州窯〉，收錄於文物編輯委員會編，《中國古代窯址調查發掘報告集》（北京：文物出版社，1984年10月一版一刷），頁30。

〔註48〕　諸暨縣文物管理委員會，〈浙江諸暨唐代土坑墓〉，《考古》，1988年六期，頁520。此碗的造形特徵為「敞口、圓唇、淺腹、平底內凹。上腹壁外弧，下腹壁向內折接。器外壁近口沿處飾褐彩斑一周，計大小十二處，排列不甚整齊。」

〔註49〕　馮先銘，〈瓷器鑑定的五大要領〉，收錄於《中華文物學會一九九二年刊》（中華文物學會出版，1993年出版），頁9及圖4。

紋飾的組合為四瓣朵花，部份報告稱為靈芝花〔註50〕，是十分具有裝飾效果的紋飾，也是目前難得僅見的珍品。

圖 3-42：唐・青瓷褐彩絞胎脈枕

枕徑 13.8 公分，寧波遵義路唐代遺址出土，寧波市文物委理委員會藏

目前，上林湖越窯產品的紋飾技法，除上述的刻劃花、印花、褐彩外，另有鏤空紋飾也是值得注意的裝飾手法。例如寧波唐代海港遺址大中層（西元 847～859 年）出土的盒蓋上便有簡單的鏤刻紋飾（圖 3-43）〔註51〕說明這種紋飾手法在九世紀中葉已經逐漸被運用。

圖 3-43：唐・青瓷盒及蓋

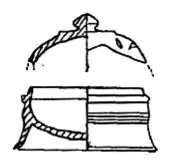

口徑 12.8 公分
寧波唐代海港遺址出土

對於唐代越窯青瓷的了解，目前可知在八世紀下半葉始有刻劃花與印花產生，但數量極少，題材多樣，尚未形成獨立的裝飾風格。不過九世紀初以後，紋飾大量出現，尤以九世紀中葉表現最明顯、成熟與多樣，舉凡刻劃花、

〔註50〕 林士民，〈浙江寧波出土的唐宋醫藥用具〉，《文物》，1982 年八期，頁 93 及圖 11-3。另同註 20，圖 138。另見註 42，頁 24，圖 83。
〔註51〕 同註 5，頁 146 及圖 56。

印花、褐彩、鏤刻均有不同的題材、風格與偏好。在此四種技法中，以刻劃花最普遍，紋飾題材最豐富，技法變化最大，其次印花紋飾稍遜一籌，此外，褐彩與鏤刻的產品最少，乃新出現的裝飾技法。這些紋飾較常運用於碗、盤、盒上，其次，執壺、枕面、碗托也有少數例證，不過，運用的範圍已逐漸擴大。以上唐代越窯青瓷的四種紋飾技法與十世紀以後的五代、北宋階段的紋飾表現不同，不過已為未來更華麗、炫爛、多樣的紋飾發展，奠定有利的發展基礎。

第四章　唐代越窯青瓷的胎、釉與
　　　　裝燒工藝

　　瓷器工藝是藝術與科技的雙重結合，造形與紋飾成就瓷器的裝飾美感。而胎、釉、裝燒工藝是高溫燒造技術層次的展現，對瓷器美感的締造同樣具有決定性的影響，是瓷器研究不可忽略的課題。以下即就胎、釉、裝燒工藝三方面分別探討，首先就胎的部份，說明越窯青瓷器的表現，胎工藝包括胎土成份、燒造後胎土呈色、胎土煉製、胎體製作等問題。

第一節　胎

一、胎土成份

　　上林湖越窯青瓷器的胎土成份，主要是以氧化矽（SiO_2）、三氧化二鋁（Al_2O_3）為主要原料，由於瓷器的原料多當地所產，因此強烈受限於地理環境因素。

　　上海硅酸鹽研究所，在 1989 年曾對上林湖地區歷代青瓷產品的胎土，做化學組成分析的實驗（表 4-1）[註 1]，實驗結果證明在十二件東漢至北宋的上林湖窯場青瓷器標本中，胎成份比例變化極微，其中二氧化矽的比例介於76.07% 與 72.55% 之間；而三氧化二鋁的比例，則介於 15.28% 至 18.87% 之間。這一結果與同屬浙江的龍泉窯瓷器不同，例如十九件龍泉窯標本中，二

〔註 1〕李家治、陳顯求、陳士萍、朱伯謙、馬成達，〈上林湖歷代越瓷胎、釉及其工藝的研究〉，收錄於李家治、陳顯求主編，《古陶瓷科學技術國際討論會論文集》（上海：科學技術文獻出版社，1992 年一版），頁 338 的表 2。

表4-1：上虞越窯及龍泉窯歷代瓷胎化學組成表（錄自〈上林湖歷代越瓷胎釉及其工藝的研究〉）

No.	編號	窯別	SiO_2	Al_2O_3	Fe_2O_3	TiO_2	CaO	MgO	K_2O	Na_2O	MnO	P_2O_5	總量	分子式
1	SL1	上林湖	76.07	15.28	2.13	0.84	0.79	0.62	2.69	0.91	0.040	0.130	99.50	$0.65\ R_xO_y \cdot Al_2O_3 \cdot 8.45\ SiO_2$
2	SL2		74.92	16.36	2.15	0.88	0.65	0.66	2.77	1.02	0.020	0.080	99.51	$0.62\ R_xO_y \cdot Al_2O_3 \cdot 7.77\ SiO_2$
3	SL3		75.24	16.83	2.09	0.81	0.32	0.61	2.71	0.82	0.010	0.070	99.51	$0.53\ R_xO_y \cdot Al_2O_3 \cdot 7.58\ SiO_2$
4	SL4-1		72.55	18.87	2.90	0.81	0.38	0.57	2.56	0.75	0.030	0.090	99.51	$0.48\ R_xO_y \cdot Al_2O_3 \cdot 6.52\ SiO_2$
5	SL5-2		75.40	16.82	1.75	0.78	0.32	0.53	2.73	1.08	0.020	0.060	99.49	$0.53\ R_xO_y \cdot Al_2O_3 \cdot 7.61\ SiO_2$
6	SL6		75.24	16.82	2.07	0.83	0.36	0.63	2.52	0.92	0.020	0.070	99.51	$0.53\ R_xO_y \cdot Al_2O_3 \cdot 7.59\ SiO_2$
7	SL7-2		73.78	18.75	2.02	0.86	0.39	0.52	2.44	0.67	0.020	0.060	99.51	$0.44\ R_xO_y \cdot Al_2O_3 \cdot 6.68\ SiO_2$
8	SL8-2		75.11	17.48	2.10	0.74	0.39	0.54	2.36	0.69	0.020	0.070	99.50	$0.47\ R_xO_y \cdot Al_2O_3 \cdot 7.29\ SiO_2$
9	SL10-1		74.50	18.11	2.03	0.77	0.40	0.47	2.36	0.80	0.010	0.060	99.51	$0.45\ R_xO_y \cdot Al_2O_3 \cdot 6.98\ SiO_2$
10	SL10-2		75.40	17.31	1.84	0.88	0.37	0.56	2.39	0.67	0.020	0.060	99.50	$0.47\ R_xO_y \cdot Al_2O_3 \cdot 7.39\ SiO_2$
11	SL11-1		74.66	17.94	1.97	0.76	0.29	0.48	2.62	0.70	0.020	0.060	99.50	$0.45\ R_xO_y \cdot Al_2O_3 \cdot 7.06\ SiO_2$
12	SL11-2		74.85	17.08	2.50	0.78	0.29	0.53	2.58	0.81	0.030	0.060	99.51	$0.51\ R_xO_y \cdot Al_2O_3 \cdot 7.43\ SiO_2$
13	SY8-5	上虞	75.40	17.73	1.75	0.86	0.31	0.57	3.00	0.49	0.000	0.000	100.11	$0.47\ R_xO_y \cdot Al_2O_3 \cdot 7.21\ SiO_2$
14	H-5		75.85	17.47	1.65	0.97	0.20	0.52	2.66	0.54	0.030	0.000	99.88	$0.45\ R_xO_y \cdot Al_2O_3 \cdot 7.37\ SiO_2$
15	SY8-7		77.42	16.28	1.56	0.82	0.38	0.53	2.67	0.58	0.040	0.000	100.28	$0.49\ R_xO_y \cdot Al_2O_3 \cdot 8.07\ SiO_2$
16	H4		76.07	15.94	2.42	1.06	0.24	0.57	2.59	0.55	0.020	0.000	99.54	$0.54\ R_xO_y \cdot Al_2O_3 \cdot 8.10\ SiO_2$
17	SHT1-(2)		75.83	16.60	2.23	0.84	0.33	0.54	2.90	0.60	0.020	0.000	99.89	$0.52\ R_xO_y \cdot Al_2O_3 \cdot 7.75\ SiO_2$
18	J5		76.82	15.71	2.38	0.71	0.19	0.52	2.72	0.70	0.010	0.000	99.76	$0.52\ R_xO_y \cdot Al_2O_3 \cdot 8.30\ SiO_2$
19	SY-16		76.60	16.09	1.88	0.85	0.30	0.57	3.00	0.89	0.020	0.000	100.20	$0.56\ R_xO_y \cdot Al_2O_3 \cdot 8.08\ SiO_2$
20	J4		73.51	18.06	2.72	1.11	0.29	0.50	2.46	0.93	0.020	0.000	99.60	$0.51\ R_xO_y \cdot Al_2O_3 \cdot 6.91\ SiO_2$
21	TH1		77.84	14.16	2.88	1.41	0.40	0.50	1.84	1.01	0.000	0.000	100.04	$0.66\ R_xO_y \cdot Al_2O_3 \cdot 9.33\ SiO_2$
22	NB4		76.90	16.20	2.00	0.77	0.22	0.56	2.89	0.50	0.010	0.000	100.05	$0.50\ R_xO_y \cdot Al_2O_3 \cdot 8.05\ SiO_2$
23	S6-1		74.56	16.34	1.91	0.98	0.40	0.50	2.51	1.01	0.000	0.000	98.21	$0.54\ R_xO_y \cdot Al_2O_3 \cdot 7.74\ SiO_2$
24	S6-2		75.23	16.48	1.92	0.84	1.03	0.76	2.93	0.96	0.020	0.000	100.17	$0.66\ R_xO_y \cdot Al_2O_3 \cdot 7.74\ SiO_2$
25	S3-3	龍泉	73.93	18.36	2.43	0.39	0.31	0.67	3.16	0.22	0.150	0.000	99.62	$0.45\ R_xO_y \cdot Al_2O_3 \cdot 6.83\ SiO_2$
26	YM (74) II-1		75.22	17.45	1.87	0.40	0.46	0.38	3.53	0.34	0.050	0.700	100.40	$0.48\ R_xO_y \cdot Al_2O_3 \cdot 7.31\ SiO_2$
27	YM (74) II-2		71.72	18.51	2.43	0.20	0.01	0.37	6.08	0.54	0.080	0.010	99.95	$0.56\ R_xO_y \cdot Al_2O_3 \cdot 6.57\ SiO_2$
28	YG (72) II-3		75.87	16.44	2.73	0.51	0.18	0.59	2.82	0.25	0.030	0.020	99.44	$0.47\ R_xO_y \cdot Al_2O_3 \cdot 7.83\ SiO_2$
29	YG (73) II-4		78.21	14.00	1.67	0.14	0.14	0.16	4.96	0.50	0.040	0.070	99.89	$0.59\ R_xO_y \cdot Al_2O_3 \cdot 9.48\ SiO_2$
30	YU (69) II-5		69.13	22.17	2.22	0.28	0.03	0.18	5.47	0.36	0.000	0.070	99.91	$0.40\ R_xO_y \cdot Al_2O_3 \cdot 5.29\ SiO_2$
31	YL-1		70.77	20.13	1.63	0.16	0.17	0.74	5.50	0.82	0.070	0.000	99.99	$0.54\ R_xO_y \cdot Al_2O_3 \cdot 5.96\ SiO_2$
32	ML-1		70.18	20.47	1.71	0.19	0.16	0.20	6.02	0.97	0.100	0.000	100.09	$0.52\ R_xO_y \cdot Al_2O_3 \cdot 5.82\ SiO_2$
33	NSL-2		76.47	17.51	1.28	0.42	0.60	0.34	3.08	0.27	0.020	0.000	99.99	$0.41\ R_xO_y \cdot Al_2O_3 \cdot 7.41\ SiO_2$
34	NSL-1		74.23	18.68	2.27	0.42	0.54	0.59	2.77	0.48	0.020	0.000	100.00	$0.44\ R_xO_y \cdot Al_2O_3 \cdot 6.74\ SiO_2$
35	S3-1		70.95	21.54	2.39	0.00	0.00	0.06	4.54	0.43	0.040	0.000	99.95	$0.34\ R_xO_y \cdot Al_2O_3 \cdot 5.59\ SiO_2$
36	S3-2		69.76	22.39	1.80	0.00	0.00	0.39	4.42	0.75	0.050	0.000	99.56	$0.37\ R_xO_y \cdot Al_2O_3 \cdot 5.29\ SiO_2$
37	S3-4		61.37	27.98	4.50	0.74	0.87	0.73	3.74	0.38	0.200	0.000	100.51	$0.44\ R_xO_y \cdot Al_2O_3 \cdot 3.72\ SiO_2$
38	SSL-1		67.82	23.93	2.10	0.22	0.00	0.26	5.32	0.32	0.030	0.000	100.00	$0.36\ R_xO_y \cdot Al_2O_3 \cdot 4.81\ SiO_2$
39	48		68.90	23.46	1.35	0.18	0.51	0.29	4.61	0.49	0.070	0.000	99.86	$0.37\ R_xO_y \cdot Al_2O_3 \cdot 4.98\ SiO_2$
40	S-001		68.11	22.19	2.37	0.27	0.23	0.00	5.48	1.22	0.000	0.000	99.87	$0.46\ R_xO_y \cdot Al_2O_3 \cdot 5.21\ SiO_2$
41	S-002		67.74	23.18	2.40	0.00	0.00	0.00	5.56	1.36	0.000	0.000	100.24	$0.42\ R_xO_y \cdot Al_2O_3 \cdot 4.96\ SiO_2$
42	S-003		67.09	23.41	2.02	0.00	0.00	0.00	5.95	1.54	0.000	0.000	100.01	$0.44\ R_xO_y \cdot Al_2O_3 \cdot 4.86\ SiO_2$
43	S-004		73.22	19.10	2.19	0.32	0.29	0.00	3.62	1.09	0.000	0.000	99.83	$0.42\ R_xO_y \cdot Al_2O_3 \cdot 6.50\ SiO_2$

氧化矽的比例為 61.37% 至 78.21%；然而三氧化二鋁的比例為 14% 至 27.98%，差距較上林湖越窯器高出數倍。可見，長久以來上林湖越窯器在胎土結構上的變化與其他窯場不同，變化可謂極小。

二、胎土燒造後的呈色

　　由於胎土成分變化小，因此胎土經燒造後，外觀的色澤也沒有太大的差距，多數標本的斷面呈現灰色調，接近色表 552 號顏色，因此部份學者稱此上林湖產品的胎土為「灰色瓦胎」〔註2〕，這種灰色胎，在外觀上甚至與鄰近的上虞、紹興地區產品的灰白色胎有些許不同。

三、胎土煉製

　　在胎土煉製的方式上，上林湖越窯青瓷器由初唐至晚唐有明顯進步的跡象。初唐時期，上林湖產品由於淘煉不夠精細，胎土的斷面不僅粗糙疏鬆，且帶有砂粒雜質，以上林湖採集 Aa 型 I 式碗的標本一為例（表 4-2），製作的時間為隋末至初唐，代表初唐階段上林湖越窯產品胎土淘煉的水準，從標本斷面雜有黑色砂粒與大小不一的氣孔判斷，當時胎土的淘煉仍屬於較原始階段。這種現象同樣出現於標本二。

　　不過，中唐以後上林湖越窯器的瓷胎在淘煉工序方面便有長足的改進，雖然目前並沒有整個窯場，包括煉泥作坊的發現，但是從產品胎土斷面細膩緊密，而且少見砂粒氣孔的情況判斷，必然在胎土製作上經過一定的淘洗與煉製的固定工序。例如標本三的斷面可見胎土練膩，呈灰色，沒有氣孔、砂粒現象，說明八世紀下半葉以後，上林湖越窯器的胎土淘煉的水準明顯提高。此外，同屬上林湖採集的標本四製作的年代也在八世紀下半葉以後至九世紀上半葉，其斷面呈灰色，胎土細膩緊密，少見砂粒與氣孔，表現的水準與標本三相同。

　　另外，較上述標本晚的標本五也是一樣，胎土斷面仍舊呈現灰色，緊密細膩，工藝水準很高。這種高水準的胎體製作工序，直到晚唐依然明顯，標本六、七均是晚唐時期的產品，胎土顏色均呈現灰色，斷面處也明顯可見細膩、緻密的特徵，胎土中仍然少見氣孔與砂粒，可見胎土淘洗工序十分講究。

〔註 2〕周仁，〈中國歷代名窯陶瓷工藝的初步科學總結〉，收錄於周仁等著，《中國古陶瓷研究論文集》（北京：輕工業出版社，1983 年 5 月一版一刷），頁 132。

表 4-2：上林湖唐代越窯器胎、釉、裝燒工藝外貌特徵表（1995 年上林湖窯址採集標本）

編號	標本	流行大致年代	尺寸	胎土外貌特徵	胎體製作特徵	釉	外貌特徵	裝燒方式特徵	備註
1	Aa 型 I 式碗（殘，約存 1/3）	隋末至初唐	口徑 11.8 公分 高 4.4 公分 底徑 4.8 公分	胎土呈灰色、胎土斷面有細砂顆、雜質、氣孔。	碗外有多道明顯修胚痕、接近圈足處修胚痕跡尤其明顯。口沿厚 0.3 公分、碗底圈足處厚 1.3 公分。	釉色呈青灰、釉有遭腐蝕現象、釉層不平、有多處積釉現象、透明度不高、全器滿釉。		碗內有三處白色泥點疊燒痕、碗底有二處白色泥點支燒痕。	圖 2-1
2	Ab 型 I 式碗（殘，約存 1/3）	隋末至初唐	口徑 15.4 公分 高 7.1 公分 底徑 6.4 公分	胎土呈灰色、胎土斷面有氣孔。	修胚痕明顯、胎層厚重、碗足最厚處為 2 公分、口沿薄處為 0.4 公分。	釉呈灰色、釉薄但勻、施釉至碗腹下部。		碗內有四處白色泥點疊燒痕、碗腹外支燒痕不明顯。	圖 2-15
3	Ba 型 I 式碗（殘，約存 1/2）	中唐、八世紀下半葉至九世紀上半葉	口徑 19 公分 高 6.1 公分 底徑 11.3 公分	胎土呈灰白色、胎土細膩、胎質緻密、無氣孔與顆粒粗現象。	拉胚工整、口沿有修胚痕跡、胎體薄、最薄處 0.3 公分。	釉青中帶淺灰、呈淡翠青顏色、全器滿釉、釉層均勻潤澤、富柔和感。		碗內有橫列的白色泥點支燒痕十一處、碗外支燒痕不明顯。	圖 2-20
4	Bb 型 I 式碗（殘，約存 2/3）	中晚唐、八世紀下半葉至九世紀下半葉	口徑 14 公分 高 3.9 公分 底徑 5.7 公分	胎土呈灰色、胎洗細膩、少氣孔與砂粒。	拉胚工整、僅外腹有數道修胚痕跡、口沿薄處約 0.3 公分。	釉青中帶淺灰、釉面均勻、有部份細砂粒顯、有潤澤、部份有些許積釉、施釉至接近滿底釉。		碗內有五處白色泥點疊燒痕六處、碗外玉璧足上有五處泥點支燒痕。	圖 2-27
5	Ca 型 II 式碗（殘，約存 1/3）	中晚唐、九世紀上半葉至下半葉	口徑 14.6 公分 高 4.3 公分 底徑 6.3 公分	胎土呈灰色、胎洗極細膩、幾乎看不到一處砂孔與砂粒。	拉胚工整、修胚痕僅一二處、幾乎看不到、圈足修胚處邊緣粗不至、口沿最薄處約 0.2 公分。	釉青黃、黃色調濃、接近橄欖色、釉較強烈、剔眼、釉內分布眾多小氣泡、沒有流釉、積釉、全器滿釉。		圈足上留有多條白色泥點支燒痕、但痕跡不明顯。	圖 2-37 圖 3-4
6	Db 型碗（殘口沿）	晚唐、九世紀下半葉	殘寬 8 公分 殘高 6.9 公分	胎土呈灰色、斷面緻密、有砂粒、部份有極細緻的小氣孔。	碗內胚體平整、碗外則有多處修胚痕。	釉青中偏淡灰、釉層流釉、積釉現象、有些許小黑色砂粒、釉面的透明度高、具滋潤柔和感。		因屬口沿、無裝燒痕跡。	圖 2-48
7	Db 型碗（殘，存 2/3）	晚唐、九世紀下半葉	口徑 12.2 公分 高 5.5 公分 底徑 7.4 公分	胎土呈灰色、斷面緻密、細膩沒有砂粒與氣孔。	修胚工整、全器沒有任何的製作先其工整。	釉色黃稍有些灰、有流釉、積釉痕、釉層透明度不高、全器滿釉。		高圈足上有多處白色泥點、碗口沿有沾黏的痕跡。	圖 2-43
8	Bb 型 II 式碗（殘，約存 1/4）	晚唐、九世紀下半葉	口徑約 15～16 公分 高 3.8 公分	胎土因過燒而呈灰黃色、斷面緻密、但有氣孔。	胚體製造極工整、有任何修胚痕、製作件十分相落、花口感、胎層極薄、口沿最薄處 0.2 公分、底部最厚處 0.8 公分。	釉色青黃、黃色調很濃、接近橄欖色、積釉、但是卻呈現細開片現象、有遭磨損、釉層薄、腐蝕的現象、全器滿釉。		平底的底部邊緣有白色泥點支燒痕。	圖 2-30

四、胎體製作

在胎體製作方面，唐代上林湖越窯青瓷產品，依據外觀特徵可分前後二期，前期為隋至初唐階段，胎體製作不精，胎體厚重，多數產品均有明顯多處的修胚痕跡，例如標本一、二便出現上述現象，兩件標本中，標本二的製作似乎又較標本一粗糙，胎體厚達兩公分左右。

不過，中唐以後胎體製作明顯精細與進步許多，例如標本三為中唐時期的產物，這件標本在胎體製作上便極盡精工之能事，最薄的底部竟然只有 0.3 公分，加以從滿釉的現象判斷，應該是當時極珍貴的高級產品，這件標本可說是八世紀下半葉以後越窯青瓷器胎體製作表現具里程碑意義的作品。

另外，標本四、五也是中唐時期的產品，其中標明五施釉僅至圈足處，由此觀察此件標本應非高級品，但是胎體製作絲毫不苟，表現出器形圓整、胎面平滑、挖足工整的特徵，說明當時工匠技術必然十分純熟。加以胎體有趨於輕薄的趨勢，逐漸改善初唐時期的厚重笨拙感，整體呈現端莊穩重而不笨重的特質。

不過，此時產品的挖足工序似乎是仍有不理想之處，標本五的碗面器形工整、圓滿，充分的表現出高級產品應有的特徵；但是碗底的圈足部分卻顯得頗為粗糙，與整體器物的造形產生不甚協調的現象。這種挖足粗糙的現象，在上林湖採集的多件同器形標本中均有類似的現象，並非是特殊孤例，似乎反映出當時圈足可能為造形上的新發明，陶工挖足技術尚未熟練的情況。

晚唐以後，上林湖越窯器在胎體製作的表現上，持續中唐時期的純熟，並得到技巧更進一步的發展。標本六、七、八是此一時期的代表，在胎體方面，製作十分工整精緻，例如標本七的高圈足美觀精整，推測當時陶工的手法已極俐落，與標本四粗糙圈足的製作已不可同日而語。此外，標本六、七的花口製作，從外觀看來，陶工利用流利純熟的刀法簡單刻削，絲毫沒有拖泥帶水的痕跡。加以兩件標本的胎體厚薄適中，呈現穩重端莊而不笨拙的製作特質。

不過，標本八的胎體又明顯異於前述標本，製作輕薄精巧。例如口沿處僅 0.2 公分而已，即使一般產品最厚的底部只有 0.8 公分。此外，不論碗腹、碗口、碗底均無瑕疵，而且花口勻薄，線條優美，製作流利，工藝手法精進許多。從以上晚唐的標本可知當時產品工整、精緻、薄巧的程度。

五、胎工藝的演進

從以上胎的各種現象看來，基本上唐代上林湖越窯青瓷在胎的表現上大致可分兩期，前期為隋至初唐階段，後期為中唐八世紀下半葉以後。

在胎土成份方面，前後期的成份並沒有太大的變化，胎色基本呈現灰色，少部分較精緻產品為灰白色。在胎土煉製的工序方面，前期表現較粗糙，因此胎經燒製後，多數有砂粒及較大的氣孔；而後期產品，胎土均細膩、緻密，少部份有些許小氣孔，但肉眼所見的現象明顯和前期產品不同。

在胎體製作方面，前期產品製作粗率，有明顯修胚痕，且胎體厚重笨拙；然而後期產品有長足進步，多數產品少見修胚痕，即使有痕跡也不明顯，而且拉胚、挖足、劃花口的技術純熟俐落，整體器形圓整端莊，說明工匠的技術已十分熟練。

在胎體方面，後期也較前期輕薄，但多數產品仍厚薄適中，呈現穩重而不笨重的特徵。唯有晚唐部份的產品特別輕薄，整體感覺和九世紀中葉以前不同。

第二節　釉

釉的成份與燒造溫度會影響瓷器的呈色，為瓷器色澤質感塑造的關鍵，以下即以「釉」為課題，分別就越窯青瓷釉色、釉的透明程度及釉的厚度等問題加以探討。

一、釉色與釉層透明度

唐代上林湖越窯青瓷釉的呈色，在初唐時多呈青中帶灰的色調，以標本一與標本二為例，兩件標本燒造的時間均在隋末初唐，代表初唐時期越窯器的釉色表現，然而這兩件標本的釉色便同樣呈現青灰色調，極接近色表編號472的顏色。在採訪上林湖以生產初唐 Aa 型 I 式碗、Ab 型 I 式碗的木勺灣遺址時，放眼向窯址望去，青瓷殘片所顯現的青灰色調與其他窯址青黃色調不同，說明上林湖初唐產品的釉色特徵。

在釉的透明度方面，標本一、二的透明度不高，而且有脫釉的現象。由於木勺灣遺址目前已大部份淪入湖底，許多標本在長久沈浸水中之後，釉便遭到腐蝕，這種現象反映出釉中玻璃成份不高。加以，兩件標本的釉層也較

薄，因此容易脫落。

不過，中唐以後上林湖青瓷的釉色，除青灰外，以青中帶黃最多，此時雖然也有青灰，但與初唐時的青灰略有不同，基本上灰色調減少，而青的色調增加，以上林湖採集的標本四為例，釉色青中帶灰，接近色表538的顏色，同樣顏色的標本還有上林湖窯址採集的標本六，兩件標本的釉色相近，透明度均較初唐增加，但沒有強烈刺眼的玻璃光澤，釉質效果十分溫潤柔和。從斷面觀察，釉層仍然很薄。

中唐以後，越窯上林湖產品也有色澤青灰帶黃的標本，以標本五為例，色澤青稍灰中並帶有黃色，和前兩件標本近青的色調相比有所不同，黃色調明顯加強，甚至接近橄欖色，與色表401類似。此標本釉中的玻璃成份極高，因此釉面具有強烈的玻璃光。從標本斷面觀察，施釉厚度很厚，釉中並布滿氣泡。

同屬青黃釉色的標本，還有標本八，釉層透明度很低，沒有強烈、刺眼的玻璃光澤，仍具有柔和潤澤的釉色美感，從標本斷面可以看出標本八的釉層極薄，釉面呈細碎開片，且口沿釉層薄處有脫釉的現象。

此外，在中唐以後的上林湖窯址，也有出土一種釉色呈翠青的標本，這種標本是上林湖窯址中最精緻的產品之一〔註3〕，以標本三為例，色澤接近色表296的淡翠青色。類似的標本，也曾在上林湖採集到Bb型Ⅰ式碗的標本，此標本為玉璧底碗的底部，釉色類似標本三的淡翠青，不過色調青中微帶淡藍，接近色表293的顏色。

然而，隨著法門寺塔基色瓷的出現，使得世人對秘色有更直接、真實的色澤體認，以法門寺物帳中標明秘色瓷的十三件瓷器與同出的八稜長頸瓶共十四件為例，除兩件鑲銀稜碗為黃釉外，十二件為青釉，但並非每件的顏色均相同，其中以湖綠或青灰色釉為主〔註4〕，也有學者形容秘色瓷中最好的色釉為「翠青色調，鮮亮清新，滋潤中露出半透明的精亮」〔註5〕，以目前最新

〔註3〕任世龍，〈論「越窯」和「越窯體系」〉，收錄於南京博物院《東南文化》編輯部編輯，《中國古陶瓷研究會——九十四年會論文集》（南京博物館出版，1994年出版），頁59。此類淡翠青色釉的青瓷多存在於「瓷質筒狀匣缽」中。

〔註4〕朱伯謙，〈古瓷中的瑰寶——秘色瓷〉，收錄於《首屆國際法門寺歷史文化學術討論會論文選輯》（陝西：人民教育出版社，1992年），頁252。

〔註5〕禚振西、韓偉、韓金科，〈法門寺出土唐代秘色瓷初探〉，收錄於汪慶正主編，《越窯・秘色瓷》（上海古籍出版社，1996年11月一版一刷），頁3。

出版的《越窰·秘色瓷》一書的彩色圖片看來，這些秘色的顏色以翠青或淡青綠為多，這種青應該即是所謂的「湖綠」色軸。

此外，筆者在寧波文物管理委員會曾見到寧波遵義路大中二年（西元 848年）層遺址出土的荷葉碗托與花口碗，兩件標本的釉色為青中偏綠，色澤上較秘色瓷的翠青稍深，帶有較濃的綠色。由此可見中唐以後的上林湖越窰青瓷器的釉色，包括青灰、青黃、翠青、淡青綠、青綠等色調。

越窰青瓷的釉色變化豐富，與釉藥配方和研製無關，根據上海硅酸鹽研究所的實驗顯示，青釉中最主要的配料為矽（SiO_2）與鋁（Al_2O_3），在東漢至北宋期間，上林湖產品矽成份，占釉的 72.55% 至 76.07% 之間，而鋁的成份占釉的 15.258% 至 18.87% 之間（表 4-3）。因此釉的組成成份與胎相同，變化很小[註6]，因此部分學者認為晚唐時期秘色瓷的出現與釉藥配方有大膽的革新與創造有關[註7]，這樣的推論似乎與實驗結果不符。

二、釉色與燒窰氣氛

從以上上林湖標本、法門寺秘色瓷與寧波出土物的釉色表現可知，中唐八世紀下半葉以後，上林湖窰場的產品釉色呈現多樣豐富的變化。然而，胎、釉成份均無太大變化的情況下，燒窰氣氛的控制便具有舉足輕重的影響，舉凡溫度的變化、氧化還原氣氛的控制，以及窰中擺放位置等，均對器物呈色有所影響。

根據燒窰時的物理化學變化原理，燒窰時，氧氣與釉中的碳結合產生一氧化碳（Ca），若氧氣充足，燃料充份燃燒，則會大量與碳結合形成二氧化碳（CO_2），若含量超過 10% 以上，則稱氧化氣氛。若燒窰時氧氣不足，一氧化碳只有 5% 左右，則稱還原氣氛[註8]。而傳統青瓷製品在燒窰時多為還原氣氛，一氧化碳約為 6%，如此釉中鐵還原成低價鐵，瓷器便呈青色[註9]，成為青瓷。然而，上林湖唐代青瓷器的釉內鐵鈦含量超過 2.5%[註10]，因此在還原氣氛燒成後，釉色便呈青或青綠，但氧化氣氛燒成之後則多呈青黃或灰

〔註 6〕　同註1，頁 337。
〔註 7〕　同註5，頁 4。
〔註 8〕　陳夏生，〈陶瓷燒造過程中的理化觀〉，《故宮文物》二卷五期，民國 73 年 8月，頁 75～76。另見汪慶正主編，《簡明陶瓷詞典》（上海：辭書出版社），頁175。
〔註 9〕　周仁，〈我國傳統制瓷工藝述略〉，《文物參考資料》，1958 年二期，頁 9。
〔註10〕　同註1，頁 339。

表4-3：上虞湖、上虞越窯及龍泉窯歷代瓷釉化學組成表（錄自〈上林湖歷代越瓷胎釉及其工藝的研究〉）

No.	編號		SiO₂	Al₂O₃	Fe₂O₃	TiO₂	CaO	MgO	K₂O	Na₂O	MnO	P₂O₅	總量	R₂O	Fe₂O₃+TiO₂	RO	助熔劑總和
1	SL11-2	上	61.63	13.74	2.45	0.65	14.26	1.51	1.89	0.81	0.53	0.72	98.19	2.70	3.10	16.30	22.82
2	SL11-1		60.28	13.47	2.25	0.62	16.23	2.34	1.91	1.25	0.40	0.85	99.60	3.16	2.87	18.97	25.85
3	SL10-2		58.89	12.67	1.53	0.65	19.08	1.94	1.80	0.72	0.38	0.92	98.58	2.52	2.18	21.40	27.02
4	SL8-2	林	61.42	13.06	1.65	0.57	15.87	2.79	1.70	0.74	0.30	0.91	98.71	2.44	2.22	18.56	24.23
5	SL6		63.60	12.54	2.17	0354	13.39	2.57	1.70	0.82	0.40	1.30	99.13	2.52	2.81	16.36	22.99
6	SL5-2		61.57	12.88	1.76	0.64	14.04	3.16	1.63	0.95	0.38	1.52	98.53	2.58	2.40	17.58	24.08
7	SL4-1	湖	59.90	12.88	2.28	0.56	13.92	4.09	1.59	0.85	0.78	1.95	98.80	2.44	2.84	18.79	26.02
8	SL3		64.26	13.02	2.15	0.69	11.00	2.84	1.86	0.80	0.32	1.90	99.44	2.66	2.84	14.76	22.16
9	SL2		62.08	13.18	2.17	0.62	15.00	2.46	1.59	0.89	0.31	1.30	99.60	2.48	2.79	17.77	24.34
10	SL1		59.04	13.04	2.03	0.58	16.29	3.19	1.60	0.74	0.64	1.94	99.09	2.34	2.61	20.12	27.01
11	H-5		59.66	13.70	1.84	0.00	18.20	1.55	1.85	0.49	0.45	0.00	97.74	2.34	1.84	20.20	24.38
12	SY8-5		57.87	13.73	1.60	0.59	19.74	2.39	2.05	0.69	0.00	0.89	99.55	2.74	2.19	22.13	27.95
13	H51		56.13	13.81	5.29	0.97	16.40	2.02	3.79	1.09	0.30	0.00	99.80	4.88	6.26	18.72	29.86
14	H41	上	56.45	14.15	4.91	1.22	16.58	2.20	3.67	0.91	0.26	0.00	100.36	4.58	6.14	19.04	29.76
15	SHT1-(2)		58.95	12.75	2.03	0.73	19.56	1.89	2.17	0.81	0.17	0.82	99.88	2.98	2.76	21.62	28.18
16	J-4		59.55	13.12	2.61	1.06	16.09	1.84	2.08	0.97	0.18	0.00	97.50	3.05	3.67	18.11	24.83
17	SY-16		60.94	13.84	2.04	0.49	16.91	2.23	1.86	0.80	0.31	0.85	100.27	2.66	2.53	19.45	25.49
18	TH1		60.79	11.03	2.60	1.14	17.85	2.25	1.42	0.74	1.16	0.00	99.08	2.16	3.74	21.36	27.26
19	NB4		57.37	0.00	2.40	0.00	19.69	2.07	2.05	0.64	0.34	0.00	84.56	2.69	2.40	22.10	27.19
20	S6-2	虞	57.45	13.56	1.99	0.52	20.30	3.33	1.28	1.00	0.00	0.00	99.43	2.28	2.51	23.63	28.42
21	S6-1		58.78	14.81	1.61	0.74	17.38	3.37	1.37	0.99	0.64	0.00	99.77	2.36	2.35	21.39	26.10
22	S1		58.96	14.91	1.61	0.74	17.38	3.37	1.77	0.99	0.54	0.00	100.27	2.76	2.35	21.29	26.40
23	FDL-1		59.37	15.96	1.80	0.39	16.04	2.04	3.43	0.32	0.62	0.00	99.97	3.75	2.19	18.70	24.64
24	NSL-1		63.25	16.82	1.41	0.23	13.00	1.09	3.26	0.57	0.43	0.00	100.07	3.83	1.65	14.52	20.00
25	SSL-7		66.97	14.71	1.01	0.14	11.51	0.65	4.26	0.54	0.20	0.00	99.99	4.80	1.15	12.36	18.31
26	S3-2		65.73	14.58	2.30	0.10	9.74	0.92	4.94	1.27	0.20	0.00	99.78	6.21	2.40	10.86	19.47
27	SSL-1		69.16	15.40	0.95	0.00	8.39	0.61	4.87	0.32	0.00	0.00	99.70	5.19	0.95	9.00	15.14
28	SD-4	龍	68.29	14.96	1.08	0.00	11.38	0.00	3.53	0.48	0.00	0.00	99.72	4.01	1.08	11.38	16.47
29	SSL-6		68.63	14.32	1.01	0.12	10.02	0.32	4.31	1.08	0.12	0.00	99.93	5.39	1.13	10.46	16.98
30	S3-4		65.31	16.61	0.83	0.00	12.24	0.82	3.75	0.45	0.08	0.00	100.09	4.20	0.83	13.14	18.17
31	S3-1		65.63	15.92	1.10	0.00	9.94	0.86	5.06	1.12	0.32	0.00	99.95	6.18	1.10	11.12	18.40
32	S3-3		66.33	14.28	0.99	0.03	11.34	1.17	4.35	0.99	0.36	0.00	99.84	5.34	1.02	12.87	19.23
33	S5		68.02	14.14	0.91	0.00	9.88	0.77	4.41	1.54	0.00	0.00	99.67	5.95	0.91	10.65	17.51
34	SD-1	泉	68.77	15.66	1.05	0.00	9.05	0.00	4.83	0.82	0.00	0.00	100.18	5.65	1.05	9.05	15.75
35	SD-2		68.02	14.14	0.91	0.00	9.88	0.77	4.41	1.54	0.00	0.00	99.67	5.95	0.91	10.65	17.51
36	SD-3		67.99	14.15	1.32	0.00	9.05	0.00	5.36	1.41	0.00	0.00	99.28	6.77	1.32	9.05	17.14
37	YM II-1		70.95	15.51	1.42	0.20	4.83	0.60	5.38	0.52	0.14	0.30	99.85	5.90	1.62	5.57	13.39
38	YM II-2		66.64	14.52	1.54	0.16	9.48	1.24	4.40	0.46	0.41	0.76	99.65	4.86	1.74	11.13	18.49
39	YG II-3		67.12	12.56	1.04	0.18	10.11	1.20	4.50	0.56	0.49	0.69	98.43	5.06	1.20	11.80	18.75
40	YL1		67.41	16.74	1.51	0.18	6.83	0.63	5.49	1.16	0.45	0.00	100.40	6.65	1.69	7.91	16.25
41	YU II-5		66.70	13.70	1.29	0.09	9.93	1.09	5.28	0.68	0.00	0.44	99.20	5.96	1.38	11.02	18.80
42	YU II-4		66.30	14.37	1.52	0.11	10.00	1.38	4.50	0.44	0.52	0.74	99.88	4.94	1.63	11.90	19.21
43	ML1		67.57	15.00	1.44	0.00	6.28	1.72	6.48	1.14	0.00	0.00	99.63	7.62	1.44	8.00	17.06

黃〔註 11〕。由於隋至初唐上林湖窯場產品多為還原氣氛產品，因此釉色呈青或青灰；然而，中唐以後，產品多為氧化氣氛燒成，因此產品常見青黃、淡黃或深黃色。

　　法門寺塔基出土的秘色瓷多呈翠青或淡青綠，是強還原氣氛下的產物，所謂強還原乃溫度控制適當的缺氧還原氣氛，必須窯室氧化氣氛與溫度控制得宜才能成功燒製〔註 12〕，因此窯址中類似翠青的標本極少，傳世、遺址或墓葬出土也十分罕見。

三、釉色與溫度

　　釉的呈色除牽涉燒窯氣氛控制之外，溫度的控制也是主因之一，一般而言初唐產品的釉色多呈青灰，屬還原氣氛；而中唐以後產品多屬氧化氣氛。根據實驗證明，在同樣燒結溫度的情況下，氧化氣氛所需的溫度較還原氣氛高〔註 13〕，因此中晚唐的越窯器在燒製過程中的溫度自然較初唐增加。這種溫度改變從實驗中也得到部份證實，根據實驗，上林湖歷代青瓷的燒窯溫度一直維持在 1100℃左右，唯有五代末至北宋產品溫度較高，達到 1143±20℃〔註 14〕，從溫度逐漸增加的趨勢判斷，溫度的提昇可能是漸進的，例如實驗當中晚唐的標本，燒製溫度分別為 1029±20℃與 1095±20℃。

　　溫度提高之後，釉層的透明度便增加，玻化程度增強，部份產品的釉層甚至產生強烈、刺眼的玻璃光澤，這也就是何以標本五的釉層呈現極高透明度的原因；相反的，標本三、四為九世紀中葉以前的產品，釉質的透明度低，玻化程度不高，因此釉質呈現溫潤柔和不刺眼的滋潤感，這種質感與玉的質感相符。但是，晚唐產品溫度提高後，這種溫潤柔和如玉般的質感便逐漸減少。因此晚唐的文人徐寅在〈尚書惠蠟面茶〉詩中，便形容越窯器為「冰碗」〔註 15〕。此處，冰的質感與玉極不同，其中玉的質感為溫潤柔和且透明度低，而冰的質感為光澤強烈且透明度高，因此徐寅的「冰碗」一詞，似乎

〔註 11〕 李家治，〈我國古代陶器和瓷器工藝發展過程的研究〉，《考古》，1978 年三
　　　　 期，頁 183。
〔註 12〕 同註 4，頁 252。
〔註 13〕 李家治、周仁，〈氣氛對某些瓷坯加熱性狀的影響〉，收錄於《中國古陶瓷研
　　　　 究論文集》（北京：輕工業出版社，1983 年 5 月一版一刷），頁 93。
〔註 14〕 同註 1，頁 342。
〔註 15〕 唐・徐寅，〈尚書惠蠟面茶詩〉，《全唐詩》第十一函一冊七〇九卷（上海古籍
　　　　 出版社，1994 年 4 月版），頁 709。

隱含著晚唐越窯青瓷的釉質變化，標明釉質由如玉般的質感，而逐漸轉爲如冰般質感的改變。

此外，由於溫度加高，胎釉結合緊密，釉層不容易脫落，因此隋至初唐的產品釉層較脫落與腐蝕，而中唐以後的釉層則多完好如初，在中晚唐的六件標本中，僅有標本八有脫釉的現象。由此可見，溫度的控制對瓷器的質感及胎釉密合度有必然的關係。

四、釉色與窯爐構造

對於釉的呈色，除氣氛、溫度控制影響外，窯爐的構造也具有影響力，上林湖青瓷產品利用長條形龍窯構造，龍窯的窯壁薄，冷卻快，因此在還原氣氛要求快速冷卻，減輕鐵的二次還原，以保持釉色純青的要求上能夠達到理想的效果。但是，龍窯的缺點是窯爐面積大，窯前與窯後，窯上與窯下的溫度與燒成氣氛難以控制，很難達到一致的要求，因此在還原氣氛燒造時，將呈現深淺不同的青色。相反的，在氧化氣氛燒造時，則呈現深淺不同的黃色〔註 16〕，這是中晚唐的上林湖窯場產品色澤呈現多樣，且不一致的主因之一。這種不一致的釉色變化，不僅出現於同一窯爐的產品，甚至同一件產品也會有不同呈色的現象。

五、釉工藝的演進

由上可知，對於釉的問題，唐代上林湖青瓷器，仍然可以分爲前、後兩期的變化，初唐時期，燒造的溫度較低，加以屬於還原氣氛，因此釉色青中偏灰，釉層薄而不勻，釉面有砂粒、流釉和積釉現象，而且，此時釉中的玻璃成份低，透明度小，缺乏滋潤柔和的質感，並且釉層極容易遭到腐蝕而脫落。

中晚唐以後，上林湖越窯產品在燒窯氣氛控制上有還原氣氛，也有氧化氣氛，因此舉凡青灰、青綠、淡青綠、青黃、黃等顏色均有產生。然而，不論釉的呈色如何，釉層的表現均呈現均勻、細薄的特徵，僅有少許產品釉層較厚。在釉層的質感上，透明度較初唐增加，但無強烈、刺眼的玻璃光澤現象，呈現有如玉般滋潤柔和的質感，不過，晚期部份產品因爲溫度增加，則有強烈的透明度與玻璃光的現象。

〔註16〕朱伯謙，〈試論我國古代的龍窯〉，《文物》，1984 年三期，頁 62。

第三節　裝燒工藝

唐代越窯在裝燒技術方面，表現較重要的特徵為泥點支燒、重合疊燒以及匣鉢裝燒三方面。

一、泥點支燒與重合疊燒

所謂「泥點支燒」指利用泥點做為胚件與窯室、墊柱、匣鉢的間隔。所謂「重合疊燒」指胚件與胚件間相互堆疊，其間以泥點做間隔，這種泥點支燒與重合疊燒是唐代上林湖越窯器的基本製燒方式。

以初唐的標本一、二為例，標本底部均有白色泥點的支燒痕跡，雖然標本二的泥點不甚明顯，但痕跡仍在，說明初唐時期，在裝燒時，產品利用泥點做為胚件與窯室、墊柱的間隔物，以防止器物與窯室、墊柱沾黏。此外，兩件標本的碗面上均有明顯的白色泥點疊燒痕，說明為了節省空間，燒窯時便採取一件器物置於另一件器物之上，器物與器物間則利用與器底相同的白色泥點做間隔，此乃重合疊燒的例子。

支燒與疊燒的做法，在中晚唐沒有改變，例如標本三、四，不論是否滿釉，除底部有泥點痕外，碗內均有白色泥點做為疊燒間隔物，兩件標本唯一的不同，在於標本四的泥點少，採橫向（圖 4-1）排列；而標本三的泥點多，採豎向放置排列（圖 4-2）。

圖 4-1：唐·越窯青瓷碗　　　圖 4-2：唐·越窯青瓷碗

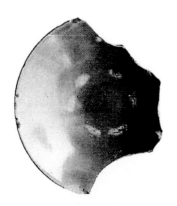

口徑 14 公分，高 3.9 公分
底徑 5.7 公分
1995 年上林湖窯址採集

口徑 19 公分，高 6.1 公分，底徑 11.3 公分
1995 年上林湖窯址採集

此外，中晚唐時期的標本五、七，在碗底圈足上有白色泥點支燒痕跡，由於碗內有劃花飾，為了不破壞紋飾美感，因此均無疊燒的白色泥點痕。但是，這種狀況並不表示晚唐時已無疊燒方式，以 Ba 型 II 式碗（圖 4-3）為例，此型碗與標八的時代相同，碗內便有支燒泥點痕，說明九世紀下半葉越窯仍採用疊燒技術，因此部份學者曾指出中唐以前的胚件疊燒在晚唐已完全改觀〔註17〕，與事實並不相符。

圖 4-3：唐・越窯青瓷碗

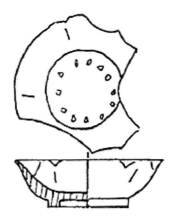

殘口徑 14.7 公分
1995 年上林湖窯址採集

二、匣鉢使用

有關瓷器裝燒方式的問題，上林湖越窯青瓷器在中晚唐明顯的進步乃匣鉢的使用。初唐階段，匣鉢的使用在上林湖地區可能並不普遍，從標本一、二的釉面有落渣、砂粒的情況判斷，器物疊燒時可能並無很好的保護，也就是沒有匣鉢的使用，採取直接置於窯室的作法。加以在上林湖窯址以生產 Aa 型 I 式碗以及 Ab 型 I 式碗為主的本勺灣窯址，並無見到匣鉢殘片，也從側面說明當時匣鉢使用可能極不普遍。〔註18〕

然而，中晚唐以後，匣鉢使用則趨普遍，在探訪上林湖生產中晚唐時期的 Bb 型 I 式碗、Ca 型 II 式碗、Db 型碗最多的編號三十號窯址，窯址中便有多數匣鉢出現，例如上林湖採集的匣鉢（圖 4-4），內中即有一只 Bb 型 I 式碗，可見最晚在 Bb 型 I 式碗流行的八世紀下半葉，匣鉢已經較普遍的被運用，甚至採取疊燒的碗也有匣鉢

圖 4-4：唐・內有碗沾黏的匣鉢

1995 年上林湖窯址採集

〔註17〕 同註 5，頁 2。
〔註18〕 同註 3，頁 59。任世龍先生對上林湖瓷業分期中的第二期，提到器物仍以明火疊燒為主，但堆積中已偶見匣鉢具，可見此期已有匣鉢使用，但並不普遍。而「第二期」的時間，任世龍在文中並沒有詳細說明，不過從堆積中以「撇口平底素面碗」為大宗的情況看來，可能已是八世紀中葉，因為此撇口素面大碗可能即本文的 Bb 型 I 式碗，此型式碗流行年代較斜腹玉璧底碗早一些，約八世紀中葉。

的使用，在上林湖便曾採集到，內有四件 Bb 型 I 式碗相互疊燒的匣鉢。此外，標本七的碗口沿處，明顯有沾黏的痕跡，這種口沿處的沾黏處應是器物與匣鉢沾黏的結果。另外，中晚唐的標本，包括標本三、四、五、六、七、八的釉面均達到一致光滑的程度，沒有窯爐的落渣、砂粒，僅有少部份細微砂粒，這種現象反映當時多數產品均已使用匣鉢，否則釉面無法達到普遍理想的水準。

三、匣鉢的形式

目前，依據窯址的採集，可知中晚唐時期匣鉢的形式，至少有鉢狀匣鉢（圖 4-5）、凹面匣鉢（圖 4-6），以及隨各種器物造形不同產生的匣鉢，例如 Bb 型 I 式碗便有使用凹面匣鉢的例子（圖 4-6）。但是，Bb 型 I 式碗多採取疊燒方式，因此所用匣鉢多為鉢狀匣鉢，例如上述上林湖窯址曾採集到與匣鉢沾黏的四個碗疊燒標本，便是鉢狀匣鉢的例子。

圖 4-5：唐‧鉢狀匣鉢　　　　　圖 4-6：唐‧凹面匣鉢

1995 年上林湖窯址採集　　　　　　　1995 年上林湖窯址採集

此外，隨著器物造形不同，也有各種造形、大小互異的匣鉢，例如上林湖曾發現造形有如粉盒的匣鉢，鉢內即為深腹型粉盒。另外，還有高度較高的匣鉢，可能是燒造執壺類產品的匣鉢。

匣鉢的放置，在中晚唐似乎仍無規格化放置的現象，如圖 4-4 為兩件匣鉢堆疊在一起，上件為凹面匣鉢，內為 Bb 型 I 式碗，而下件匣鉢為高匣鉢，內為執壺，如此可以做推測，在八世紀下半葉至九世紀中葉，匣鉢的使用以按照窯室空間的高矮，將各種高矮不同的匣鉢堆疊在一起燒造。

目前，唐代上林湖窯址中所見的匣鉢、多數爲粗糙的耐火泥製成，表面極粗糙，但可以重複使用，由於多次使用，因此表面多有藍綠色的窯汗。不過，除了耐火泥製成的匣鉢外，唐代上林湖窯址還有一種極細膩胎泥製成的匣鉢（圖 4-7），匣鉢斷面與內置器物的斷面看來，兩者胎土細膩程度十分接近，這種細泥製的匣鉢，在窯址中並非孤例。而且，這種匣鉢的封口處多塗有極厚的釉，鉢內器物的釉色多呈現翠青或淡青綠顏色，

圖 4-7：唐・細泥製匣鉢

1995 年上林湖窯址採集

這些巧合，似乎透露出匣鉢與釉色的密切關係。根據浙江省文物考古研究所任世龍先生的看法，認爲這種匣鉢乃是燒造秘色瓷特有的匣鉢〔註 19〕，由於匣鉢胎土細膩與內置器物類似，致使燒窯時匣鉢與內置器物的膨脹係數趨於接近，減少兩者膨脹係數不同，所造成的器物與匣鉢沾黏的機會。此外，匣鉢與匣鉢之間的孔隙處以釉封塗，可營造燒窯時氧氣無法進入以進行氧化，形成良好的強還原氧氛，藉以達到翠青或淡青綠釉色的成功燒造。以上的推論，筆者認爲是十分符合事實的看法。

不過，這類細泥製匣鉢與一般可重複使用的匣鉢不同，由於厚釉封住匣鉢間的缺口，因此器物燒好後，必須打破匣鉢始能取出器物，因此匣鉢只能一次使用。如此反映出唐代越窯窯工對釉色控制的努力。

四、匣鉢功能

匣鉢的使用，有其多方面的功能，最明顯的功能在於充分利用窯室空間，減少燃料使用，初唐時期器物疊燒，最多只能堆疊三至五件，一般以四件爲主。但是，匣鉢使用後，一個匣鉢堆著一個匣鉢，如此空間使用率增加，又可減低燃料的無謂消耗，可謂一舉數得。

此外，匣鉢對於保持器形完整，減少變形機會，也有極大的助益，由於使用匣鉢，器物受到保護，疊壓倒塌的情況減少，器物完整率提高。

匣鉢的運用對於釉層的保護也有積極的作用，不僅減少窯渣、落灰落於

〔註 19〕慈溪市博物館編，《上林湖越窯》（北京：科學出版社，2002 年 10 月一版一刷），序，頁 iii。

釉面，又可控制釉色，是品質提昇的做法。因此，匣鉢的普遍使用是唐代上林湖越窯青瓷器工業進步趨勢中，不可或缺的重要技術改良。

由上可知，上林湖越窯青瓷的燒造工藝，在燒造方式上，自初唐終於晚唐並沒有太大的變化，基本上利用白色砂泥做爲器物支燒與疊燒時的間隔物。不過，在裝燒器物的方法上，則有明顯的改進，由初唐時期的明火燒造，致使釉面多落渣與砂粒的方式，逐漸演進至中唐以後匣鉢的使用。如此不僅增加窯室空間的使用率，二方面減少器物疊壓變形的機會，三方面又可保持釉面潔淨與平滑，爲優質瓷器的燒造提供有利的條件。

第五章　唐代越窯青瓷的藝術表現

　　瓷器是日常使用的器物，由於流通廣泛、使用頻繁，象徵審美的觀點，因此兼具藝術品的性質。加以，瓷器由胎土製作而成，具有可塑性，因此不論造形、紋飾均易於模仿其他工藝，以符合各階層使用者的美感需求。因此，本章試圖從越窯青瓷器的瓷藝表現，說明唐代的越窯青瓷交流其他工藝，創造獨特瓷藝風格，並藉此說明唐代文化精神與審美觀點的形成與特點。

第一節　唐代越窯青瓷與其他工藝的關係

　　越窯青瓷器之所以能夠獨步唐代，領導當代青瓷工藝，成為最重要的瓷器品類，以藝術表現的觀點看來，與當時其他工藝，諸如他種陶瓷器、銅器、銀器等相互交流，並在造形、紋飾方面表現特有的風格，符合使用者的審美愛好乃重要的因素。

　　由於工藝技術與審美偏好具有感染力，各類工藝之間遂相互引用，形成特有的時代風格，目前唐代的各類工藝品出土物，多數缺乏明確、完整的紀年資料，以判斷風格形成的年代，因此很難準確掌握唐代越窯青瓷器與其他工藝間的必然承繼關係。因此，以下即利用時代的風格，凸顯越窯青瓷器的特殊表現。

一、與其他陶瓷工藝的關係

　　唐代越窯青瓷工藝受到當時方瓷器工藝的影響，這種影響明顯表現於早

期產品中。河南三門峽張弘慶墓出土的穿帶壺（圖 5-1）〔註 1〕，在造形、紋飾方面與一般越窯青瓷不同，以造形而論，這件穿帶壺和上海博物館收藏的邢窯白釉穿帶壺（圖 5-2）〔註 2〕相似，唯有壺口處略有差異。此外，這件壺的造形也和山西省博物館收藏的黃釉胡人獅子扁壺（圖 5-3）〔註 3〕類同。這種穿帶壺為北方游牧民族的產物，並非浙江上林湖越窯傳統器形，因此，這件穿帶壺的出土，反映了上林湖越窯曾受北方瓷器工藝影響的證明。

圖 5-1：
唐・青瓷穿帶壺

圖 5-2：
唐・白釉穿帶壺

圖 5-3：
唐・黃釉胡人獅子扁壺

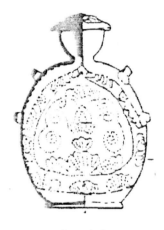

高 19 公分
河南三門峽出土

口徑 7.3 公分，高 29.5 公分
上海博物館藏

口徑 5.7 公分，高 27.5 公分
山西省博物館藏

　　這件穿帶壺不僅在器形上具有北方游牧民族特有的風格，紋飾方面也明顯有北方瓷品藝術的製作手法。例如，前述的黃釉穿帶壺主題紋飾為胡人與獅子，周圍有聯珠、覆蓮紋圍繞，紋飾刻劃的方式乃凸陽紋；然而，這件越窯穿帶壺的主題紋飾為花卉、草、葉、雲等，刻劃方式與黃釉壺的紋飾完全不同；但是，圖案的構圖相似、排列方式相同，均採內外圈形式排列，因此

〔註 1〕 賈峨，〈陶瓷之路與絲綢古道的連接〉，收錄於《中國古代青瓷研究專輯》（《江西文物》編輯部編輯出版，1991 年 12 月 30 日），頁 102。另見許天申，〈試論河南出土的越窯瓷器〉，收錄於《中國古代青瓷研究專輯》（《江西文物》編輯部編輯出版，1991 年 12 月 30 日），頁 4。

〔註 2〕 楊可揚主編，《中國美術全集・工藝美術編・陶瓷（中）》（上海：人民美術出版社，1991 年 12 月一版二刷），頁 32 及圖 40。

〔註 3〕 同註 2，圖 69。

越窯穿帶壺應該是黃釉穿帶壺影響下的產品。不過，越窯穿帶壺並無全然依照黃釉穿帶壺的紋飾照單仿作，在構圖、布局模仿的原則下，紋飾主題卻以花卉、草葉為主，凸顯了越窯紋飾擅用花卉紋飾的偏好。

　　類似的造形，在江蘇南通曾出土一件皮囊壺（圖 5-4），特徵為圓柱形流，花瓣形短蓋，腹部深圓，寬 15.3 公分，腹上有皮囊縫合狀的突棱，矮圈足，壺頂為扁環形提梁，提梁兩端綴獸頭，梁至底高 20.4 公分，蓋下有直徑 0.9 公分的小孔，釉色淡綠閃灰，光澤明亮，整體製作工整、端莊。據出土報告判斷為五代時期的遼瓷。〔註 4〕

　　但是，從特徵看來似乎與遼瓷的特徵不同，目前所見遼瓷多屬綠釉、黑釉、白釉、茶葉末綠釉、三彩、低溫陶器、醬釉、褐釉等，並無青釉產品，且多數質量粗糙〔註 5〕。加以遼屬地並無青瓷窯址發現〔註 6〕，因此這件皮囊壺若屬遼瓷，生產地的問題便無法得到合理的解釋。相反地，從造形分析，這件青釉皮囊壺可能是唐代的產品，在日本東京國立博物館藏收藏一件唐三彩皮囊壺（圖5-5）〔註 7〕，壺流呈圓柱形，半圓形提梁，花瓣形蓋，腹部圓鼓並有仿照皮囊縫合痕跡的突棱，整體造形與這件南通出土青釉皮囊

圖 5-4：唐・青釉皮囊壺

腹徑 15.3 公分，高 20.4 公分
江蘇南通出土

圖 5-5：唐・三彩皮囊壺

高 12.5 公分
日本東京國立博物館藏

〔註 4〕 南通博物館，〈江蘇南通市發現遼瓷皮囊壺〉，《文物》，1974 年二期，頁 69～70。
〔註 5〕 李文信，〈遼瓷簡述〉，《文物》，1958 年二期，頁 19。
〔註 6〕 馮先銘主編，《中國陶瓷》（上海古籍出版社，1994 年 11 月一版一刷），頁 363～369。遼代主要瓷窯有赤峰缸瓦窯、林東遼上京窯、遼陽江官屯窯、北京龍泉務窯等，除龍泉務窯有少量豆青釉外，均無青瓷窯址。
〔註 7〕 佐藤雅彥、長谷部樂爾責任編集，《世界陶磁全集（十一）・隋、唐》（日本：小學館出版社，1976 年出版），頁 141 及圖 126。

壺十分相似。

此外，在英國維多利阿伯特博物館收藏一件唐代邢窯白釉褐彩皮囊壺（圖 5-6）壺嘴呈圓柱形，花瓣形矮蓋，腹部深圓，腹上有兩道皮囊縫合的痕跡，半圓形提梁的造型，與南通出土提梁壺的造形相同〔註 8〕，說明此件壺為唐代產品。

此外，青釉皮囊壺在提梁部份也有唐代產品特有的特徵，例如獸首狀的把手，根據出土報告判斷兩端為馬頭，但從明顯突出的嘴部觀察，這種嘴部可能是唐代龍頭的特徵，例如唐代綠釉龍頭角杯（圖 5-7）〔註9〕的龍頭便有明顯突出的嘴部。另外，唐代的壺也有用龍頭裝飾把手的習慣，在北京故宮博物院收藏青釉鳳首壺（圖 5-8）〔註 10〕，便利用捏塑寫實的龍頭與獸身做把手。此外，黑釉壺（圖 5-9）〔註 11〕與黑釉小壺（圖 5-10）〔註 12〕也有帶小圓柄的把手，這種小圓柄應是龍頭的簡化，諸如此類的例證在唐代瓷器中極為常見。因此，這件皮囊壺的雙獸頭把手應是龍頭把手的變化形式，因此，這件皮囊壺應是唐代產品；然而，以造形工整的工藝看來，乃越窯青瓷器莫屬，與上述三門峽出土穿帶壺屬同類型產品，因此部份學者將之訂為唐代越窯。〔註 13〕

圖 5-6：
唐·邢窯白釉褐彩皮囊壺

英國維多利·阿伯特博物館藏

圖 5-7：唐·綠釉龍頭角杯

高 13.5 公分

〔註 8〕 馮先銘，《馮先銘中國古陶瓷論文集》（北京：紫禁城出版社、香港：兩木出版社出版，1987 年 7 月第一版第一刷），頁 336 及圖版 2-1。

〔註 9〕 同註 7，頁 142 及圖 129。

〔註 10〕同註 2，頁 14 及圖 36。

〔註 11〕同註 2，頁 12 及圖 30。

〔註 12〕同註 2，頁 18 及圖 46。

〔註 13〕耿寶昌編，《中國文物精華大全·陶瓷卷》（香港：商務印書館有限公司、上海：辭書出版社，1993 年 10 月一版一刷），圖 179。

圖 5-8：唐・青釉鳳首壺　　圖 5-9：唐・黑釉壺　　圖 5-10：唐・黑釉小壺

口徑 9.5 公分，高 41.3 公分　　　　　高 16.1 公分　　　　口徑 4 公分，高 9 公分
北京故宮博物院藏　　　　　　　北京故宮博物院藏　　　　北京故宮博物院藏

越窯青瓷器在造形上受北方瓷藝影響的例子，另有玉璧底碗的製作，目前所知北方邢窯應是玉璧底碗製作最早的瓷窯，在河北省內丘縣邢窯窯址出土玉璧底碗（圖 5-11），碗的造形為唇沿微侈、腹部淺，這種碗出土於窯址第四期，判斷為中唐時期產物。〔註 14〕

圖 5-11：唐・白釉玉璧底碗

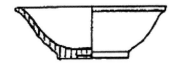

口徑 5 公分，高 4.8 公分
足徑 7.5 公分，河北內丘邢窯窯址出土

　　玉璧底碗的造形，不論青瓷、白瓷盛行的年代為八世紀中葉至九世紀上半葉，馮先銘先生曾斷代在西元 763～840 年〔註 15〕的八十年間。其中，越窯玉璧底碗的流行年代似乎較晚，根據前章所述，最早出現於代宗大曆四年（西元 769 年）或大曆十四年（西元 779 年）墓。加以，陸羽《茶經》中對越窯碗的描述為：「甌，越州上，口唇不卷，底卷而淺」〔註 16〕，此處「口唇不卷」、「底卷而殘」乃越窯直口斜腹玉璧底碗；然而，與「口唇不卷」相對

〔註 14〕內丘縣文物保管所，〈河北省內丘縣邢窯調查簡報〉，《文物》，1987 年七期，圖 12-2，頁 7。

〔註 15〕馮先銘，〈瓷器鑑定的五大要領〉，收錄於《中華文物學會一九九二年刊》（中華文物學會出版，1992 年），頁 9。此篇文章為演講記錄稿，文中記錄玉璧底碗的時間為「西元 737～840 年」，此「西元 737 年」乃筆誤，馮先銘先生的演講中說「西元 763 年」，作者當時在場聆聽。

〔註 16〕唐・陸羽，《茶經》，卷中〈四之器：盌〉，百川本，叢書集成新編第四十七冊（台北：新文豐出版股份有限公司，民國 75 年元月台一版），頁 714。

的「口脣卷」的碗，應指邢窯突脣玉璧底碗，陸羽將越窯玉璧底碗與邢窯玉璧底碗相比，說明這類邢窯玉璧底碗的年代較越窯玉璧底碗早。若此一推論成立，越窯青瓷玉璧底碗應是受邢窯影響下的產物。

不過，越窯碗在繼承邢窯玉璧底的特徵之餘，卻表現稍有差異的造形特徵，一方面將邢窯碗的突脣改為直口稍尖脣；二方面將寬圈足改為較窄的圈足，因此整體造形顯得較協調勻稱，線條也較流利明快，造形美感更勝一籌。

此外，唐代越窯青瓷器也和唐三彩工藝有相互借鑒之處。上林湖越窯窯址曾出土雙魚罐殘片（圖 5-12）〔註17〕，這種器形在英國倫敦大衛德基金會有一完整的收藏（圖 5-13）〔註18〕，罐身為立體雙魚造形，魚口即罐口，呈突脣狀，魚尾為罐底，呈喇叭形足，罐腹兩側有魚鰭，鰭上端有橫形繫，屬穿帶型罐。這種罐在唐三彩器中也有相同的造型（圖 5-14）〔註19〕，不過這件三彩器的造形較生動，裝飾也較華麗，而上林湖越窯器則自然樸素許多。

圖 5-12：	圖 5-13：	圖 5-14：
唐・越窯雙魚罐（殘）	唐・青瓷雙魚罐	唐・三彩雙魚罐

上林湖窯址採集　　　　高 23.5 公分，英國倫敦大學　　　口徑 4.1 公分，高 24.5 公分
　　　　　　　　　　　大衛德基金會藏　　　　　　　山東省益都縣出土
　　　　　　　　　　　　　　　　　　　　　　　　山東省博物館藏

〔註17〕陳萬里，《越器圖錄》（上海：中華書局有限公司發行，民國 26 年 3 月印刷），頁 71。

〔註18〕童依華主編，《中國五千年文物集刊，瓷器篇二》（中華五千年文物集刊編輯委員會出版，民國 82 年 8 月初版二刷），彩圖 29。

〔註19〕同註 2，頁 33 及圖 92。

　　除器形以外，唐越窯青瓷的紋飾也和三彩器的紋飾有共同的時代特徵，其中以荷葉紋飾最明顯。國立歷史博物館收藏盛唐時期的唐三彩三足盤（圖5-15）〔註20〕，與該館民國八十四年特展的唐三彩飛雁盤（圖5-16）、唐三彩藍釉印花盤（圖5-17）〔註21〕的紋飾，均以荷葉紋飾為主要題材。

　　若將三彩器的荷葉紋飾與陳萬里在越窯上林湖採集的荷葉紋標本（圖5-18）〔註22〕對照，則可明顯分辨兩者間同異的關係。基本上，三彩器的荷葉紋飾工整排列，且紋飾傾向圖案化形式；然而，越窯的紋飾多以兩片或四片側面擺動的荷葉紋為主，表現生動自然，富有寫實效果，兩者的趣味極不相同。

圖 5-15：唐・三彩三足盤

口徑 18.2 公分，高 4.8 公分，國立歷史博物館藏

圖 5-16：唐・三彩飛雁盤

口徑 28.8 公分，高 6 公分，許作立藏

圖 5-17：唐・三彩藍釉印花盤

口徑 19～18.4 公分，高 4.5 公分，許作立藏

圖 5-18：唐・越窯青瓷碗紋飾

陳萬里上林湖窯址採集

〔註20〕林淑心總編輯，《唐三彩特展圖錄》（台北：國立歷史博物館出版，民國84年6月），頁 123 及圖 64 及頁 146，圖 87。

〔註21〕同註20，頁 136 及圖 77。

〔註22〕同註17，頁 86。

　　越窯青瓷除受北方陶瓷工藝刺激外，同時也受到南方瓷窯工藝的影響。例如浙江中部婺州窯所生產造形特殊的盤口蟠龍罌（圖 5-19）〔註 23〕，此類罌的頸部貼有蟠龍與四圓形繫，造形十分生動別致。然而，在唐代上林湖窯址也能採集到類似標本（圖 5-20）〔註 24〕，不過，這件上林湖青釉蟠龍罌的造形在繼承婺州窯罌的外形之外，製作更為突出精彩，例如罌繫上貼塑立體蟠龍，技法上較婺州窯的浮雕蟠龍傳神。

圖 5-19：
南朝・婺州窯青釉盤口雙龍瓶

圖 5-20：
唐・越窯青釉盤龍罌

高 55.4 公分，浙江武義元嘉墓出土　　　腹徑 24 公分，高 44 公分，上林湖窯址出土

二、與金、銀、銅鏡、漆器等工藝的關係

　　越窯青瓷器在工藝方面，與其他陶瓷工藝相互交流、影響外，也和當時的金器、銀器、銅鏡、漆器等有明顯相互承繼與傳遞的關係。

〔註23〕貢昌，〈談婺州窯〉，收錄於文物編輯委員會編，《中國古代窯址調查發掘報告集》（北京：文物出版社出版，1984 年 10 月一版一刷），頁 27 及圖版 3-2。
〔註24〕林士民，《青瓷與越窯》（上海古籍出版社，1999 年 12 月一版），頁 35 及圖 124。

　　以上述荷葉紋爲例，除唐三彩器常加運用外，舉凡銀器、銅器均不乏其例，西安何家村山土一件孔雀紋盝頂方盒，盒側面的中央紋飾爲一單枝亭立的荷花，荷花左右兩側，則分別刻飾向上捲曲的側面荷葉紋（圖 5-21）〔註25〕，由於窖藏中同時出土開元十九（西元 731 年）年的庸調銀餅〔註26〕，因此這組紋飾的年代被認爲是中唐時期的代表，代表八世紀中葉銀器中的荷葉紋，與唐代越窯青瓷器的寫實形態的荷葉紋不同。

　　銀器以外，唐代的銅鏡也有以荷葉紋爲主題的例證。日本東京國立博物館收藏一件標名爲「唐代團花紋六花鏡」的銅鏡，從線繪的紋飾（圖 5-22）〔註27〕看來，紋飾以六片側面荷葉紋爲主，其特徵爲裝飾意味濃厚的圖案化紋飾，趣味也和唐越窯青瓷器荷葉紋不同。

圖 5-21：唐・孔雀紋盝頂方盒　　　圖 5-22：唐・團花紋六花鏡紋飾

高 10 公分，長 12 公分，寬 12 公分　　　　東京國立博物館藏
西安何家村出土，陝西博物館藏

　　由以上各類器物的紋飾與唐三彩紋飾可知，荷葉紋飾爲九世紀中葉各類工藝常見的紋飾題材，不過三彩器、銀器、銅鏡的荷葉紋飾採工整圖案式的表現，且荷葉爲搭配主題的副紋飾；但是，唐代越窯青瓷器的荷葉紋則不同，紋飾以荷葉爲主題，利用荷葉隨風翻轉的自然生態動感，凸顯寫實的效果，並且運用粗細不同的線條，刻劃於瓷土上，充份捕捉線條的流暢感與畫

〔註25〕韓偉編著，《海內外唐代金銀器萃編》（西安：三秦出版社，1989 年 4 月第一次印刷），頁 130。

〔註26〕韓偉、陸九皋，〈唐代金銀器概述〉，收錄於《中國考古學研究論集》編委會編，《中國考古學研究論集──紀念夏鼐先生考古五十周年》（西安：三秦出版社出版，1980 年 12 月一版），頁 412。

〔註27〕日・中野徹，〈隋唐陶磁の文樣〉，收錄於佐藤雅彥、長谷部樂爾責任編集，《世界陶磁全集（十一）・隋、唐》（小學館出版社，1976 年），頁 298 及圖 87。

作的眞實感，這種寫實流暢的紋飾作風，成爲唐代越窯青瓷器有別於其他工藝的特色。

越窯青瓷器與各類工藝的交流關係，同樣表現於造形方面，尤其德宗九世紀以後，不少越窯青瓷的造形明顯受到金銀器的啓發。

例如，本論文分類的 Da 型碗（海棠花口）便是一例，此型式碗的造形源於多曲口碗，在唐代早期十分流行，且採用各種材質製作，例如玉、水晶、玻璃、銀等，造形以十四曲口、十二曲口、八曲口（圖 5-23）〔註 28〕爲多。這種多曲口碗流行的時間大約在唐高宗以前〔註 29〕，不過中唐以後逐漸減少，且以四曲口的形式最常見，流行的年代則在唐穆宗以後（西元 821～）〔註 30〕，可見唐越窯九世紀中葉流行的海棠花形碗乃各種貴重材質海棠花形碗的代用品。

圖 5-23：

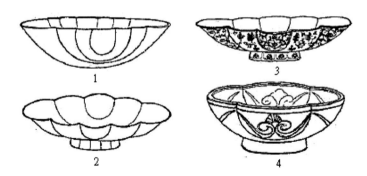

1.陝西耀縣背陰村出土十二曲口銀杯　3.日本神戶白鶴美術館藏，銀鎏金八曲花鳥紋長杯
2.日本奈良正倉院藏銅鎏金八曲長杯　4.遼陳國公主墓出土水晶四曲長杯

此外，法門寺出土秘色瓷的造形也多與金、銀器的造形有關，例如，本論文分類的 Db 型碗（花口弧腹圈足）的造形便與金銀器一致。目前所知，江蘇丹徒丁卯橋出土唐代銀器中便有一只素面五曲口銀碗（圖 5-24）〔註 31〕，此件銀碗除口徑較法門寺出土秘色瓷碗小外，造形與法門寺出土碗幾乎相

〔註 28〕孫機，〈唐李壽石槨線刻「侍女圖」、「樂舞圖」散記〉（上），《文物》，1996年五期，頁 47 及圖 24。

〔註 29〕同註 26，頁 415。多曲口碗即 I 式 U 瓣碗。

〔註 30〕同註 26，頁 420。海棠花口碗即本篇論文的 Da 型碗，屬第四期。

〔註 31〕丹徒縣文教局、鎮江博物館，〈江蘇丹徒丁卯橋出土唐代銀器窖藏〉，《文物》，1982 年十一期，頁 20、25 及圖 28。

同。另外，漆器中也有類似的造形，例如湖北監利縣曾出土一批唐代漆器，其中有一件大漆碗與二件小漆碗（圖 5-25）〔註32〕，三件碗的造形類似，均爲侈口、斜腹、圈足外撇的造形，其中兩件小漆碗的尺寸便與法門封出土秘色瓷的尺寸接近。以上例證說明，本論文分類的 Db 型碗（花口弧腹圈足），應是銀器、漆器工藝造形影響下的產物，爲當時高級產品，因此一般墓葬尚未見過此型式碗。

　　法門寺秘色瓷中的折沿弧腹平底碗，乃本論文分類的 Cb 型碗，在銀器中也有相同的造形。例如，西安何家村窖藏出土的雙獅雲瓣紋銀碗（圖 5-26）〔註33〕、蔓草鴛鴦鸚鵡紋銀杯（圖 5-27）〔註34〕等，在造形上便與此型秘色越窯產品類似，由於根據推測何家村窖藏的年代應不晚於玄宗天寶年間（西

圖 5-24：唐・銀素面五曲碗　　　　圖 5-25：唐・花口形漆碗

口徑 16 公分，高 9.5 公分，足徑 8.5 公分　　口徑 22.5 公分，高 7.7 公分
江蘇丹徒丁卯橋出土　　　　　　　　　　　湖北監利縣出土

圖 5-26：唐・雙獅紋十雲瓣銀碗　圖 5-27：唐・蔓草鴛鴦鸚鵡紋銀碗

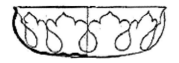 

口徑 12.4 公分，高 3.5 公分　　　　　口徑 10.3 公分，高 3.4 公分
西安何家村出土，陝西省博物館藏　　西安何家村出土，陝西省博物館藏

〔註32〕湖北荊州地區博物館保管組，〈湖北監利縣出土一批唐代漆器〉，《文物》，1983
　　　　年二期，頁 83 及圖版 8-2。
〔註33〕韓偉，《海內外唐金銀器萃編》（西安：三秦出版社，1989 年 3 月一版一刷），
　　　　頁 38 及圖 108。
〔註34〕同註33，頁 28 及圖 93。

元 742～755 年）〔註 35〕，因此這類銀器造形對唐代越窯青瓷的造形設計應有
極大的影響力。

除碗的造形外，越窯青瓷盒的造形也與金銀器工藝有異曲同工之妙，說
明越窯青瓷盒造形曾受金銀器的影響。在西安王家莊天子裕國清禪寺附近舍
利塔中出土二只銀盒與一只金盒（圖 5-28），三件盒的造形相同，整體呈圓
形，蓋面凸起，盒蓋與盒身各半，盒面與盒腹間有明顯折角，根據報告者推
測此塔應為唐天寶（西元 742～755 年）的舍利塔〔註 36〕，說明這三件盒的大
約年代在八世紀中葉。

然而，唐代越窯青瓷盒的基本形式，便是這種盒蓋與盒腹幾乎對半的造
形，上林湖窯址便有不少此型標本，例如（圖 5-29）〔註 37〕的蓋面與腹部折
角處有粗弦紋做裝飾。目前所知，此型盒在揚州有出土（圖 5-30）〔註 38〕，
此外，在寧波唐代碼頭遺址也有發現（圖 5-31）〔註 39〕。另外，寧波遵義路
唐代元和年（西元 806～820 年）層也出土此型盒（圖 5-32）。〔註 40〕

圖 5-28：唐・銀盒　　　　　圖 5-29：唐・越窯青瓷盒

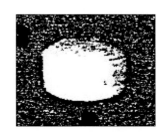

口徑 5.5 公分，高 5 公分，陝西長安縣王家庄公社　　　上林湖窯址出土
天子裕國清禪寺舍利塔出土

〔註 35〕 同註 26，頁 412、414。
〔註 36〕 朱捷之、秦波，〈陝西長安和耀縣發現的波斯薩珊朝銀幣〉，《考古》，1974 年
　　　　一期，頁 126 及圖 1～3。
〔註 37〕 同註 24，圖版 3-3。
〔註 38〕 揚州博物館、揚州文物商店，《揚州古陶瓷》（北京：文物出版社，1996 年 9
　　　　月一版一刷），圖 72。
〔註 39〕 林士民，〈寧波東門口碼頭遺址發掘報告〉，收錄於浙江省文物考古所編著，
　　　　《浙江省文物考古所學刊》（北京：文物出版社，1981 年 11 月一版一刷），
　　　　頁 122 及圖 9-6。
〔註 40〕 Lin Shimin（林士民），〈Zhejlang Export Glazed Wares: Ningbo Data〉，收錄於
　　　　《「浙江青瓷外銷」論文學術討論會論文集》（香港：大學亞洲研究中心出版，
　　　　1994 年出版），頁 161 及圖 55。

圖 5-30：
唐・青瓷刻花盒

圖 5-31：
唐・青瓷盒

圖 5-32：
唐・青瓷盒

口徑 4.5 公分，高 7.1 公分
底徑 4.9 公分
揚州唐城遺址文物保管所藏

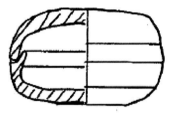

通高 5.6 公分
寧波唐代碼頭遺址出土

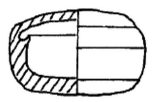

腹徑 2.6 公分，高 1.5 公分
寧波遵義路唐代遺址出土

　　這種盒蓋與盒身對半的盒，除做爲粉盒、印盒外，也用於盛油的油盒，在紹興市文物管理委員會收藏一只越窯青瓷油盒（圖 5-33）〔註 41〕，盒身向內凹進，口部窄小，與粉盒的子母口不同，乃便於盛油之用。油盒也有蓋面刻紋飾的例子，在寧波市文物管理委員會收藏一只出土於寧波唐代遺址的刻花油盒（圖 5-34）〔註 42〕，這只盒不僅蓋面刻劃四片簡單荷葉紋飾，盒中心也有圓形凸鈕，製作十分精巧可愛。

圖 5-33：唐・青瓷油盒　　　　　圖 5-34：唐・青瓷刻花油盒

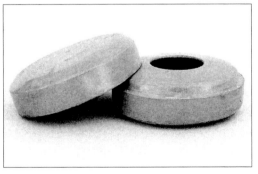

外口徑 9.4 公分，高 4.4 公分
紹興市文物管理委員會藏

外口徑 6.5 公分，內口徑 3.0 公分
高 4.1 公分，寧波市文物管理委員會藏

〔註 41〕中國上海人美術出版社編集，《中國陶瓷全集（四）・越窯》（日本：株式會社美乃美發行，1981 年 9 月 20 日發行），圖 128。
〔註 42〕同註 41，圖 148。

　　由此可知，上林湖越窯青瓷盒的形式眾多，不論粉盒、印盒、油盒，基本造形不脫盒蓋與盒身對半的形成，這種造形可能即金銀器盒造形影響下的產物。不過，越窯青瓷器在造形上也有變化金銀器的造形之處，最明顯的差異在於盒身高度變矮，不再採取金銀器的高圓形，而是採取扁圓形。〔註43〕

　　金銀器與越窯青瓷工藝相互影響、交流的例子，另有碗托的製作，根據前章所述唐代碗托出現的時間約在八世紀下半葉德宗建中之後（西元 780～783 年），當時碗托的造形較簡單，為盤中置環而已，至九世紀中葉則有捲荷葉形碗托。然而，目前出土金銀器碗托也有多件捲荷葉形碗托出土，代表的例子為長安平康坊出土的鎏金碗（茶）托（圖 5-35）〔註44〕，碗托為盤與高外撇圈足結合而成，盤面如花形，內為雙層蓮花瓣紋，外為六片捲荷葉紋，設計精緻美觀，從捲荷葉的造形看來，和寧波唐代遺址出土，本論文分類為 B型碗托（捲荷葉，圖 5-36）〔註45〕有相同的設計。由於鎏金碗托的紀年為宣

圖 5-35：唐・鎏金（茶）碗柘子

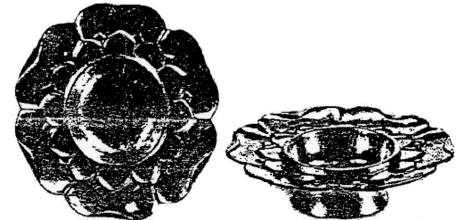

托盤直徑 18.3 公分，口徑 9.3 公分，通高 4.5 公分，圈足高 2.3 公分
西安和平門外唐代長安城平康坊出土

〔註43〕唐越窯青瓷器也有高圓形造形的盒，但和王家莊舍利塔出土盒的造形不同，為盒蓋凸起，盒腹較深的造形，例如揚州東風磚瓦廠唐墓便有一件刻花深腹盒，見《考古》，1982 年三期，頁 328～329。
〔註44〕馬得志，〈唐代長安城平康坊出土的鎏金茶托子〉，《考古》，1959 年十二期，頁 679～680 及圖版 6-1。
〔註45〕林士民，〈浙江寧波市出土一批唐代瓷器〉，《文物》，1976 年七期，頁 60～61 及圖版 5-4。

圖 5-36：唐・越窯青瓷碗托與碗

碗口徑 11.7 公分，碗高 4.5 公分，托口徑 14.6 公分，托高 3.5 公分，寧波遵義路唐代遺址出土

宗大中十四年（西元 860 年）〔註46〕。而越窯青瓷碗托的大約年為大中二年（西元 848 年）〔註47〕，兩件時間相距約十二年，可見這種捲荷葉碗托為當時流行的造形。不過兩者不同處，在於金銀器茶碗設計精緻華麗，而越窯青瓷器則顯得樸實自然，兩者風格與趣味均不相同。

　　從以上越窯青瓷與各類工藝技法相互交流的例子中，反映出越窯青瓷融合當時南北方的陶瓷器工藝，在造形、紋飾方面加以融合創新，呈現其特有追求自然、寫實、樸素的美感特徵。此外，在越窯成為南方青瓷代表，甚至凌越北方邢窯瓷藝之後，更擴大與其他工藝，諸如金器、銀器、漆器的工藝交流，因此碗、盒、碗托等造形均與金銀器有共同的時代特徵；然而，金銀器華麗繁縟精緻的紋飾，唐代越窯卻少取材，這種藝術設計取向不同，反映了唐越窯青瓷器的美感內涵，以追求器形寫實的形似美，以及神態自然的神似美為主，這種美感表現和金銀器的美感表現不同，因此藝術效果也有差異。

第二節　唐代越窯青瓷的瓷藝表現

　　唐代越窯青瓷為中國青瓷史上承先啟後的代表性瓷藝，產品的造形、釉色、紋飾美感均有水準之上的表現；尤其三者相互融合，更交織成唐代越窯

〔註46〕同註44，頁 679。
〔註47〕同註45，頁 61。

青瓷特有的青瓷藝術，此藝術象徵著唐人的審美觀點，也反映出唐代特定文化、社會的特徵。

一、造形美感

就造形而論，九世紀以前的唐代越窯青瓷器的造形。以呈現圓整、端莊為原則，例如初唐時期，本論文分類的 Aa 型 I 式碗（直口假圈足）、Aa 型 II 式碗（直口深弧腹）、Ab 型 I 式碗（直口折腹假圈足）、Ab 型 II 式碗（直口弧腹玉璧底）、Ba 型 I 式碗（撇口弧腹矮圈足）、Ba 型 I 式碗（斜腹玉璧底）等，均是造形圓整的器類。其他同期的盤、執壺等，也都具有此圓整的造形特徵。

不過，德宗九世紀以後，越窯青瓷器的造形，則趨向寫實、自然的美感，其中仿作自然物的大量出現反映此一趨勢。例如文論文分類的 Ca 型 II 式碗（折沿花形圈足碗）、Dc 型 II 式碗（花口弧腹圈足）、Bb 型 II 式碗（花口斜腹平底）、Da 型碗（海棠花口）、Db 型碗（花口弧腹高撇足）、瓜棱執壺、捲荷葉形碗托等，均是此類仿生作品的代表，這些器物將自然生物最傳神的形象做即時的捕捉，呈現寫實的美感。

圖 5-37：唐·越窯青瓷瓜棱執壺

口徑 11 公分，高 25.3 公分，底徑 8.5 公分
寧波遵義路唐代遺址出土

因此花口碗便是簡單又具有寫實神態的仿生作品，這些碗的碗口有凹狀花口的設計，碗腹相對處則有直線象徵花瓣的紋飾，因此使用者不論從上俯視，或是從側面平視，均可看見此型式碗有如盛開花朵的形態，這種美感具有形象美，同時也具有神似美，能夠牽引使用者對自然花朵的聯想，因此是形式、神似美的綜合表現。

此外，各類瓜棱執壺也是仿生器中表現明顯的作品，以寧波唐代遺址出土的瓜棱壺（圖 5-37）〔註 48〕為例，製作者利用流暢的線條刻劃壺腹，製造

〔註48〕同註 45，圖版 5-1。另見同註 24，頁 21，圖 74。

出瓜棱的效果，將成熟、飽滿，充滿水份的瓜腹恰如其份的捕攝下來，爲了表現豐滿富含汁液的效果，一方面在瓜棱線左右兩側製造微微凹進的立體感，二方面則將弧線的重心，即腹部最寬處置於弧腹上側，利用豐隆的上腹部表現成熟瓜應有的飽滿現象，這種運用線條製造寫實形象的效果是十分成功的例子。

　　唐越窯青瓷器，造形美感設計的例子不乏其數，本論文中 B 型碗托（捲荷葉）的設計也是代表的例證，以寧波唐代遺址出土的捲荷葉碗托以及伴隨出土的本論文分類的 Db 型碗（花口弧腹高撇足，圖 5-36）〔註49〕爲例，這件碗托與碗形成一組飲茶用具，充分流露出唐越窯青瓷器造形追求自然寫實、渾然天成的美感訴求。碗呈五花口形式，口部有五處內凹，花口相對的碗腹外側有直線刻的紋飾象徵花瓣，由於碗口略外撇，碗腹稍微內凹，因此整個碗有如一朵尚未盛開而欲綻放的荷花。荷花下的碗托爲形如四角的捲荷葉，荷葉前端微微捲起，立體而不誇張，優雅而不華麗的效果，將荷葉的自然生命形態掌握的恰到好處；加以碗托與碗的組合，有如一朵即將盛開的荷花漂浮於捲荷葉之上，實寫的形似美感與寫意的神似情境表達的淋漓盡致。

　　此外，越窯青瓷中的八棱長頸瓶也是堪稱經典之作的造形代表，以目前所見有四件完整的標本，兩件爲北京故宮博物院的收藏（圖 5-38、圖 5-39）〔註50〕、另有咸通十二年（西元 871 年）陝西張叔尊墓出土物（圖 5-40）〔註51〕，以及咸通十五年（西元 874 年）陝西扶風法門寺地宮出土秘色瓷（圖 5-41）〔註52〕，四件的造形基本相同。以圖 5-39 較簡單的八棱長頸瓶爲例，全器沒有任何裝飾，只有線條與平面的組合，卻能和諧的構成造形令人激賞讚歎的作品，其中的奧祕，在於線條的巧妙運用，由於這件瓶的瓶頸十分細長，而瓶腹明顯圓碩，上窄下寬的組合似乎極不協調，但由於一氣呵成棱線運用的成功，不僅彌補不協調的缺點，反而在上窄下寬的強烈變化中，製造出平衡和諧的美感。

〔註49〕同註45。

〔註50〕呂成龍，〈故宮博物院收藏的三件越窯秘色瓷瓶〉，收錄於汪慶正主編，《越窯・秘色瓷》（上海古籍出版社，1996 年 11 月一版一刷），附圖 57～58。

〔註51〕陝西省文物管理委員會，〈介紹幾件陝西出土的唐代青瓷器〉，《文物》，1960年四期，頁 48 及圖 4。

〔註52〕陝西省法門寺考古隊，〈扶風法門寺塔唐代地宮發掘簡報〉，《文物》，1988 年十期，頁 24 及圖版 7-1。

圖 5-38：
唐・越窯青瓷八棱長頸瓶

口徑 1.6 公分，高 22.5 公分，底徑 7.1 公分
北京故宮博物院藏

圖 5-39：
唐・越窯青瓷八棱長頸瓶

口徑 2.3 公分，高 21.7 公分，底徑 7.8 公分
北京故宮博物館藏

圖 5-40：
唐・越窯青瓷八棱長頸瓶

口徑 2.2 公分，高 21.5 公分，底徑 8 公分
陝西扶風法門寺塔唐代地宮出土

圖 5-41：
唐・越窯青瓷八棱長頸瓶

高 22.9 公分
西安西郊棗圓張叔尊墓出土

這是因為，八棱瓶的瓶頸十分細長，且利用八道棱線條製造有如瓜棱的效果；而且，圓碩的瓶腹也有這八道線條，因此上下線條相接，在視覺上便形成上下聯貫的整體，絲毫沒有頭重腳輕的不協調感。加以，瓶的重心，也就是最寬處在腹部中央的微上部，如此提高了視覺重心，減緩頭輕腳重的現象。因此，觀者在欣賞八棱長頸瓶時，一方面可欣賞長頸的纖細美感，二方面又可欣賞瓶腹圓腹豐滿，富有真實生命力的美感，造形藝術可謂達到巔峰之作。

二、線條與平面美感

除造形美感外，線條與平面的交互作用也影響唐越窯器的造形表現。例如線條以流暢、自然、生動為追求特質，較少運用尖銳、生硬、纖細的線條，以本論文分類的Bb型I式碗（斜腹玉璧底）的腹部為例（圖5-42）〔註53〕，縱然為斜直腹，但是由於碗腹較矮，因此斜直的線條並不顯得唐突、強烈。

此外，本論文所分類的Ca型II式碗（折沿花形圈足，圖5-43）〔註54〕、Db型碗（花口弧腹高撇足，圖5-44）〔註55〕的外腹部，均使用粗的線條來象徵花瓣，這種方式較細線條更能表現出花朵自然的生態與生動的生命力，而且符合瓷器特有的胎土特質。

圖 5-42：
唐・越窯青瓷玉璧底碗

口徑 14.4 公分，高 4.1 公分
上海博物館藏

圖 5-43：唐・越窯青瓷碗

口徑 14：2 公分，高 3 公分
底徑 6.1 公分，廣東省博物館藏

圖 5-44：唐・越窯青瓷碗

口徑 10.3 公分，高 5.5 公分
浙江省博物館藏

〔註53〕汪慶正主編，《越窯・秘色瓷》（上海古籍出版社，1996 年 11 月一版一刷），圖 27。

〔註54〕廣東省博物館編，《廣東省博物館藏陶瓷選》（北京：文物出版社，1992 年 9 月一版一刷），圖 51。

〔註55〕同註 41，圖 162。

　　唐代越窯青瓷器面的表現和線條一樣，以圓滑、自然、生動爲呈現原則，不擅運用細薄、僵硬的面。例如各式器物的口沿表現最明顯，極少採用尖銳的薄唇或尖唇，多是具有厚度的微尖唇，一般唇的厚度均在 0.2～0.3 公分左右，因此器物整體特徵呈現穩重、端莊，而沒有輕薄的脆弱感，這種特徵和五代、北宋的越窯器迥異。

　　在花口碗、盤的花口處，也非尖銳生硬的刻劃痕跡，而是運用圓滑流暢的刀法。這些工藝技法雖然只是一些小細節，但卻營造出唐代越窯青瓷器整體穩重、端莊、圓融的特徵。

　　此外，唐越窯青瓷器也能在線條與平面的結合處，做寫實生動的發揮，例如瓜棱執壺的瓜棱線條與八棱長頸瓶的棱線便是截然不同的棱線。前者棱線凹入，線與線間的面微微凸起，製造出瓜棱豐潤飽滿的效果；然而，八棱長頸瓶則不然，棱線凸起，線與線間的面則微微凹入，凸顯線條在整個瓶面上的重要視覺效果。

三、釉色與釉質美感

　　唐越窯青瓷器的工藝表現，除造形方面有絕佳的表現外，釉色與釉質的表現也是重點之一。

　　青釉爲中國瓷器釉色的傳統，而越窯青瓷器便是此傳統的一支，根據《景德鎮陶錄》的敘述，青釉的青可分多種，例如：

> 柴窯、汝窯云青，其青則近藍色，官窯、內窯、哥窯、東窯、湘窯等色青，則青則近淡碧色，龍泉、章窯云青則近翠色，越窯、岳窯云青，則近縹色，古人說陶，則通稱青色耳。〔註56〕

此外，《考工記》對青瓷的青也有所描述：

> 設色之工五……而陶器以青爲貴，五彩次之，夫瓷器之青花、霽青大釉，悉藉青料，晉曰縹瓷，唐曰千峰翠色，柴周曰雨過天青，吳越曰秘色。〔註57〕

根據目前標本所見，越窯青瓷的青，色澤多樣，從青白、青灰、淡青綠、

〔註56〕 清・藍浦撰、清・鄭廷桂補輯，《景德鎮陶錄》十卷目錄一卷跋一卷，卷十，收錄於楊家駱編，《藝術叢編》第一集，《陶瓷譜錄》上冊（台北：世界書局，民國 77 年 5 月六版），頁 457～458。

〔註57〕 清・梁同書撰，《古窯器考》，收錄於楊家駱主編，《藝術叢編》第一集，《陶瓷譜錄》上冊（台北：世界書局，民國 77 年 5 月六版），頁 1。

青黃、青綠均有，其中釉色表現最令人讚賞者，即法門寺秘色瓷所呈現的淡青綠，即「翠」色。

在釉色方面，唐代文人詩文中的描述，有陸龜蒙的《秘色越器詩》，其中描述秘色瓷的青爲：「奪得千峰翠色來」〔註58〕。另外徐寅的《貢餘秘色茶盞》詩，詩中云秘色乃：「捩翠融青瑞色新」〔註59〕。說明秘色乃「翠」年，此種翠具有「青」及「新」的特徵；因此，從字面的理解爲新鮮柔嫩的翠色，這種翠色與法門寺出出秘色瓷的釉色符合。這種翠色乃不帶任何裝飾的淡青綠，因此，唐越窯釉色表現的特徵之一爲樸素無華的翠青之美。這種質樸的釉色與當時崇尙色澤華麗的鞏縣三彩、魯山花釉瓷、長沙窯釉下彩不同。

這種追求樸素無華翠青釉色的目的，在於仿效玉質的效果，因此陸羽《茶經》中云：「越瓷類玉」〔註60〕，表達越窯青瓷器具有仿玉的美感效果，這種效果得到陸羽的偏好，《茶經》以後的文人也都有此愛好，例如德宗時期（西元780～804年）的顧況在描述越窯青瓷器時，形容其爲「越泥似玉之甌」〔註61〕。憲宗、穆宗時期（西元806～824年）的元稹，在《送王協律游杭越》詩，也描述越窯青瓷器爲：「（越）甌凝碧玉泥」〔註62〕，由這些詩句反映出越窯青瓷類玉的效果，長久以來受到文人的重視。

然而，玉的質感爲沒有強烈玻璃光澤，且不透明，具有溫和滋潤的特徵，因此唐代越窯青瓷器，釉的第二個特徵乃仿玉的溫潤質感。

站在美學的角度與瓷藝的角度，唐代越窯青瓷器釉色與釉質的美感要求，開創了中國青瓷器釉色、釉質審美的新領域與新觀點，不論是五代或宋的柴窯、汝窯、官窯、哥窯、東窯、龍泉窯等名窯，縱然青釉的呈色不同，但純青釉的色澤表現，以及追求類玉的溫潤效果，均是一致的訴求。因此唐代越窯青瓷器在瓷藝美學史上扮演極重要的里程碑角色。

〔註58〕唐‧陸龜蒙，〈秘色越器〉，《全唐詩》第九函第十冊（上海古籍出版社，1994年4月版），頁1585。

〔註59〕唐‧徐寅，〈貢餘秘色茶盞〉，《全唐詩》第十一函一冊七一〇卷（上海古籍出版社，1994年4月版），頁1793～1794。

〔註60〕同註16。

〔註61〕同註57，頁1。

〔註62〕唐‧元稹，〈送王協律游杭越十韻〉，《全唐詩》第六函九冊四〇六卷（上海古籍出版社，1994年4月版），頁1004。

四、紋飾美感

唐代越窯青瓷器的紋飾題材以自然界的荷葉、荷花、朵花為主，這些紋飾題材加強塑造出唐代越窯青瓷器特有的自然、質樸美感。

以本論文分類的 Ca 型 II 式碗（折沿花形圈足，圖 5-45）〔註63〕、Da 型碗（海棠花口，圖 5-46）〔註64〕、Db 型碗（花口弧腹圈足，圖 5-47）〔註65〕為例，這三種碗多刻劃荷花、荷葉、朵花紋飾；然而這三種碗多屬於飲茶用的茶碗，因此當使用者盛裝茶湯時，碗中的茶透著青釉，整個碗便如一潭湖水般，碧綠沈靜，加以碗內刻劃的紋飾，有如湖面隨風漂浮的荷葉與朵花，飲茶者的悠閒豁達心境便油然產生，因此整個碗的設計，不僅具有寫實的形式情境，更富涵令人勾起聯想的寫意意境。孟郊在《憑周況先輩于朝賢乞茶》詩中云：「蒙茗玉花盡，越甌荷葉空」〔註66〕的「越甌荷葉空」，有可能即指這類刻劃荷葉的茶碗。

唐代越窯青瓷器的紋飾美感，除具寫實、寫意的意境外，紋飾線條的表現，也有特殊之處。由於，線條的刻劃採用較粗的工具，因此線條揮灑自如，能夠產生豐富的變化（圖 5-48）〔註67〕，創造出有如中國毛筆創作的水

圖 5-45：唐・越窯青瓷碗	圖 5-46：唐・越窯青瓷碗

口徑 14.6 公分，高 4.3 公分，底徑 6.3 公分　　　　1995 年上林湖窯址採集
1995 年上林湖窯址採集

〔註63〕同註 37。

〔註64〕同註 17，頁 88。

〔註65〕同註 37。

〔註66〕唐・孟郊，〈憑周況先輩於朝賢乞茶〉詩，《全唐詩》第六函第五冊三八○卷（上海古籍出版社，1994 年 4 月版），頁 945。

〔註67〕同註 38，圖 69。

圖 5-47：唐・越窯青瓷碗

口徑 12.2 公分，高 5.5 公分，底徑 7.4 公分
上林湖窯址出土

圖 5-48：唐・越窯青瓷刻花盤

口徑 15.1 公分，高 2.5 公分
邗江縣霍橋鄉河南村出土，揚州博物館藏

墨畫效果，並細膩表達荷葉隨風翻轉，葉脈生動突出的姿態。這種神乎其技、流暢自然的紋飾線條效果與北宋越窯細線刻的風格截然不同。

第三節　唐代越窯青瓷藝術產生的背景

唐代瓷藝向來以絢爛多彩的色澤著稱於世，例如，鞏縣的唐三彩、河南魯山的釉瓷、湖南長沙窯釉下彩瓷等，均擅長利用釉色，創造豐富多變的色澤。

然而，唐代越窯青瓷則完全不同，以穩重端莊的造形、樸素的釉色，溫潤如玉的質感，寫實自然的紋飾等特徵，脫穎於群瓷之中，其美感表現實蘊含大唐民族性格與時代文化精神的特徵與轉變。

一、民族性格與時代文化精神

初唐、盛唐國勢強盛，胡風鼎盛，崇尚奢侈華麗的風氣盛行，呼應時代精神的多彩陶瓷器備受世人歡迎，這些彩瓷藉著光輝燦爛的釉色，表現活潑、侈麗的民族性格與時代精神。

然而，走過初唐、盛唐歷史隧道之餘，代表權力支配者的統治階層，雖然在結構上仍以士族為主，但是統治階層的性質已經逐漸轉變，由純以門第獵取仕宦之路的方式，逐漸改以門第緣引科舉以保持政治地位〔註 68〕。由

〔註68〕毛漢光，〈唐代大士族的進士第〉，收錄於《中國中古社會史論》（台北：聯經出版事業公司，民國 77 年 2 月初版），頁 347、362～363。

於，門第重視家風，而科舉重視詩文，因此士風逐漸蛻變，以科舉出身士大夫爲主體的「士大夫文化」精神逐漸形成，並深化成爲時代文化特徵。這種文化精神表現於各類藝術中，其中尤以文學、藝術及審美趣味最明顯，李澤厚曾敘述這股轉變潮流：

> 時代精神已不在馬上，而在閨房，不再世間，而在心境。所以，從這一時期（晚唐）起，最爲成功的藝術部門和藝術品是山水畫、愛情詩、宋詞和宋瓷。而不是那些愛發議論的宋詩，不是鮮艷俗麗的唐三彩。〔註69〕

這種審美偏好與盛唐完全不同，即不再追求外在的華麗與燦爛，而是追求內心情感感受與官能感受的眞實〔註70〕，例如晚唐興起的山水畫、愛情詩，便是著重官能感受與情感感受的時代藝術表徵。然而，唐越窯青瓷器也是這股潮流轉變下新興的藝術產物。

唐代越窯青瓷器的官能感受與情感感受表達，藉著「物境」與「意境」的融合方式表現，這種追求意境美的藝術表現，在唐代始被提出，並見諸於文字〔註71〕，一方面透過外在的瓷器形象，以穩重、自然的造形，寫實、流暢的紋飾，質樸、溫潤的釉色，營造自然物的眞實美感，達到官能感受最高層次的境界。另一方面，則利用此具有美感的形體，勾起使用者內心的聯想與想像，達到涵養心境的意境。

這種意境美的追求，正是中唐以後士大夫追求的美感境界與藝術新潮流〔註72〕。以唐越窯青瓷器的釉質爲例，似乎蘊含著士大夫意境美的追求，卻藉著如玉般釉質的欣賞，達到「君子之德如玉」的性格塑造。又如荷葉、荷花造形與荷葉、朵花紋飾，蘊含著士大夫追求胸中擁有自然的豁達心境。

二、宗教的蛻變

從時代文化精神的觀點，觀察中晚唐以後的改變，除了科舉促進這股士大夫的時代文化特徵改變之外，宗教的蛻變也帶動這股潮流，其中禪宗的興

〔註69〕 李澤厚，《美的歷程》（台北：蒲公英出版社，民國73年11月出版），頁156。
〔註70〕 同註69。
〔註71〕 曾祖蔭，《中國古代美學範疇》（台北：丹青圖書有限公司出版，民國76年4月1日初版），頁283。「意境」的正式提出，是在唐代，從現存的歷史資料看，「意境」這個名詞最早見於王昌齡的《詩格》，書中提出，詩有三境，分別爲物境、情境、意境。
〔註72〕 同註71。

起與道教的轉變，尤扮演重要的啓迪角色，並推動唐代越窯青瓷器的美感塑造。

　　中唐八世紀的佛教，最主要的轉變反映於禪宗的興起，與其他宗派的沒落。禪宗的興起約在唐玄宗時期，代表的人物爲六祖慧能（西元 638～713 年）。禪宗與其他宗派的不同，在於不以孤絕靜坐的環境，達到頓悟的目的，強調在日常生活中得到開悟，認爲禪與實際生活不可分，生活中也無處不是開悟的契機〔註73〕。這種禪宗生活化的趨勢，促使禪宗轉向內心的追求，並與當時士大夫追求從實際生活中陶冶心性的志趣相符，因此得到多數士大夫的認同與接受，這批士大夫與僧人相互交遊往來（附錄一），培養出與禪宗僧侶相同的生活方式、人生哲學與思維方法〔註74〕。這批同時具有僧侶與士大夫雙重性格的文人或僧侶，便是越窯青瓷器的愛好者，他們的審美趨向，自然影響越窯青瓷器的美感塑造。

　　同時具有僧侶、文人性格的人物包括陸羽、皎然、許渾、孟郊、陸龜蒙等。例如著作《茶經》的陸羽，雖爲僧侶出身，但與當時的士大夫李齊物、張志和等交往甚深〔註75〕。陸羽的活動地在復州竟陵（今湖北天門）與杭州苕溪（今浙江臨安）的南方地區，因此可能受到當時流行於南方禪宗的影響。然而，陸羽在《茶經》中標榜越窯青瓷碗，也可能並非單純個人的偏好，而是反映當時這輩亦俗亦僧者對越窯青瓷器的特殊愛好。

　　此外，曾讚賞越窯青瓷器爲素瓷的皎然，也是僧侶出身，活動於唐德宗至憲宗時期（西元 780～820 年），他在《飲茶歌‧誚崔石使君》詩中說道：「越人遺我剡溪茗，採得金芽爨金鼎，素瓷雪色縹沫香，何以諸仙瓊藥漿」〔註76〕。說明他與陸羽相同，均以越州青瓷器做爲飲茶的最佳選擇，從他留下的多首詩句中可以得知他爲禪宗的僧侶。〔註77〕

〔註73〕杜正勝主編，《中國文化史》（台北：三民書局股份有限公司發行，民國 84 年 8 月初版），頁 138。

〔註74〕黃河濤，《禪與中國藝術精神的嬗變》（北京：商務印書館國際有限公司，1994 年 8 月北字第一版，1995 年 3 月北京第二次印刷），頁 42～43。

〔註75〕宋‧歐陽修，楊家駱主編，《新唐書》卷一九六，列傳第一二一隱逸，〈張志和傳〉、〈陸羽傳〉，新校本（台北：鼎文書局，民國 74 年 3 月四版），頁 5608～5609、5611～5612。

〔註76〕唐‧皎然，〈飲茶歌誚崔石使君〉，《全唐詩》第十二函二冊八二一卷（上海古籍出版社，1994 年 4 月版），頁 2014。

〔註77〕同註 76。《全唐詩》中皎然的詩句提到禪者，有〈日曜人上還潤州〉、〈酬張明府〉、〈水月〉、〈禪詩〉、〈禪思〉、〈偶然五首〉等。

　　附錄二為唐代文人僧侶描寫越窯青瓷器詩文表，表中可見擅以越瓷飲茶的士大夫許渾，也和僧侶有所往來。另外，施肩吾在《蜀茗詞》〔註78〕中，也反映出他與山僧往來飲茶的生活情趣。然而，這批與僧侶交往的士大夫，其茶器的選擇均以越窯青瓷碗為偏好。

　　另外，士大夫出身的孟郊、陸龜蒙，雖然沒有直接證據證明他們與僧侶往來，但是行徑作風與僧侶、道士無異。例如，孟郊曾隱居嵩山〔註79〕；陸龜蒙隱居松江甫里〔註80〕。反映出當代部份士大夫追求清靜恬淡、自然雅趣的生活方式，然而，這種生活方式的一部份便是越窯青瓷器的使用，因此他們均留下有關越窯青瓷器的詩句。

　　從以上曾經著作有關越窯青瓷器詩文的士大夫、僧侶的背景分析，這些士大夫與僧侶具有強烈使用越窯青瓷器的偏好，說明越窯青瓷器乃符合這批僧侶心理需求的藝術品。

　　除文人的文化精神、禪宗的興趣，影響越窯青瓷瓷藝表現外，晚唐以後道教的蛻變，促使士大夫心境轉變，也是唐代越窯青瓷器受歡迎，並成功反映時代精神的瓷藝原因。

　　晚唐道教的發展，乃順應唐宋文化的嬗變，而趨向一股向老莊歸復，並與禪宗合流的思潮〔註81〕，這種思潮使得道教與禪宗相同獲得士大夫的認同與服膺。基本上，這種思潮主張追求內心的修養，強調清淨修身，在「性命兼修」的原則下，凡是清淨、空寂、恬淡、無為的作風，不僅是心理健康與生理健康的不二法門，也是生活上表現高雅閒逸的一種方式，這種生活方式，將心理、生理、人生情趣，乃至人生理想聯繫起來，從人的內心與本性尋求人生真諦〔註82〕。這種真諦與士大夫的新興文化精神或是禪宗追求心性修養，形成共同的時代趨勢。

　　例如上述曾做《蜀茗詞》讚揚越窯青瓷，並與山僧往來的施肩吾，便具有道士身份，他是士大夫出身，乃元和年間（西元806～820年）的進士，文

〔註78〕唐・施肩吾，〈蜀茗詞〉，《全唐詩》第八函二冊四九四卷（上海古籍出版社，1994年4月版），頁1250。

〔註79〕後晉・劉昫等撰，楊家駱主編，《舊唐書》，卷一六○〈孟郊傳〉，新校本（台北：鼎文書局，民國74年3月四版），頁4204～4205。

〔註80〕同註75，〈陸龜蒙傳〉，頁5612～5613。

〔註81〕葛兆光，《道教與中國文化》（上海：人民出版社出版發行，1987年9月第一版，1991年3月第三次印刷），頁215。

〔註82〕同註81，頁230～231。

才極高，學識廣博。但是經過佛教與老莊思想的洗禮，他以「栖眞子」爲名，對道家理論提出改造，他在《述靈響詩序》中說：

> 心澹而虛，則陽和集，意躁而欲，則陰氣入，心悲則陰集，志樂則
>
> 陰散，不悲不樂，恬淡無爲者，謂之元和。〔註83〕

此序中充份反映出施肩吾極力追求恬淡的生活情趣。

　　然而，唐代越窯青瓷器，不論造形、釉色、紋飾均崇尚自然、質樸與寫實，因此能夠得到求道之士的使用與喜好。

三、對荷葉與荷花的偏好

　　從以上士大夫的時代精神與性格、佛教禪宗的追求，以及道教的蛻變等背景，可以綜合得知，追求自然恬淡的生活方式、人生理想乃中唐以後士大夫的新性格。

　　這種性格也影響審美的偏好，透過當時文人、僧侶、道士的詩文，吾人可以看到他們對荷葉、蓮葉等自然植物的強烈偏好；然而，荷（蓮）葉、荷花正是唐代越窯青瓷器造形、紋飾最慣常塑造與刻劃的主題。

　　例如，愛好越瓷的顧況便有提到荷花的詩句，他在〈酬房杭州〉詩中說道：「……朝從山寺還，醒醉動笑吟，荷花十餘里，月色攬湖林……」〔註84〕，刻劃了荷、湖與月的自然美感。

　　此外，道士施肩吾更有豐富的詠荷（蓮）詩，這些詩句部份爲自然美感的詠歎，部分爲寄托宗教的情懷，甚至用以形容美女的動人情態，是深刻感受荷、蓮之美的代表作。例如，他在〈題景上人山門〉詩中，說道：「水有青蓮沙有金，老僧於此獨觀心，愁人欲寄中峰宿，只恐白猿啼夜深」〔註85〕。又如〈夏雨後題青荷蘭若〉詩中，描述道：「僧舍清涼竹舍新，初經一雨洗諸塵，微風初起吹蓮葉，青玉盤中瀉水銀」〔註86〕，以上詩句雖具宗教的涵意，但是兼具著感官形象的美感，與勾起聯想、融入情境的意境美感，充分表達施肩吾對荷葉的欣賞與偏好。甚至，荷葉的質樸之美在他的筆下也被運用於

〔註83〕同註81，頁228。
〔註84〕唐・顧況，〈酬房杭州〉，《全唐詩》第四函九冊二六五卷（上海古籍出版社，1994年4月十一刷），頁658。
〔註85〕唐・施肩吾，〈題景上人山門〉，《全唐詩》第八函二冊四九四卷（上海古籍出版社，1994年4月十一刷），頁1248。
〔註86〕唐・施肩吾，〈夏雨後題青荷蘭若〉，《全唐詩》第八函二冊四九四卷（上海古籍出版社，1994年4月十一刷），頁1249。

描繪女子的美態。他在〈觀美人〉詩中，形容道：「漆點雙眸鬢繞蟬，長留白雲占胸前，愛將紅袖遮嬌笑，往往偷開水上蓮」〔註87〕，詩中將女子的羞澀嬌笑美與蓮花綻放美做聯想，達到了絕美極佳的效果。

施肩吾之外，行跡類似道士的陸龜蒙也有詠荷的詩句，他在〈重台蓮花〉詩中，說道：「水國煙鄉足芰荷，就中芳瑞此難過，風情為與吳王近，紅萼常教一倍多」〔註88〕。刻劃吳地的自然風景的美感。另外，他的〈秋荷〉詩，同樣也是自然美景的刻劃，詩中敘述著：「蒲茸承露有佳色，芰葉束煙如郊鄲」〔註89〕。此外，陸龜蒙的〈白蓮〉詩，則是抒發求道者的自然恬淡心境，他在詩中吟頌道：「素鷁多蒙別艷欺，此花真合在瑤池，還應有恨無人覺，月曉風清欲墮時」。〔註90〕

除了道士偏好荷（蓮）之外，禪僧皎然，也有吐露對荷葉深刻情感的詩句，例如〈送稟上人遊越〉詩的文句如此寫道：「……折荷為片席，灑水淨方袍」〔註91〕，描繪出折荷為席，隨遇而安的空靈心境。

以上的詩句（附錄三）反映出這批士人、僧道對荷（蓮）葉、荷花的深刻愛好，這種愛好，不僅是欣賞自然的形象美，同時傳達著宗教情懷與心性與陶冶作用。尤其特殊的是，對荷葉具情有獨鍾的偏好，實異於各代的藝術與審美主體〔註92〕。因此，唐代越窯青瓷器之所以得到這批士人、僧道的青睞，主要乃審美偏好使然。

在此，仍值得注意的是自然環境對唐越窯青瓷美感塑造所扮演的影響，例如上述顧況的〈酬房杭州〉詩，與皎然的〈重台蓮花〉詩，均反映出當地越州地區荷葉田田的生態景觀，這種自然景觀必然也是越窯陶工創造瓷器造形、紋飾美感的靈感之一。

因此，唐代越窯青瓷的美感原則來源是多方面的，諸如時代精神，宗教

〔註87〕唐・施肩吾，〈觀美人〉，《全唐詩》第八函二冊四九四卷（上海古籍出版社，1994年4月十一刷），頁1250。

〔註88〕唐・陸龜蒙，〈重台蓮花〉，《全唐詩》第九函十冊六二八卷（上海古籍出版社，1994年4月十一刷），頁1583。

〔註89〕唐・陸龜蒙，〈秋荷〉，《全唐詩》第九函十冊六二九卷（上海古籍出版社，1994年4月十一刷），頁1585。

〔註90〕唐・陸龜蒙，〈白蓮〉，《全唐詩》第九函十冊六二八卷（上海古籍出版社，1994年4月十一刷），頁1584。

〔註91〕唐・皎然，〈送稟上人遊越〉，《全唐詩》第十二函二冊八一九卷（上海古籍出版社，1994年4月十一刷），頁2009。

〔註92〕南北朝的瓷器，常以荷（蓮）花紋為裝飾。

轉變，士大夫與僧道的審美觀，甚至自然環境等，這些因素多方面多角度的對越窯青瓷造成影響，促使越窯青瓷器高度符合這輩上層階級的審美與心理需要。

　　然而，這種追求自然、恬淡的新精神，在北宋以後表現更加明顯，例如北宋的文人畫便是最富代表性的藝術表徵。因此，站在美學的觀點，唐代越窯器的審美表現，實已清晰反映從初唐、盛唐的追求華麗絢爛，過渡到中晚唐、北宋的追逐淡雅、自然，因此唐代越窯青瓷器的瓷藝實已完成此一轉變的契機。這也就是宋代汝、官、哥、龍泉諸窯的審美趣味與唐代越窯前後一致的原因。

第四節　飲茶風氣與唐代越窯青瓷的瓷藝表現

一、飲茶風氣的興行

　　唐代越窯青瓷器的美感塑造背景已如上述，然而，這種瓷器美感的感染力，則是透過當時普及於上層階段、士大夫、僧侶、道士之間的飲茶風氣得到傳播。

　　飲茶習慣起源於漢代〔註93〕，至唐代始成為普遍的愛好與風氣，當時南方各地均有茶葉生產與賞茶風氣，據《新唐書》記載，當時貢茶的州縣便有壽州、蘄州、常州、湖州、睦州、福州、饒州、溪州等地〔註94〕，這些茶葉提供天子皇妃飲用，也是天子賞賜貴族、士大夫、近臣飲用的茶品。由於上行下效，士庶百姓也多沾染飲茶風氣。

　　另外，〈李娃傳〉中，也記載唐玄宗天寶年間（西元742～755年），長安娼女李娃的故事，故事中便有烹茶待客的情節〔註95〕。說明盛唐時期飲茶已非上層階段的專利，非產茶地的中原庶民也有此習慣。

　　然而，茶葉種植多，飲茶風氣盛，必然帶來茶器需求量的大增，因此茶器中的茶碗、碗（茶）托、茶釜、執壺等器物便大量製作，提供市場需要。

〔註93〕王玲，《中國茶文化》（北京：中國書店，1992年12月一版一刷），頁23～
　　　　25。
〔註94〕宋・歐陽修撰，楊家駱主編，《新唐書》卷四十一〈地理五〉，新校本（台北：
　　　　鼎文書局，民國74年3月四版），頁1051～1076。
〔註95〕唐・白行簡，〈李娃傳〉，收錄於《傳奇小說選》（台北：正中書局，民國25
　　　　年3月初版，民國77年6月初版第四次印行），頁47。

二、茶器與茶色

飲茶風氣，上自上層階級與士大夫，下至庶民百姓，其中士大夫的飲茶方式極具社會感染力，由於士大夫擅於吟詩作文，利用文字傳揚飲茶情趣，因此士大夫風雅的飲茶方式便可能成為一般平民百姓仿效的對象。

事實上，唐代士大夫的飲茶活動，不僅是日常俗事的茗飲而已，實代表著具有內涵的文化活動。首先，飲茶後令人神清氣爽，一方面可以助文思，二方面可以提振詩性，因此文人、雅士莫不投入飲茶活動，在唐代詩人文集中對飲茶活動有所描述者不勝枚舉，即使擅於飲酒的李白，也曾寫過有關飲茶的《玉泉仙人掌詩》，此外柳宗元、袁高、杜牧、韋應物、皇甫冉、錢起、皮日休、陸龜蒙、盧仝、李成用、劉禹錫等〔註96〕，均有傳頌千年的茶詩作品。

從這些有關茶的詩句中，反映出唐代士大夫對整個飲茶活動的重視，舉凡茶品、種茶、採茶、煮茶、試茶、茶會、茶具、茶舍等細節均鉅細靡遺的加以描述，以多角度的視野勾勒出當代士大夫、僧侶、道士的飲茶活動。在整個飲茶活動的程序中，最具形象且屬壓軸的程序為飲茶，然而，茶器的選擇便是此一程序中的重要環節。

對於茶器的要求，在唐代以釉色「益茶」做為最首要的標準。陸羽的《茶經》是最早將越窯青瓷器提昇為第一瓷品的著作。然而，陸羽偏好越窯器的原因，便是其色澤益茶的事實，他在書中說：「越州上，鼎州次，婺州次，岳州次，壽州、洪州次」，又云：「邢瓷白而茶色丹，越窯青的茶色綠，邢不如越三也」〔註97〕這種等次的劃分雖顯現陸羽個人的喜好，但是劃分的原因，在於「越瓷青而茶色綠」；此外，陸羽又說：「越州瓷、岳瓷皆青，青則益茶」〔註98〕。這種配合飲茶需要，襯托茶色的考慮，是越窯青瓷碗受陸羽青睞的主要原因。

然而，越窯青瓷碗不僅受到陸羽青睞，中唐以後的文人墨客也都傾向以越窯青瓷碗做為飲茶的最佳選擇（附錄二），從附錄的詩文中，可以看出越窯青瓷在飲茶過程中扮演的重要角色，由於透過茶器襯托茶色，遂將飲茶情境

〔註96〕明‧陳繼儒採輯，〈茶董補〉卷下，海山本，收錄於《叢書集成新編》四十七冊（台北：新文豐出版股份有限公司，民國75年元月），頁7748～7750。

〔註97〕同註16。

〔註98〕同註16。

發揮至最空靈、幽雅、恬淡、自然的境界。例如皎然的詩中描述茶器與茶色為：「青瓷雪色縹沫香」。徐寅詩中則描述：「巧剜明月染春水，輕旋薄冰盛綠雲」；又徐寅詩中也描述：「冰碗輕涵翠縷煙」，這些詩句描繪出越窯瓷器與茶共同表現的感官美感，這種美感以瓷的青與茶的綠為主要基調，使茶構成一幅有如春水般的綠。這種相互襯托的綠色調，代表當時士大夫最愛好的茶與器間最佳的組合。因此鄭谷的《題興善詩》便直接說道：「茶助越甌深」。

三、賞器文化

唐代越窯青瓷器在唐代士大夫的心目中，不僅是助茶、益茶的茶器而已；由於士大夫重視心靈陶冶，崇尚自然的文化性格，因此對於茶器的要求逐漸提昇，茶器遂成為可獨立欣賞的藝術品，這種「茶器文化」或「賞器文化」，在當時文人詩句中也有著墨之處，顧況的詩，便提到：「越泥似玉之甌」，反映出欣賞越窯器的重點在於其如玉般的色澤與質感。又如孟郊詩，描繪越窯茶碗為：「越甌荷葉空」，吐露著對刻劃荷葉茶碗的謳歌。這些詩句，或許與茶有關，或許根本沒有提到茶，但是共同的主題，均是對越窯青瓷器的欣賞與讚詠。不論是自然的造形、溫潤如玉般的質感，或是流暢自然的紋飾，均能夠做個別獨立的欣賞，這種賞器文化是文化精神變動與飲茶風氣的產物，對唐代越窯青瓷器瓷藝表現的突破與成就，具有推波助瀾的作用。

第六章　唐代越窰的工業發展

　　唐代越窰青瓷是特定時空之下的藝術品，同樣也是特定條件產生的商品。它的大量生產與流通詮釋著越窰本身的工業和商業條件，也反映出唐代社會、經濟、商業、區域的興衰變動，是整個唐宋之際變動中的縮影，因此本章一方面將探討唐代越窰青瓷器的需求與供應問題，二方面探索以上變動與越窰發展間的交互影響。

第一節　越窰青瓷的商品需求

　　唐代越窰青瓷器的廣受青睞，除受到上層階級、僧侶、道士的愛好之外，一般庶民的需求也不斷提高，由於上層階級、文人、道士、僧侶對越窰青瓷器的需求較著重於飲茶活動中的茶器需求與賞器需求，這些需求對越窰青瓷器的美感塑造具有決定性的影響。但是，從影響的角度來看，越窰青瓷器的使用者，並不僅只於這些少數群聚，由於一般大眾對光潔美觀的瓷器產生偏好，因此唐代越窰青瓷器遂能大量生產，充份發揮商品的價值。

一、生活水準提昇

　　在探訪上林湖越窰窰址時，可以明顯觀察到，窰址殘留的標本以碗類最多，此外，目前各遺址，墓葬出土，也有相同的現象，而且碗的數量不僅數量眾多，造形的種類也十分多樣，這種現象反映出碗類在當時的需求量最大，生產量也最突出。

　　根據文獻的記載，碗在唐代用於飲酒、飲茶，同時也為食具，是飲食器中用途最廣泛的器類。以酒器為例，李白的〈客中行〉詩中，曾記載著：「蘭

陵美酒鬱金香，玉椀盛來琥珀光」〔註1〕；另外，杜甫在〈鄭駙馬宅宴洞中〉詩，也有類似的記載，詩中說道：「……春酒杯濃琥珀薄，冰漿椀碧瑪瑙寒」〔註2〕，說明碗（椀）在當時，乃飲酒的器皿。

此外，碗也是飲茶的器皿，這種例證，在唐代詩文中更有不勝枚舉的記載，例如劉禹錫在〈嘗茶〉詩中，曾說：「照出菲菲滿盌花」〔註3〕，這是碗（盌）做為茶器的例證。由於，碗做為茶器使用時，常稱為「甌」，在唐詩中，詠讚茶甌的詩句也很多，例如皮日休的〈茶甌〉詩〔註4〕，便是耳熟能詳的例子。

碗，做為飲器之外，也是盛放食物的食具，在杜甫〈茅堂檢校收稻二首〉詩中，「……稻米炊能白，秋葵煮復新……種幸房州熟，苗同伊闕春，無勞映渠盌，白有色如銀」〔註5〕的記錄，說明碗也是吃飯的用具。

由於，碗是當時使用最廣的器類，能夠充分反映現實社會的經濟狀況與生活水準，從窯址、遺址、墓葬出土數量最多的情況判斷，當時飲酒、飲茶的風氣必然十分流行，物質生活也很充裕。因此，唐代越窯的興趣，必然是經濟繁榮，飲器、食器需求量增加的現實情況的產物。

二、使用對象擴大

生活水準的提昇，物質需求的擴大，首先反映於上層社會的生活中，根據有紀年與墓主人的出土資料，顯示唐代早期越窯青瓷器為北方權貴所使用的瓷器品類（表6-1）。例如，睿宗景雲元年（西元710年）李度墓〔註6〕，根據墓誌記載，墓主人李度曾任「折衝府校尉」一職，為唐代中下級的七品官

〔註1〕唐・李白，〈客中行〉詩，《全唐詩》第三函第六冊一八一卷（上海古籍出版社，1994年4月版），頁421。

〔註2〕唐・杜甫，〈鄭駙馬宅宴洞中〉詩，《全唐詩》第四函第三冊二二四卷（上海古籍出版社，1994年4月版），頁543。

〔註3〕唐・劉禹錫，〈嘗茶〉詩，《全唐詩》第六函第四冊三六六卷（上海古籍出版社，1994年4月版），頁915。

〔註4〕唐・皮日休，〈茶甌〉詩，《全唐詩》第九函第九冊六一一卷（上海古籍出版社，1994年4月版），頁1548。詩中云：「邢客與越人，皆能造瓷器，圓似月魂墜，輕如雲魄起，棗花勢旋眼，蘋沫香沾齒，松下時一看，支公亦如此」。

〔註5〕唐・杜甫，〈茅堂檢校收稻二首〉詩，《全唐詩》第四函第四冊二二九卷（上海古籍出版社，1994年4月四版），頁566。

〔註6〕長治市博物館，〈長治市西郊唐代李度、宋嘉進墓〉，《文物》，1989年六期，頁44～47。

〔註 7〕。此外，河南偃師杏園村鄭洵夫婦墓，墓主人鄭洵曾任監察御史，另外，山西長治的宋嘉進墓〔註8〕，墓中有品質極佳的瓜棱執壺與蓋罐，墓主人宋嘉進的身份爲「寧遠將軍」，乃五品的中級官員〔註9〕。另外，西安史氏墓〔註 10〕，史氏的身份爲西昌縣縣令夫人，也是官宦家庭的成員。從以上四件有資料可查的墓葬，透露著當時這類優質的唐代越窯青瓷器，在九世紀以前以北方的官宦權貴爲主要銷售對象。

表6-1：唐代越窯青瓷器紀年墓葬出土表

紀　年	墓主人	身　份	地　點	出土越窯器	資　料　出　處
總章元年（668）	李　爽	銀青光錄大夫	陝西西安羊頭鎮	青瓷瓶、青瓷罐	〈西安羊頭鎮唐李爽墓的發掘〉，《文物》，1959 年第三期
神功元年（697）	子　游夫　婦		廣　東	青瓷碗	龜井明德，〈日本古代史料中的「秘色」青瓷的記載與實例〉，收錄於《越窯・秘色瓷》，附圖35：1～3
景雲元年（710）	李　度	折衝府校　尉	山　西長治市	青瓷蓋罐	〈長治市西郊唐代李度、宋嘉進墓〉，《文物》，1989 年第六期
至德元年（756）	張九臬	張九齡弟	廣東韶關	青瓷碗、青綠釉蓋罐	〈廣東韶關羅源洞唐墓〉，《考古》，1964 年第七期
大歷十三年（778）	鄭　洵夫　婦	監察御史岳州沅江縣尉	河南偃師杏園村	青瓷碗、盤	〈河南偃師市杏園村唐墓的發掘〉，《考古》，1996 年第十二期
大歷四年或十四年（769 或 779）	張弘慶		河　南三門峽	青釉穿帶壺、青瓷罐	〈三門峽市兩座唐墓發掘簡報〉，收錄於《中國古代青瓷研究專輯》，1991 年 12 月
興元元年（784）			河南洛陽	青瓷碗、盤	〈洛陽十六工區七十六號唐墓清理簡報〉，《文參》，1956 年第五期
貞元八年（792）	宋嘉進	寧遠將軍	出　西長治市	青釉瓜棱執壺、四繫罐、雙繫罐	〈長治市西郊唐代李度、宋嘉進墓〉，《文物》，1989 年第六期

〔註 7〕後晉・劉昫等撰，楊家駱主編，《舊唐書》卷四十二〈職官一〉，從第七品下階條，新條本（台北：鼎文書局，民國 74 年 3 月四版），頁 1799。

〔註 8〕同註 6，頁 47～50。

〔註 9〕後晉・劉昫等撰，楊家駱主編，《舊唐書》卷四十二〈職官一〉，正第五品下階條，新校本（台北：鼎文書局，民國 74 年 3 月四版），頁 1794～1795。

〔註 10〕陳安利，馬驥，〈西安西郊唐西昌縣令夫人史氏墓〉，《考古與文物》，1988 年三期，頁 39。

貞元八年 （792）	劉 姓 夫 婦		江蘇儀徵	青瓷碗	〈江蘇儀徵胥浦發現唐墓〉，《考古》，1991 年第二期
貞元十年 （794）			浙江諸暨	青瓷碗、壺	《中國陶瓷全集（四）·越窯》，頁 176
貞元十一年 （795）	史 氏	縣令夫人	陝西西安	青瓷碗	〈西安西郊唐西昌縣令夫人史氏墓〉，《考古與文物》，1988 年第三期
貞元十七年 （801）			浙江上虞 帳子山	青瓷瓶	《中國陶瓷全集（四）·越窯》，頁 176
元和元年 （806）			浙江紹興	劃花矮圈足盤	〈談唐五代越窯青瓷〉，收錄於《浙東文化論叢》，1995 年 3 月，頁 61
元和五年 （810）	王叔文 夫 人	戶部司 郎夫人	浙江紹興	青瓷執壺、盤、圓盒、水盂	〈唐代越器專集引言〉，收錄於《陳萬里論文集》，頁 88
元和十二年 （817）	沈 氏		浙江南田	青瓷碗、盤口壺、蟠龍罌	〈浙江南田島發現唐宋遺物〉，《考古》，1990 年第十一期
元和十四年 （819）			浙江嵊縣	青瓷蟠龍四繫罌	《中國陶瓷全集（四）·越窯》，圖 140
元和十五年 （820）			江蘇鎮江	青瓷水盂	〈江蘇鎮江唐墓〉，《考古》，1985 年第二期
長慶三年 （823）				青瓷壺	愛宕松男，《中國陶瓷產業史》，頁 242，表 8
長慶三年 （823）	姚夫人		浙江慈溪 鳴鶴場	青瓷墓志罐	〈唐越窯長慶三年姚夫人墓志〉，《文物》，1978 年第七期
寶歷二年 （826）	殷府君	楚州錄 事參軍	江蘇鎮江	青瓷瓜棱執壺、碗、罌	〈江蘇鎮江唐墓〉，《考古》，1985 年第二期
大和八年 （834）			浙江慈溪 鳴鶴場	青瓷罌	〈論越窯和銅官窯瓷器的發展和外銷〉，《考古與文物》，1982 年第四期
開成五年 （840）	劉 玉		安徽合肥	青瓷碗	〈合肥市發明現代瓷窖藏和唐代邢窯瓷〉，《文物》，1978 年第八期
會昌二年 （842）			浙江餘姚	青瓷盞形墓志	《中國陶瓷全集（四）·越窯》，頁 176
會昌二年 （842）	伍 鈞		安徽巢湖	青瓷執壺、碗、碗托	〈安徽巢湖市唐代磚室墓〉，《考古》，1988 年第六期
會昌七年 （大中元年） （847）				青瓷刻花執壺	《陳萬里陶瓷考古文集》，頁 88

大中二年 （848）			浙江寧波	青瓷印花碗	〈浙江寧波市出土一批唐代瓷器〉，《文物》，1976年第七期
大中四年 （850）	朱四娘		浙江慈溪 上林湖	青瓷墓志罌	〈浙江餘姚青瓷窯調查報告〉，《考古學報》，1959年第三期
大中五年 （851）			浙江紹興	青瓷盤、碗	〈談越窯青瓷中的秘色瓷〉，收錄於《越窯・秘色瓷》，頁7
大中七年 （853）			浙江海寧	青瓷花口碗	《中國陶瓷全集（四）・越瓷》，圖144
大中十四年 （860）	朱南娘		浙江杭州	青瓷四耳壺	愛宕松南，《中國陶瓷產業史》，頁242，表8
咸通七年 （866）			浙江餘姚	青瓷墓志	《中國陶瓷全集（四）・越瓷》，圖144
咸通七年 （866）	且輆		浙江上虞	青瓷杯（碗）	〈論越窯和銅官窯瓷器的發展與外銷〉，《考古與文物》，1982年第四期
咸通十二年 （871）	張叔尊	宦官	陝西西安	青瓷八棱長頸瓶	〈介紹幾件陝西出土的唐代青瓷器〉，《文物》，1960年第四期
咸通十二年 （871）			浙江上虞	劃花青瓷碗	〈論越窯和銅官窯瓷器的發展與外銷〉，《考古與文物》，1982年第四期
咸通十五年 （874）			陝西扶風 法門寺	青瓷碗七件、青瓷盤六件、青釉八棱長頸瓶一件 （秘色瓷）	〈扶風法門寺塔唐代地宮發掘簡報〉，《文物》，1988年第十期
光啓三年 （887）	凌個		浙江慈溪 上林湖	青釉罐形墓志	《中國陶瓷全集（四）・越瓷》，圖149
乾寧五年 （898）			浙江寧波 遵義路	印雲鶴紋青瓷碗	《隋唐名郡杭州》，頁108

　　然而，越窯器受歡迎的程度與價格的高昂，在唐代一直沒有改變，在浙江嵊縣曾出土一件唐越窯蟠龍四耳罌（圖6-1），罌腹上刻有：「元和十四年四月一日造此罌，價值一千文」的字樣〔註11〕，這件罌代表著元和十四年（西元819年）的九世紀上半葉時期，此種造形罌的價格。此外，唐代瓷器有明顯價格資料可供參考者，另有一件長沙窯的執壺，執壺的壺身上墨書：「富從

〔註11〕中國上海人民美術出版社編集，《中國陶瓷全集（四）・越窯》，（日本：株式會社美乃美發行，1981年9月）。

升合起，貧從不計來，五文」〔註12〕字樣，說明這件長沙窯執壺的價格為五文，兩件器物相比之下，價格竟有兩百倍之差，可見越窯器在九世紀後，仍然屬於價格昂貴的高級瓷器。

圖 6-1：唐・越窯蟠龍四耳罍

高 47.9 公分，口徑 21.4 公分，浙江嵊縣出土，嵊縣文物管理委員會藏

然而，根據已知墓葬出土的情況了解，九世紀以後，唐代使用越窯器，並將之陪葬者，並不完全侷限於上層權貴，大部份的出土以南方無名人士的墓葬最多（見表 6-1）。且集中於產地浙江各地，包括慈溪、紹興、餘姚、上虞之外，揚州、無錫、上海也有出土，這些墓葬有許多沒有墓志，缺乏墓主人身份的資料，但從沒有墓志的現象，可以了解這些墓葬的墓主人，可能多數屬非官宦家庭的平民百姓，因此沒有刻墓志的必要。

〔註12〕何強，〈唐代長沙窯瓷詩淺議〉，收錄於湖南省博物館編，《湖南博物館文集》（湖南：岳麓書社出版，1991 年 1 月一版一刷），頁 100。

甚至，使用者很可能為向他人租地的「無土地階層」，例如在慈溪上林湖曾出土一件盤口四繫罌（圖6-2），罌腹上刻有：「維唐故大中四年，歲次庚午八月丙午朔，胡珍妻朱氏四娘於此租地，自立墓在此，以恐於後代無誌，故記此罌」〔註13〕的文字，這件罌的造形與上述嵊縣出土，價值千文的蟠龍四繫罌造形相同，唯有罌頸沒有黏貼蟠龍，由於時間前後距離三十一年，推測這件四繫罌的價格必然不低，但是使用這件罌的主人卻是向他人租地的無土地者。由於，反映出至少在浙江上林湖當地，越窯青瓷器已成為一般平民能夠購買使用的商品。

由以上的使用情況，可知越窯器的使用對象已經逐漸擴大，這是越窯青瓷器能夠長期大量生產，建立廣大繁密市場流通網的主因之一。

圖 6-2：
唐・越窯四耳罌

高 30 公分，腹徑 18 公分
浙江慈溪上林湖出土

第二節　越窯窯址的地理環境與交通條件

越窯青瓷器能夠獲得市場廣泛且長久的青睞，只靠需求層面的擴大是不可能做到的。由於，瓷器產品的特性為笨重而且易碎，因此如何利用省時、省力、省經費，以及減少搬運的方式運輸，對產品的銷售有決定性的影響。由於，越窯在運輸方面擁有高於其他同類產品所能提供的條件；因此，在唐代南北瓷業各領風騷的情況下，越窯能夠異軍突起，建立「南青北白」的瓷業格局，並凌駕北方白瓷之上，奠定唐代瓷業的第一把交椅，成功的因素之一，便是擁有優越的地理環境與交通條件，而且發揮這些優點，成為產品流通網最大的瓷業。

一、九世紀以前越窯青瓷的運輸線

九世紀以前，越窯青瓷器多出土於北方，然而，九世紀以後，出土的例證則多集中於南方。這種現象反映出商品流通網有明顯改變的現象。

〔註13〕金祖明，〈浙江餘姚青瓷窯址調查報告〉，《考古學報》，1959 年第三期，頁110。

　　由於，唐代南北運輸最主要的幹道爲大運河，因此寧紹平原與大運河的
聯接便是對全國交通最重要的路線，八世紀中葉以前，大運河的運輸效果以
江淮至洛陽段較理想，洛陽至陝州（今河南省陝縣）間的三百里的運輸，爲
險灘地帶，運輸十分危險，因此這段運輸多採取陸路方式，這種水運與陸運
轉換的方式，不僅費時、費事，而且費用很高。〔註14〕

　　水運交通不順暢的情況在唐玄宗時期才獲得改善，開元二十九年（西元
741 年），唐政府在陝州三門峽鑿山開路，以利船隻行進〔註15〕。此後，天寶
五年（西元 742 年）又在渭水南方開鑿一條與渭水平行的漕渠，做爲避開黃
河三門峽險灘的替代路線〔註16〕。經過如此的交通建設後，運河的功能才獲
得全面改善，南方貨物也才能一路順利的運往北方。

　　因此，玄宗以後，上林湖越窯青瓷器出現於洛陽、三門峽、西北各城市，
這些城市均是北方運河沿岸的重要城市，這種出土現象，說明越窯青瓷器的
運輸與運河的使用密切相關。

　　雖然，運河的重要性在玄宗以後逐漸提昇，但是，從越窯出土物的分布
看來，北方的陸路運輸仍然沒有立刻被取代，例如睿宗景雲元年（西元 710
年）李度墓與德宗貞元八年（西元 792 年）宋嘉進墓〔註17〕均出土於山西長
治，長治並無運河經過，在唐代是潞州州治所在，爲東部洛陽北往太原驛道
上的重要城市〔註18〕，是北方陸運交通的重鎮，因此，越窯青瓷器在此地出
現，說明越窯青瓷器也利用陸運方式到達北方市場。

二、九世紀以後越窯青瓷器的運輸網

　　九世紀以後，越窯青瓷器多出土於南方，這種現象尤其反映於各紀年墓
葬，其中以浙江慈溪當地，及附近的上虞、紹興、嵊縣、餘姚、杭州、寧波
最多；此外浙江南田，揚州、鎮江、儀徵、無錫、上海、安微合肥也有出
土，這些城市多位於慈溪上林湖越窯窯址附近，或是運河沿岸，尤其以運河
中段的江南運河最集中。

〔註14〕 全漢昇，《唐宋帝國與運河》，國立中央研究院歷史語言研究所專刊，台北：
　　　　商務印書館印行，香港：太平書局（重新）印行，頁 18～19。
〔註15〕 同註 14，頁 33。
〔註16〕 同註 14，頁 36。
〔註17〕 同註 6，頁 44～50。
〔註18〕 嚴耕望，《唐代交通圖考》，中央研究院歷史語言研究所專刊之八十三（台北：
　　　　中央研究院歷史語言研究所，民國 74 年 5 月出版），卷一，頁 129。

例如，杭州、無錫、鎮江、儀徵、揚州均為運河沿岸的城市（圖 6-3），其中杭州為江南運河的起點，北通無錫、鎮江，可以到達長江，而長江北岸的儀徵、揚州又是邗溝的起點〔註 19〕，因此慈溪上林湖的越窰產品可先運至杭州，再經過江南運河、邗溝北上。

圖 6-3：隋唐邗溝及江南運河圖

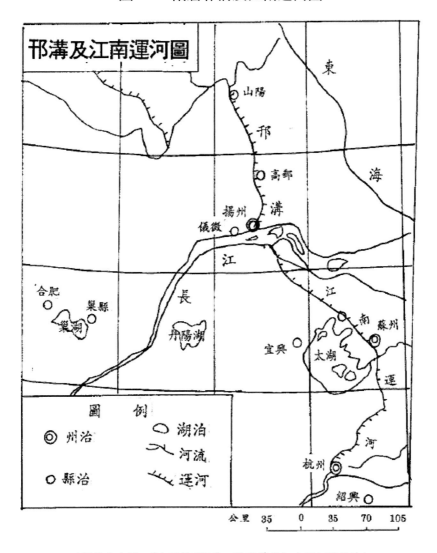

（根據史念海，《中國的運河》，隋邗溝及江南運河圖重繪）

〔註19〕史念海，《中國的運河》（陝西：人民出版社，1988 年 4 月第一次印刷），頁 170～171。

　　根據文獻記載，凡是不屬於運河沿岸的城市實難取得越窯瓷器，說明九世紀以後越窯青瓷器的商品流動網仍然依賴大運河。例如，活動於唐憲宗與穆宗時期（西元 806～824 年）的元稹，曾做一首〈送王協律遊杭越十韻〉詩，其中的詩句：「去去莫悽悽，餘杭接會稽⋯⋯小市隔煙迷，紙亂紅藍壓，甌凝碧玉泥，荊南無抵物，來日為儂攜」〔註 20〕，荊南地區位於長江中游，交通堪稱便捷，可利用長江、江南運河與浙江相通，但是直到九世紀上半葉，此地仍無越窯青瓷器，由此反映出越窯青瓷器的商品流通網主要仍在運河上，非網點上的城市仍難取得越窯青瓷商品。

　　九世紀以後，唐越窯青瓷器的商品流通網，除了以江南運河、邗溝為主要路線外，浙江寧紹平原地區域內交通網的聯結與興築，也具有重要的促進作用。

　　浙江寧紹平原內，較為重要的水系有奉化江、慈溪江、上虞江、餘姚江等〔註 21〕，其中奉化江源於四明山，與北來的慈溪江會合後入於海〔註 22〕。此外，慈溪江源於餘姚縣的太平山，會合西北山區諸水，而後與奉化江合流〔註 23〕，上虞江為山陰（今紹興）至東北沿海的水道〔註 24〕，餘姚江則是區內最富水運的水道，由餘姚可以西通山陰（今紹興）、杭州〔註 25〕，以上的水系相互貫通，是寧紹平原內越窯瓷器運輸的交通線（圖 6-4）。

　　然而，唐九世紀左右，寧紹平原內部的水道，除以上原有的舊水道外，另外也有多次開闢人工水道的例子，這些水道的興修對越窯產品的運輸，發揮極大的作用。其中，新河與運道塘為憲宗元和十年（西元 815 年）孟簡所開鑿，兩河道位於山陰以北〔註 26〕，是宋代浙東運河的前身〔註 27〕，提供山陰以東越窯產品運往杭州，並接通江南運河的重要橋樑。另外，德宗貞元十

〔註 20〕 唐・元稹，〈送王協律遊杭越十韻〉詩，《全唐詩》第六函第九冊四〇六冊（上海古籍出版社，1994 年 4 月第十一次印刷），頁 1004。

〔註 21〕 宋・胡榘修，方萬里、羅濬纂，《寶慶四明志》卷第三，煙嶼樓校本，收錄於《宋元方志叢刊》第五冊（北京：中華書局出版，1990 年 5 月北京第一次印刷），頁 5033～5034。

〔註 22〕 同註 21，頁 5034。

〔註 23〕 同註 21，頁 5034。

〔註 24〕 宋・歐陽修撰，楊家駱主編，《新唐書》，卷四十一〈地理五〉越州會稽郡條，新校本（台北：鼎文書局印行，民國 74 年 3 月四版），頁 1061。

〔註 25〕 同註 21，頁 5033。

〔註 26〕 同註 24。

〔註 27〕 同註 19，頁 198。

八年（西元 802 年），在杭州于潛縣也曾興築一條可通舟楫的水渠，全程共長三十里，目前這條水道的起迄位置已不可考〔註 28〕，但從方位判斷，也是杭州以東的寧紹平原連接杭州的水運路線。由於，以上諸水道的興築，強化慈溪、寧波、紹興各地與杭州間的交通，同時，越窯青瓷器的商品網也依賴這些水系得以形成。

圖 6-4：寧紹平原水系圖

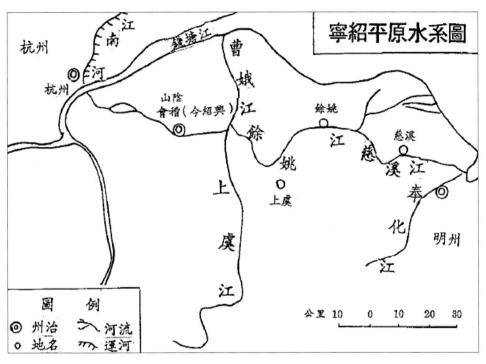

（根據楊守敬，《歷代輿地沿革圖》）

由以上人工水道興修的狀況判斷，浙江寧紹平原的水運網原本便已十分繁密便利，德宗九世紀初之所以加以興築，反映出當地製瓷工業與商品銷售能力必然有極大的成長與進步，因此交通網的需求殷切。加以新水道的興築，更加強瓷器產地與市場間聯繫，提昇越窯製瓷業的市場競爭力。

三、海外貿易的交通條件

越窯窯址所在地，除具有利的對內交通條件外，對外交通條件的優越，

〔註 28〕同註 19，頁 198～199。

也是造就越窯能夠成功拓展國際貿易的主因。

　　越窯青瓷產品的輸出，主要以慈溪東南的鄞縣（今寧波）為輸出港，在鄞縣東方一里處的海口為鄞縣港口所在，這段長約一里的海口，為隨地而異，乘潮往來的水道，南可通往奉化，東可流入定海、昌國，更可利用餘姚江連絡慈溪〔註29〕。因此，慈溪上林湖越窯中心窯場的青瓷產品，便可利用餘姚江運往鄞縣，而後轉銷各國。

　　由於寧紹平原內各水道均可相互聯通，因此不僅慈溪上林湖的青瓷產品可以鄞縣為出口港，舉凡平原內各窯址的產品也可利用鄞縣做為輸出港。因此，站在對外交通條件的考量，國內其他製瓷窯址的對外交通條件，均非越窯所能比擬。

第三節　越窯青瓷的對外貿易

　　唐代越窯製瓷產業的興起，除上述生活水準提高，使用對象擴大、交通便利等條件外，對外貿易的大量需求也是成就唐代越窯青瓷享譽中外的重要原因。

　　根據考古發掘報告，目前在東北亞、東亞、東南亞、西亞、北非各地，均有唐代越窯青瓷器及瓷片出土。雖然，中國瓷器在亞洲各地出土的例子，在漢代已有發現，但是漢代瓷器遺物很少，可能不是具有固定價格的商品，而是屬於中外使節或商人之間的餽贈品〔註30〕。但是，唐代越窯青瓷器在海外分布的情況則不同，從出土地點眾多，數量龐大的情況分析，已非單純使節互贈的贈品，而是貿易流通的產品。

　　對於唐代越窯青瓷器對外貿易的情況，依據目前中外遺址考古的成果，可以從國內遺留與國外遺留兩方面進行觀察，以說明越窯對外貿易時間與商品種類等問題。

一、寧波港遺址概況

　　中國內部遺留唐代越窯青瓷器的遺址以寧波最多，而且有較完整的報告

〔註29〕宋・張津等纂，《乾道四明圖經》卷二，煙嶼樓校本，收錄於《宋元方志叢刊》第五冊（北京：中華書局，1990 年 5 月北京第一次印刷），頁 4887。

〔註30〕美・詹姆斯・瓦特，楊琮、林蔚文譯，〈東南亞的中國貿易陶瓷器〉，《海交史研究》（廈門大學，1987 年二期），頁 26～29。

發表，遺存的位置在寧波市遵義路（原名和義路）的遺址最集中，此遺址為唐宋時代的漁浦門城遺址，西元 1973 年在城牆基，距地面四米左右，出土了七百多件唐宋瓷器，其中以唐宋的越窯器數量最多〔註 31〕，代表性的器物有玉璧底碗、瓜棱執壺、刻花盤、荷花形碗托、花口形碗等。由於，漁浦門城內為當時市集所在，而城外為餘姚江、甬江、奉化江三江的匯流處，為水運碼頭所在（圖 6-5）。加以這批瓷器乃集中堆積的方式出土，說明這批瓷器極有可能為外銷產品。此外，寧波地區的唐代越窯青瓷器遺存，還有在東門口的交郵大樓，在此遺址中挖掘出五層的文化層，最底下的第五層為唐代遺物，出土瓷器也以唐代越窯器為主，其中越窯碗的數量多，壺、盒次之（圖 6-6），

圖 6-5：寧波東門口碼頭遺址

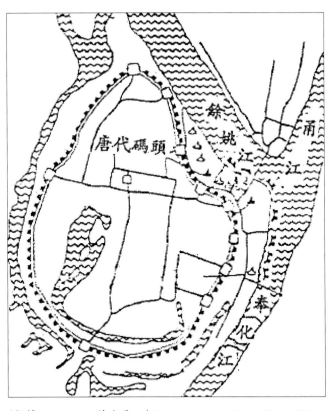

（根據 Lin Shimin 林士民，〈Zhejuang Export Green Glazed Wares:
Ningbo Data〉，Figure 1 (a)重繪）

〔註31〕 林士民，〈浙江寧波市出土一批唐代瓷器〉，《文物》，1976 年七期，頁 60～
61。

圖 6-6：唐・越窯青瓷器

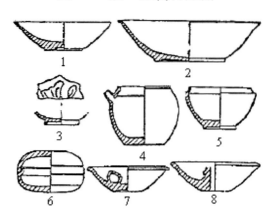

寧波東門口交郵大樓遺址出土

基本上的出土物與遵義路出土器物類似〔註 32〕。由於，交郵大樓的出土遺物也集中於碼頭一帶〔註 33〕，可能和遵義路出土物相同為預備外銷的貨品。

　　從遵義路遺址與交郵大樓遺址發表的出土中，時代較早的越窯青瓷器有Ab 型 II 式碗（直口弧腹玉璧底，圖 2-19）、Ba 型 I 式碗（撇口弧腹矮圈足，圖 6-6-2）及 Bb 型 I 式碗（斜腹玉璧底，圖 2-29、圖 6-6-1）等三種最多，而這三種型式碗的流行年代均在八世紀的第三個四半期以後，可見明州（寧波）成為重要出口港便在此時。而且，從遺址中的遺物看來八世紀以後的越窯青瓷產品的數量日益增加，說明輸出港的角色日益重要。

二、國外出土分布

　　從海外遺存的狀況看來，目前以日本發表的報告最完整，數量也最多，在為數眾多的出土遺址與出土標本中，以唐宋越窯器的出土遺址（表 6-2）與標本數量最多（表 6-3）；在遺址數目方面，包括九州和本州在內，有出土陶瓷器標本的遺址共 216 處，其中出土唐宋越窯器的遺址便有 185 處。此外，出土陶瓷破片標本，可以辨別窯口者共 2,771 片，其中可以確認屬於唐宋越窯器者也有 2,252 片〔註 34〕，從出土遺址數及瓷片標本數均最多的情況可知，越

〔註32〕林士民，〈寧波東門口碼頭遺址發掘報告〉，收錄於浙江省文物考古所編著，
　　　　《浙江省文物考古所學刊》（北京：文物出版社，1981 年 11 月一版一刷），
　　　　頁 107、113。
〔註33〕同註 32，頁 113。
〔註34〕土橋理子，〈日本出土の古代中國陶磁〉 III 論說，收錄於橿原考古學研究所

窯青瓷是唐代當時輸出日本瓷器品類最多者，輸出量均超過當時白瓷、三彩、長沙窯等。〔註 35〕

表6-2：日本出土唐宋越窯青瓷器遺址數比較表

	白　　磁	越州窯青磁	長沙窯系	三彩その他	計
九　州	34 遺跡 45（%） 35〈%〉	92 遺跡 50（%） 94〈%〉	13 遺跡 62（%） 13〈%〉	9 遺跡 38（%） 9〈%〉	98 遺跡 45（%） 100〈%〉
本　州	41 遺跡 55（%） 34〈%〉	93 遺跡 50（%） 79〈%〉	8 遺跡 38（%） 7〈%〉	15 遺跡 62（%） 13〈%〉	118 遺跡 55（%） 100〈%〉
全　國	75 遺跡 100（%） 35〈%〉	185 遺跡 100（%） 86〈%〉	21 遺跡 100（%） 10〈%〉	24 遺跡 100（%） 11〈%〉	216 遺跡 100（%） 100〈%〉

說　　明：上段：出土遺跡數；中段：構成比(%)各種類の地域別比；下段：構成比〈%〉各地域總遺跡數に對する比。

資料出處：摘自土橋理子，〈日本出土の古代中國陶磁〉，頁 226，表 6。

表6-3：日本出土唐宋越窯青瓷器破片數比較表

	白　　磁	越州窯青磁	長沙窯系	三彩その他	計
九　州	133 片 36（%） 7〈%〉	1702 片 76（%） 90〈%〉	37 片 57（%） 2〈%〉	19 片 23（%） 1〈%〉	1891 片 68（%） 100〈%〉
本　州	239 片 64（%） 27〈%〉	550 片 24（%） 62〈%〉	28 片 43（%） 3〈%〉	63 片 77（%） 7〈%〉	880 片 32（%） 100〈%〉
全　國	372 片 100（%） 13〈%〉	2252 片 100（%） 81〈%〉	65 片 100（%） 2〈%〉	82 片 100（%） 3〈%〉	2771 片 100（%） 100〈%〉

說　　明：上段：出土破片數；中段：構成比(%)各種類比；下段：構成比〈%〉各地域內。

資料出處：摘自土橋理子，〈日本出土の古代中國陶磁〉。

附屬博物館編，《貿易陶磁——奈良・平安の中國陶磁》，（日本：臨川書店刊印，1993 年 6 月），頁 226，表 6。

〔註35〕同註 34。根據表 6 的數據可知，唐代的白磁、長沙窯、三彩等共有標本 519 片，然而，唐宋越州窯標本則有 2,252 片，若以書中公布的圖版與實測圖判斷，越窯器中，唐代的標本占的比例並不亞於宋代，因此估計唐代越窯破片約千餘片，較唐代白磁、長沙窯、三彩總數 519 片高。

　　除日本有大量唐代越窯青瓷器出土外，韓國也有不少唐越窯青瓷器出土的例證，在韓國的慶州、扶餘、皇龍寺遺址、益出彌勒寺遺址、雁鴨池遺址中，均有唐代越窯青瓷玉璧底碗〔註 36〕。另外，慶州拜里也有本論文分類的 Ab 型 II 式碗（直口弧腹玉璧底）出現（圖 6-7）〔註 37〕。這種出土現象和寧波港輸出口所反映的現象完全吻合。不過，目前韓國出土越窯青瓷器中也有時代較早的例證，例如青瓷唾壺（圖 6-8），便被認爲是武則天時八世紀初至九世紀以前的產品。〔註 38〕

圖 6-7：唐・越窯青瓷玉璧底碗　　　圖 6-8：唐・越窯青瓷唾壺

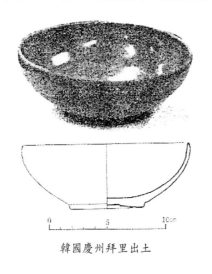

韓國慶州拜里出土

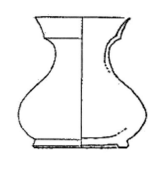

口徑 9.2 公分，高 12.6 公分
底徑 10 公分，朝鮮半島出土

　　目前，朝鮮地區出土唐代陶瓷器的遺址偏於西海岸的開城、龍媒島、慶州及其附近，這些地區是當時新羅、高麗的貿易轉輸站（圖 6-9）。〔註 39〕

　　朝鮮地區之所以有眾多的越窯青瓷器與遺址遺存，與中唐以後中國與朝鮮半島的交往頻繁、海道拓展有關，唐與朝鮮、日本的交通原以山東、河北爲主，而且路上交通重於海上交通，但是，安史之亂以後，吐蕃入寇導致山

〔註 36〕成耆仁，〈略談越窯青瓷在朝鮮半島生根和演變〉，《歷史文物》（台北：國立歷史博物館館刊，第六卷第一期，民國 85 年 2 月），頁 23～24。

〔註 37〕日・三上次男，《陶磁貿易史研究》（上），東アジア，東南アジア篇（日本：中央公論美術出版，1987 年），頁 145 及插圖 48。

〔註 38〕成耆仁，《韓國出土唐宋元陶瓷之研究》（國立台灣大學歷史研究所碩士論文，民國 75 年 6 月），頁 19 及圖 4-2。

〔註 39〕同註 38，頁 11～12。

東、河北陸路中斷〔註 40〕。在《新唐書》中記載，唐代中國已有由登州（山東省蓬萊縣）沿海道往東北至新羅西北的長口鎮、新羅王城、高麗王都的海上航線〔註 41〕。此後，北宋徐兢的《宣和奉使高麗圖經》中，對中國與朝鮮半島（時爲高麗）的交通航道有更詳細的敘述，但是宋代的海道已不再以登州爲出海港，而是以明州（寧波）爲出海港，這條以明州爲起點的中國、朝鮮半島的交通線，最晚在九世紀中葉已形成，前述寧波唐代碼頭與交郵大樓遺址出土的大量九世紀中葉左右的遺存便是最直接的佐證。

圖 6-9：朝鮮半島唐代陶瓷出土分布圖

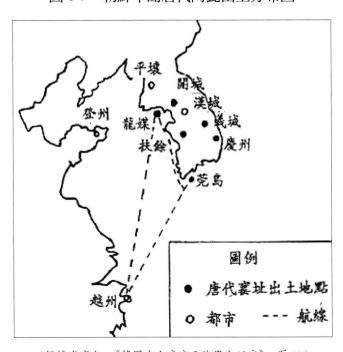

（根據成耆仁，《韓國出土唐宋元陶瓷之研究》，頁 13）

據《宣和奉使高麗圖經》的記載，徐兢在宣和四年五月十六日（西元 1122年）自明州出發〔註 42〕，在六月十二日抵達高麗禮成港〔註 43〕，航行中順著

〔註40〕岑仲勉，《隋唐史》（香港：文昌書局，1957 年出版），頁 570。
〔註41〕宋・歐陽修撰，楊家駱主編，《新唐書》，卷四十三〈地理志下〉，新校本（台北：鼎文書局印行，民國 74 年 3 月四版），頁 1147。
〔註42〕宋・徐兢撰，《宣和奉使高麗圖經》，卷三十四〈招寶山條〉，知不足本，收錄於《叢書集成新編》第九十七冊（台北：新文豐出版股份有限公司發行印刷），頁 220。

南風而行，全程歷時二十八日。回程時，徐兢從高麗出發時順著北風而歸，全程歷時四十二日〔註44〕抵達明州。由此可見當時順著季風往返，十分便利，歷時也不長。

由於越窯瓷器大量輸往朝鮮半島，對十世紀以後的朝鮮製瓷技術造成空前的影響，由於一般認爲十世紀爲朝鮮青瓷的初創期，此一時期的瓷業興起極可能受到來自中國越州地區陶工製瓷技術轉移的刺激，以及越窯青瓷風格的影響〔註45〕，徐兢在前往高麗時，便曾看到十二世紀上半葉的朝鮮青瓷爐，這些瓷爐多爲「越州古秘色」〔註46〕，可見越窯特徵的瓷器已成爲當時朝鮮青瓷的重要品類。

不過，朝鮮受到越窯製瓷工藝的影響並不始於宋代，早在唐代便已經開始，其中唐越窯器的典型造形——玉璧底足的特徵便是十至十一世紀朝鮮青瓷器仿效的重點，例如十世紀的京畿道龍仁郡二東面窯有玉璧底碗（圖6-10）生產，全北鎮安邵道通里窯址在十世紀，有類似玉璧底碗生產，十世紀的京畿道高陽郡元堂面窯址，生產類似玉璧底足的寬圈足碗（圖6-11），十至十一世紀的全背高敞郡雅山面窯址，生產類似玉璧底足的寬圈足碗，尤其十至十一世紀的全北康津郡大口面龍雲里窯址，生產爲數最多的玉璧底足碗（圖6-12）〔註47〕。由此反映出，康津一帶是越窯青瓷器輸入朝鮮的港口〔註48〕，受越窯工藝影響最深。

此外，朝鮮半島的青瓷工藝，受到唐代越州青瓷造形影響的具體例證爲八棱長頸瓶的製作，例如北京故宮博物院收藏的八棱長頸瓶（圖5-39），與十二世紀下半葉，高麗青瓷象嵌菊牡丹紋八棱長頸瓶（圖6-13）的造型幾乎完全相同〔註49〕。另外，朝鮮青瓷所使用的匣鉢，也明顯受到越窯的影響，其

〔註43〕 宋‧徐兢撰，《宣和奉使高麗圖經》，卷三十九〈禮成港條〉，知不足本，收錄於《叢書集成新編》第九十七冊（台北：新文豐出版股份有限公司發行印刷），頁224。

〔註44〕 同註43。

〔註45〕 同註36，頁26。

〔註46〕 宋‧徐兢撰，《宣和奉使高麗圖經》，卷三十二〈陶爐條〉，知不足本，收錄於《叢書集成新編》第九十七冊（台北：新文豐出版股份有限公司發行印刷），頁218。

〔註47〕 同註36，頁24～26。

〔註48〕 同註38，頁8。

〔註49〕 韓‧國立中央博物館編集，《高麗青磁名品特別展》（韓‧通川文化社），1989年9月5日初版發行，圖233及頁256。

中越窯常見的鉢狀（筒狀）匣鉢，在前述各窯址中均有發現；然而，越窯使用的凹面（M 型）匣鉢則只有康津大口面窯有發現〔註50〕，由這些裝燒工具反映出，朝鮮青瓷和越窯相同多採用多件疊燒的裝燒方式，只有康津大口面窯有較精美的單件支燒工藝。當然，越窯青瓷器的泥點支燒工藝也影響朝鮮青瓷，從圖片中接近玉璧底足的寬圈足器底的泥點痕跡看來，圈足上置泥點的方式與越窯唐代青瓷器的方式、特徵相同。此外，越窯所採用的長條形龍窯構造，也被朝鮮青瓷窯場所仿效。〔註51〕

綜上可知，十至十一世紀的朝鮮青瓷工藝，不論在器物造形、裝燒工藝、窯爐結構方面均受到唐代越窯的影響，這些八世紀下半葉至九世紀下半葉的唐代越窯制瓷技術，在經過海道傳播之後，在十至十一世紀產生明顯的工藝傳承〔註52〕，並促使朝鮮青瓷在十二世紀逐漸高麗化，創造登峰造極的工藝表現。〔註53〕

圖 6-10：十世紀，高麗製玉璧足青瓷碗

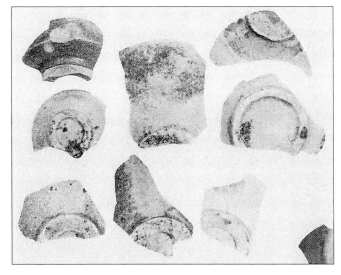

京畿道龍仁郡二東面窯址出土

〔註50〕同註36，頁26。

〔註51〕同註36，頁26。

〔註52〕朝鮮受越窯影響，自唐代開始，一直沿續至五代、北宋，從朝鮮青瓷也有刻劃鸚鵡紋紋飾的產品可見，北宋時期的越窯器也影響朝鮮青瓷，由於此論文著重唐代越窯器的影響，因此不擬細論五代、北宋越窯器影響朝鮮青瓷的問題。

〔註53〕同註36，頁30。

圖6-11：十世紀，高麗製寬圈足青瓷碗

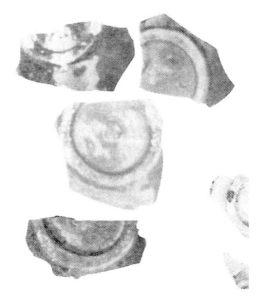

京畿道高陽郡元堂面窯址出土

圖6-12：十至十一世紀，高麗製青瓷碗

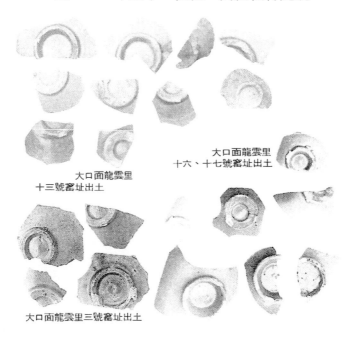

大口面龍雲里
十六、十七號窯址出土

大口面龍雲里
十三號窯址出土

大口面龍雲里三號窯址出土

全北康津郡大口面龍雲里窯出土

圖 6-13：十二世紀，高麗青瓷
象嵌菊牡丹紋八棱長頸瓶

圖 6-14：
唐・越窯青瓷玉璧底碗（右上）

朝鮮半島出土　　　　　　　　　　　埃及福斯塔特出土

　　東北亞以外，目前已知伊朗〔註 54〕、伊拉克〔註 55〕、埃及〔註 56〕、東南亞的馬來西亞、泰國、菲律賓等地〔註 57〕，均有唐代越窯青瓷器出土，但多

〔註 54〕 日・三上次男，〈伊朗發現的長沙銅官窯瓷與越州窯青瓷〉，收錄於《中國古代外銷陶瓷研究資料》第三輯（中國古陶瓷研究會、中國古外銷陶瓷研究會，1983 年 6 月），頁 44～49。此處所稱「越州窯系青瓷」，根據三上次男的調查乃婺州金華象塘窯產品。

〔註 55〕 日・三杉隆敏，〈探索海上絲綢之路的中國瓷器〉，收錄於《中國古外銷陶瓷研究資料》第三輯（中國古陶瓷研究會、中國古外銷陶瓷研究會，1983 年 6 月），頁 103。在巴格達北一二〇公里外的薩馬臘遺跡出土九世紀越州窯青瓷。

〔註 56〕 馬文寬、孟凡人，《中國古瓷在非洲的發現》（北京：紫禁城出版社，1987 年 10 月一版一刷），頁 1～5。在埃及開羅南郊的福斯塔特出土唐代越窯玉璧底碗片標本。另外在開羅東端的阿斯巴爾清眞寺附近的山丘也有唐代越窯青瓷標本出土。

〔註 57〕 馮先銘，〈馬來西亞、泰國、菲律賓出土的中國瓷器〉，收錄於《馮先銘中國古陶瓷論文集》（北京：紫禁城出版社、兩木出版社，1987 年 7 月一版一刷），

數報告的說明不夠詳細，且缺乏圖片佐證，唯有埃及福斯塔特的出土資料稍微詳盡，包括三上次男與長谷部樂爾共採集唐宋越窯青瓷片 673 片〔註58〕，其中唐代的玉璧底碗（圖6-14）最具代表性。〔註59〕

三、對外貿易的時間與主要輸出品

　　從以上日本、韓國、埃及等地，出土唐代越窯青瓷器的標本，可以得知頻繁的對外貿易約始於八世紀下半葉以後，輸出品以各類碗為大宗，例如日本出土唐宋越窯青瓷器標本共 2,252 片，可辨別為碗的造形即 1,216 片，占 54%〔註60〕，數量最多，型式也最多樣，其中龜井明德將之分為十七種型式（圖 6-15）〔註61〕，然而，土橋理子的分類則將之分為二十五種型式（圖6-16）。〔註62〕

圖 6-15：日本出土唐宋越窯青瓷碗型式分類圖

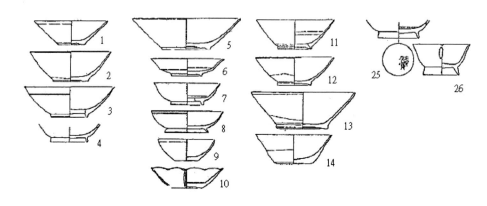

日本出土，龜井明德

　　　　頁 331～332。其中馬來西亞出土唐代越窯器為雙魚瓶。泰國的越窯青瓷器屬九世紀產品。

〔註58〕日・小山富士夫，〈エジプトフオスタット出土の中國陶磁片について〉，收錄於《陶磁の東西交流》，日本：財團法人出光美術館編集、發行，昭和 59 年（1984）12 月 11 日初版，平成二年（1992）8 月 7 日初版二刷，頁 80。

〔註59〕同註56，頁 1 及圖版壹上。

〔註60〕同註34，頁 226 的表9 中可見唐宋越州窯青瓷標本共 2,252 片。另頁 228 的表9 中可見唐宋越州窯青瓷碗片共 1,316 片。

〔註61〕龜井明德，〈越州窯青瓷의編年的考察〉，收錄於《韓國磁器發生有關的諸問題》，漢城，1990 年，頁 78～79。此處作者將器形共分為二十七種型式，其中十七種屬唐、五代、北宋的碗類。

〔註62〕同註34，頁 219 及圖 9～11。

圖6-16：日本出土唐宋越窯青瓷碗型式分類圖

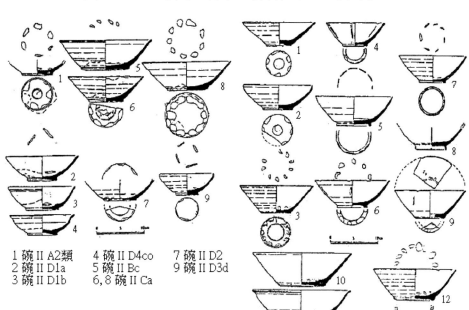

1 碗 II A2類　　4 碗 II D4co　　7 碗 II D2
2 碗 II D1a　　5 碗 II Bc　　　9 碗 II D3d
3 碗 II D1b　　6,8 碗 II Ca

1 碗 I A1a　　4 碗 I B1ao　　7 碗 I B3a　　10 碗 I Ca
2 碗 I A1d　　5 碗 I B2a　　　8 碗 I B1　　 11 碗 I Cc
3 碗 I A2a　　6 碗 I B3ao　　9 碗 I Cao　　12 碗 I Cao

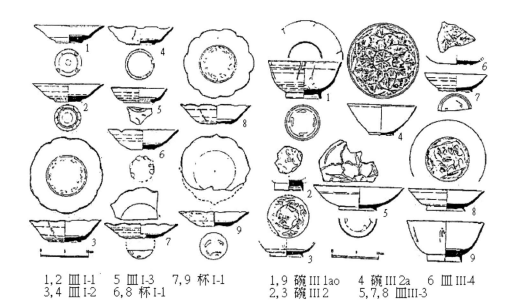

1,2 皿 I-1　　5 皿 I-3　　7,9 杯 I-1　　1,9 碗 III 1ao　　4 碗 III 2a　　6 皿 III-4
3,4 皿 I-2　　6,8 杯 I-1　　　　　　　　2,3 碗 III 2　　　5,7,8 皿III-3

日本出土，土橋理子

從日本出土物發表的報告可知，多數越
窯青瓷產品爲八世紀下半葉以後的產品，唯
有極少數年代較早的例證，例如大宰府曾出
土一件本論文分類的 Ab 型 I 式碗（直口折腹
假圈足，圖 6-17）〔註 63〕。這種碗爲初唐時
期的產品，是存在日本時間較早的代表例
證，因此矢部良明曾判斷隋、初唐的七世紀
之際，中國陶瓷器已輸入日本，但卻看不到
中國陶瓷器的出土例證〔註 64〕，似乎忽略這
種形式碗的代表性。

日本出土數量較多的唐代越窯青瓷碗，
以本論文分類中的 Ba 型 I 式碗（撇口弧腹矮
圈足）最多，即龜井明德分類中的五、十三、
十四等三種型式碗，也就是土橋理子分類中
的 I Ca 型碗、I Cc 型碗、II Bc 型碗、II Ca
型碗，此型式碗的特徵爲尺寸較大，圈足極
矮，甚至爲假圈足，口部略外撇，在日本出
土的例子不勝枚舉，例如幸木遺跡中編號一
的碗（圖 6-18）〔註 65〕，小原遺跡編號十四
碗〔註 66〕，筑後國府遺跡編號六〇七碗〔註

圖 6-17：唐・越窯青瓷碗

口徑 20 公分，高 6.5 公分
底徑 9.3 公分，日本大宰府跡出土

圖 6-18：唐・越窯青瓷碗

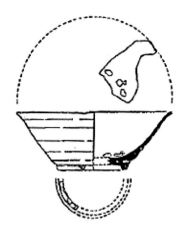

口徑 19 公分，高 6.8 公分
底徑 8.4 公分，日本幸木遺跡出土

67〕，大宰府遺址編號三十四～三十五，出土物編號四五八碗〔註 68〕，大宰府
遺址編號三十四～四十三，出土物編號五一〇碗〔註 69〕等均屬此型式碗。這
種碗在中國流行的年代約爲西元 756～817 年，是出土於日本時代較早且數量

〔註63〕 疆原考古學研究所附屬博物館編，《貿易陶磁──奈良・平安の中國陶磁》II
遺物實測圖（日本：臨川書店刊，1993 年 6 月初版），頁 161。

〔註64〕 日・矢部良明，〈日本出土の唐宋時代の陶磁〉，收錄於東京國立博物編集，
《日本出土の中國陶磁》，日本：株式會社東京美術出版社，昭和 53 年
（1978），頁 105。

〔註65〕 同註 63，頁 139。

〔註66〕 同註 63，頁 139。

〔註67〕 同註 63，頁 167。

〔註68〕 同註 63，頁 160。

〔註69〕 同註 63，頁 162。

較多的產品，對於旁證唐代越窯青瓷產品外銷日本具有代表性的角色。

　　日本出土數量較多的碗，另有一種型式即本論文分類中的 Bb 型 I 式碗（斜腹玉璧底），即龜井明德分類中的一、二型碗，也就是土橋理子分類中的 I A1a 型碗、I A2a 型碗。這種碗的造形比例，部份腹部較斜直，碗高度較矮；部份產品的腹部斜度較小，高度較高。具體的出土例證有平城京跡東三坊大路側溝的出土破片（圖 6-19）〔註70〕。此外，柞田八丁遺跡出土編號六九○碗〔註71〕、鉋田國府遺跡出土編號六四八碗〔註72〕、愛宕遺址出土編號六碗〔註73〕等均屬此型式。這種碗在中國生產的時間約西元 769～848 年，根據龜井明德研究日本福岡市德永遺址，出土此類玉璧底碗，時間已延續至九世紀下半葉，流行時間明顯較中國晚，很可能是因為日本當時十分珍視越窯青瓷器，長時期使用後，廢棄年代有延續至相當晚的傾向。〔註74〕

　　此外，玉璧底碗中的另一種器形，即本文分類中的 Ab 型 II 式碗（直口弧腹玉璧底），這種碗為土橋理子分類中的 I A1d 型碗，具體例證有日本大宰府遺址出土（圖 6-20）〔註75〕，目前日本出土此型式碗的例子十分稀少。不過，韓國慶州拜里出土碗，便是此種型式，這種型式碗的流行年代在安史之亂以後至西元 848 年左右，也是日本出土年代偏早者。

圖 6-19：
唐・越窯青瓷玉璧底碗

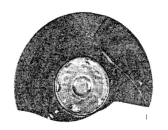

日本平城京跡出土

圖 6-20：
唐・越窯青瓷玉璧底碗

口徑 13.2 公分，高 5 公分
底徑 5.9 公分，日本大宰府跡出土

〔註70〕橿原考古研究所附屬博物館編，《貿易陶磁——奈良・平安の中國陶磁》I 圖版（日本：臨川書店刊，1993 年 6 月出版），頁 121。
〔註71〕同註63，頁 171。
〔註72〕同註63，頁 169。
〔註73〕同註63，頁 139。
〔註74〕日・龜井明德，〈日本貿易陶瓷器研究之方法論〉，收錄於《中國古代貿易瓷國際學術研討會論文集》（台北：國立歷史博物館出版，民國 83 年 10 月出版），頁 154。
〔註75〕同註63，頁 152。大宰府跡編號二六四碗。

　　目前所見日本出土大量越窯器的時間，大約在八世紀下半葉，與矢部良明推斷平安時代（西元 794～1185 年）為唐代越窯青瓷器大量輸入日本〔註76〕的結論相吻合。九世紀以後，日本出土碗的代表，以本文分類中的 Ca 型 II 式碗（折沿花形圈足）、Ba 型 II 式（花口弧腹圈足）碗、Bb 型 II 式（花口斜腹平底）碗較顯著。其中 Ca 型 II 式（折沿弧腹刻花圈足）碗的標本極少，在大宰府鴻臚館遺跡出土編號一二七碗（圖 6-21）〔註77〕，碗片僅存碗底圈足部份，但從碗內刻劃類似側面荷葉的紋飾，以及矮圈足上的支燒泥點痕的特徵〔註78〕判斷，應屬九世紀上半葉的 Ca 型 II 式碗。

　　在大宰府遺跡另有 Ba 型 II 式碗（花口弧腹圈足，圖 6-22）〔註79〕，這種碗為土橋理子分類中的 I－2 皿〔註80〕，這種碗的口部呈十花口狀，腹部微弧，矮圈足底，這件標本的製作較粗糙，為疊燒產品。另外，平安京遺址則有 Bb 型 II 式碗（花口斜腹平底，圖 6-23）〔註81〕，此碗的特徵為花口、平底，碗外腹有修胚痕跡，即土橋理子分類中的 I－1 皿〔註82〕。以上兩種碗的

圖 6-21：
唐・越窯青瓷碗

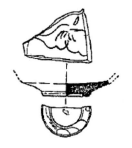

底徑 5.3 公分
日本大宰府鴻臚館跡出土

圖 6-22：
唐・越窯青瓷碗

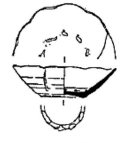

口徑 12.8 公分，高 3.7 公分
底徑 5.9 公分
日本大宰府跡出土

圖 6-23：
唐・越窯青瓷碗

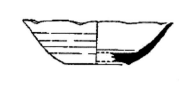

口徑 13.1 公分，高 3.7 公分
底徑 5.6 公分
日本平安京跡出土

〔註76〕同註 64，頁 109。
〔註77〕同註 63，頁 146。
〔註78〕康才媛，〈上林湖越窯青瓷特徵與燒造工藝演進〉，《歷史文物》雙月刊，台北：國立歷史博物館館刊，第六卷一期，民國 85 年 2 月，頁 15。此碗應屬撇口矮腹圈足碗。
〔註79〕同註 63，頁 153。大宰府跡編號二九二碗。
〔註80〕同註 34，頁 220 及圖 12-3、圖 12-4。
〔註81〕同註 63，頁 173。平安京跡出土編號七四二碗。
〔註82〕同註 34，頁 220 及圖 12-7、圖 12-8。

生產年代在九世紀中葉以後，是晚唐的商品。不過，以上兩型式碗的出土例證很少。

　　由以上各類碗在日本出土的現象分析，除初唐時期 Aa 型 I 式碗（直口弧腹假圈足），以及九世紀上半葉流行的 Aa 型 II 式碗（直口弧腹小碗）、九世紀中葉及下半葉流行的 Db 型碗（花口弧腹高撇足）、Da 型碗（海棠花口），以及法門寺出土三種秘色瓷型式碗目前未見出土發表外，多數國內常見的碗類均在日本各遺址（圖 6-24）有所發現。說明當時這些生產量大的碗，有極大部乃外銷國外的商品，從這些碗的型式分析，大量出口的時間約在八世紀中葉以後，而且一直持續至晚唐九世紀下半葉。不過，九世紀下半葉的出土數量，以目前出土報告所見，明顯較八世紀下半葉至九世紀上半葉減少。

四、對外貿易的背景

　　從以上的現象分析，對外貿易乃唐代越窰製瓷業在八世紀下半葉之後重要的行銷策略，若結合當時中國國內的政治、社會、經濟變動，將可以更清晰的重建此一對外貿易策略的產生背景。

　　由於，九世紀以前越窰青瓷器的主要市場集中於北方，以提供官宦權貴使用；然而，八世紀中葉的安史之亂使得北方社會經濟遭受嚴重的破壞，越窰青瓷器的原有市場頓時瓦解，此時的越窰製瓷業的經營方針被迫做結構性的調整，將部份市場轉移至海外，因此，目前日本發表出土唐代越窰青瓷器的標本，可見到 Ba 型 I 式碗（撇口弧腹矮圈足）及 Bb 型 I 式碗（斜腹玉璧底）標本占極大的比例，而這兩種碗流行的時間正是八世紀中葉以後，如此的巧合正意味國內政治、社會、經濟變動對越窰製瓷業的影響。

　　由於，海外貿易拓展的成功，越窰製瓷業得以扭轉劣勢，表現高度的產業成長，甚至成為越窰製瓷業基本的銷售策略，這種策略甚至延續至五代、北宋。

　　另外，從出土物中也反映出唐越窰製瓷業對海外貿易的重視程度，例如寧波和義路出土的 Db 型碗（花口弧腹高撇足）與 B 型碗托（捲荷葉形，圖6-25）〔註83〕、Aa 型 III 式執壺（啦叭口長頸瓜棱，圖 6-26）〔註84〕等，均是品質極佳的產品。另外，寧波交郵大樓，唐代碼頭出土的 Ca 型 II 式碗（折

〔註83〕同註31，頁60～61 及圖版5-4。另見林士民，《青瓷與越窰》（上海古籍出版社，1999 年 12 月 1 日，頁 26，圖 88）。
〔註84〕同註31，頁 60 及圖版5-1、圖版6-1。

圖6-24：日本出土中國唐至北宋（奈良、平安前中期）陶瓷主要遺址分布圖

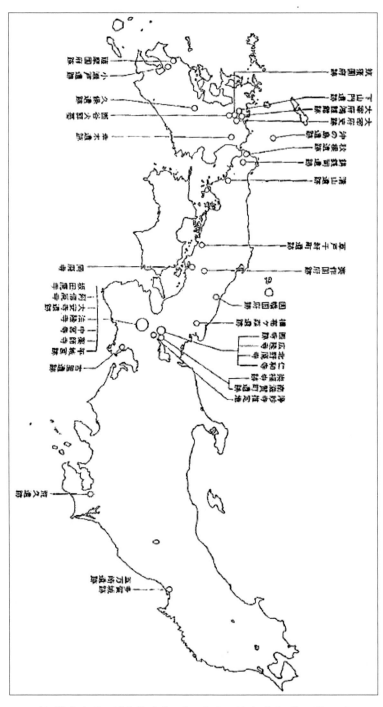

（根據東京國立博物館編集，《日本出土的中國陶磁》，頁 145）

圖 6-25：唐・越窯青瓷碗與碗托　　　　圖 6-26：唐・越窯青瓷執壺

碗口徑 11.7 公分，碗高 4.5 公分，碗托口徑 14.6 公分　　高 25.3 公分，口徑 11 公分
碗托高 3.5 公分，寧波遵義路出土　　　　　　　　　底徑 8 公分，寧波遵義路出土

沿花形圈足）、粉盒（圖 6-6）〔註85〕等，也是當時代表性的優質商品。加
以，日本出土唐宋標本中，屬於碗的標本共 1,216 片，其中全部施釉的高級
品共 777 片，占全數的 64%〔註86〕，從這項數據也可以大致了解外銷日本青
瓷產品的品質狀況，以及越窯製瓷業對海外貿易的重視程度。

第四節　越窯製瓷業的勞力資源與地區產業變動

　　唐越窯製瓷業的興起，除了呼應市場需求擴大的原因外，當地產業結構
變化、當地勞力資源充裕、專業工匠形成等現象，也都是越窯能夠突出於其
他瓷器窯場的原因。

一、人口增加與流動

　　高宗、武后時期為唐帝國面臨社會重大變動的階段，此變動強烈反映於
人口增加與人口流動的現象。雖然這種現象是當時整個帝國普遍的現象，但
是越州地區的人口增長比例，明顯較其他地區強烈許多，根據唐會要的記載，
盛唐玄宗天寶十三年（西元 754 年）為唐代人口最多的時期，當時的戶數有

〔註85〕同註 32，頁 122 及圖 9。
〔註86〕同註 34，頁 228 及表 9。

906 萬戶，較一百年前高宗永徽三年（西元 652 年）的 380 萬戶，增加了 2.4 倍〔註87〕。然而，越州地區，從武德八年（西元 625 年）領五縣時共有 25,089 戶與 124,011 口，至天寶年間（西元 742～755 年）增加爲 90,279 戶與 529,589 口，若再加上原本隸屬越州的明州，戶數 42,027 戶與 20,703 口〔註88〕，兩者相加則有 132,306 戶與 736,621 口，說明在一百二十年間，越州當地的戶數增長率爲 5.2 倍，口數增長率爲 5.9 倍，增加的比例，較全國一百年間平均的 2.4 倍高一倍以上，這些增加人口包括自然增加與外來移入，是當地產業結構產生變動的根本動力，也是促成產業連鎖變動的原因。

　　根據史料記載，武后時期，唐帝國的人口逃亡與土地兼併的現象已經極爲明顯，這種現象一直持續至玄宗安史之亂以前，在武后證聖元年（西元 695 年），官吏李嶠曾上書：「今天下之人，流散非一，或違背軍鎮或因緣逐糧，苟免歲時，偷避徭役，此等浮衣客食，積歲淹年」〔註89〕，從李嶠上書的內容判斷，七世紀末葉，人口流移的現象已經嚴重到「積歲淹年」的程度，然而這些流亡人口必然會逃往糧食充沛、經濟狀況理想的地區。

二、越州的農業建設與社會變動

　　武后至玄宗時期的越州地區（包括明州），在農業建設方面表現大幅度的成長，由於地方官吏積極興修水利，灌溉農田，因此農地與農業生產快速增加。這些水利建設，包括高宗時期的楊德裔曾引會稽水溉灌田地，增加農地千頃左右〔註90〕；另外，玄宗時期的王元緯與陸南金分別開鑿小江湖、西湖、廣德湖等，這些水渠也爲當時的明州增加千頃以上的農田〔註91〕。即使越窯中心產地的慈溪，在開元年間，當地縣令房琯也開鑿普濟湖，灌溉田地〔註92〕。這些水利建設，提高越州及明州的農業條件，如此不僅可以增加糧

〔註87〕 宋・王溥撰，《唐會要》，卷八十四〈戶口數條〉，王文錦、王永興、劉俊文、徐庭雲、劉方點校（北京：中華書局，1992 年 6 月第一版第二刷），頁 1837。

〔註88〕 後晉・劉昫撰，《舊唐書》卷四十，地理志三越州中都督府條，新校本，楊家駱主編（台北：鼎文書局，民國 74 年 3 月四版），頁 1589。

〔註89〕 宋・王溥撰，《唐會要》，卷八十五〈逃戶條〉，王文錦、王永興、劉俊文、徐庭雲、劉方點校（北京：中華書局，1992 年 6 月第一版第二刷），頁 1850。

〔註90〕 宋・李昉主編，《文苑英華》，卷九五〇，〈常州刺史楊公墓誌銘〉（北京：中華書局，1966 年 5 月第一版，1990 年 8 月秦皇島第三次印刷），頁 4995～4996。

〔註91〕 同註 24。

〔註92〕 同註 21，頁 5208。

食，提高人口增長率，又可吸引外地人口移入居住與就業，這也就是玄宗時期，越州與明州人口增長率較全國高的原因。

　　然而，人口增加除帶動當地農業積極成長之外，對於當時其他的產業也有積極促進的作用，以慈溪上林湖的製瓷業而論，自東漢至初唐，除東晉中斷生產外，一直維持生產，屬於地方傳統的手工業。於是脫離農業，或是外來人口，自然順利的投入這一具有傳統的行業，並成為專業工匠。因此，上林湖青瓷產品能夠在玄以前知名全國，充足的人力資源與產業結構變動下的連鎖反應，應是重要的原因。

　　從以上的變動可知，由於農業進步、人口增加，帶動製瓷工業迅速成長，因此農業與工藝不同產業部門間，不僅沒有衝突與牴觸，反而呈現相互促進，互相提攜的和諧與平衡狀態，促使區域內的經濟實力迅速提昇。

　　因此，中唐以來的南北經濟勢力的消長，即南方經濟勢力逐漸提昇，北方經濟勢力逐漸減弱，越窯製瓷業在此一變動中，實扮演不可忽略的角色。由於越窯的興起，提昇南方的工業與商業實力，並成為南方經貿實力的表徵。所以，越窯的成就，不只是越州產業實力的代表，也是唐中葉以後南北經濟勢力轉移的代表產業之一。

第五節　唐代越窯的瓷業發展與社會變動

　　唐代越窯為特定時空的產物，由於時間與空間塑造越窯發展當中的需求與供應條件，是促使唐代越窯得以興起的原因，由於研究中國產業史最大的困難在於缺乏文字資料佐證。因此，欲了解唐代越窯瓷業發展史，唯有透過產品本身所呈現的質量、數量、分布狀況，配合相對的社會、經驗、交通等背景現象，始能綜合求得較合事實的發展過程。

一、初唐階段（七世紀上半葉以前）

　　目前出土越窯青瓷器的初唐墓葬，包括浙江餘杭初唐年間墓〔註93〕、浙江紹興木柵編號 M25 及 M21 墓〔註94〕、上虞嚴村 M164 墓〔註95〕，這些墓葬

〔註93〕牟永杭，〈浙江餘杭閘林唐墓的發掘〉，《考古通訊》，1958 年六期，頁 54～56。

〔註94〕紹興縣文管會，〈浙江紹興里木柵晉、唐墓〉，《考古》，1994 年六期，頁 538～542。M25 出土 IV 式碗，碗特徵為「侈口，口沿外翻、弧腹，假圈足內凹」

均分布於越窯窯址附近，可見此一階段越窯青瓷器的商品流通很小，仍屬於地方性的瓷器產品。

二、高宗至玄宗階段（七世紀中葉至八世紀中葉）

此一階段爲越窯製瓷業由地方窯場，升格爲全國性首要窯場的階段，其興起的原因乃社會劇烈變動下的產物。

由於，高宗武后以來，社會變動劇烈，人口增加，越窯所在的越州與明州地區，由於地方官吏興修水利，增加農田面積，促使人口自然增加率提高，並吸引外地人口移入居住，因此當地的人口增加率明顯高於全國其他地區。人口增加之餘，部份人口遂由農業部門分離出來；此外，外來人口由於缺乏土地資源，也必須尋求出路，於是當地具有傳統的製瓷工業便逐漸吸引這批勞工，並運用這批專業工匠積極改進製瓷工業。

加以，這段時期爲經濟繁榮的階段，生活水準快速提高，物質需求強烈，於是質地光潔的瓷器逐漸成爲上層權貴不可或缺的日用品與陪喪品。從高宗總章元年（西元 668 年）李爽墓中出土青瓷瓶與罐〔註 96〕的品質看來，當時產品的品質已經很高。此後，睿宗景雲元年（西元 710 年）李度墓出土越窯青瓷墓志罐的質量也很好，數量更多達五件〔註 97〕。這些例證反映出越窯在七世紀下半葉已經受到部份北方權貴官宦的青睞，同時反映出越窯的產品市場已擴展至全國，成爲全國性的瓷器商品。

全國性商品的角色至玄宗時期八世紀下半葉更形明顯，自從陸羽在著作《茶經》時，將越窯青瓷器訂爲最適於飲茶的瓷品後，越窯遂躍昇爲全國第一等級的瓷器產品。縱使目前所見的《茶經》十卷當中，可能只有三卷出自陸羽之手，其他的章卷乃後人增補，因此部份學者曾質疑《茶經》的內容無

屬本論文 Aa 型 I 式碗，屬初唐產品。M21 出土 III 碗，特徵爲「直口，弧腹下弧收，假圈足」與本論文 Aa 型 I 式碗類同，屬初唐產品。

〔註95〕浙江省文物考古研究所、上虞縣文物管理所，〈浙江上虞鳳凰山古墓葬發掘報告〉，收錄於浙江省文物考古研究所編，《浙江省文物考古研究所學刊——建所十周年紀念》（北京：科學出版社，1993 年第一版），頁 234 及圖 39-3。M164 出土 II 式深腹碗四件，碗特徵爲「撇口、矮圈足」，爲本論文 Aa 型 I 式碗，爲初唐產品。

〔註96〕陝西省文物管理委員會，〈西安羊頭鎮唐李爽墓的發掘〉，《文物》，1959 年三期，頁 43。

〔註97〕同註 6。

法反映出唐玄宗、肅宗時期的社會文化現象〔註98〕，但是不論《茶經》增補的時間何時，越窯青瓷器早在玄宗開元二十六年（西元 738 年）以前知名於世，並躍登全國第一等的青瓷產品，這一事實，不論從當時官宦權貴崇好越窯青瓷器，或是越窯青瓷器本身所反映出來的品質狀況，均可以得到相同的理解。

　　不過，越窯青瓷器之所以躍昇爲全國第一大瓷品，並爲北方官宦權貴使用，十分重要的原因在於大運河的全程通暢與部份修建，由於玄宗時期改善洛陽至河南陝州的水運狀況，南方的財帛物質以及瓷器便能順利的運輸北方，因此大運河的興修，提供越窯成爲全國第一大瓷品的有利條件。

三、安史之亂以後（八世紀下半葉以後）

　　此一階段的越窯瓷業發展較前一階旺盛與擴大，由於外貿拓展的成功，使得越窯青瓷器成爲享譽海外的商品。並且在經濟實力強大的邗溝、江南運河、寧紹平原內形成以水道爲轉運的商品銷售網。

　　由於，八世紀中葉的安史之亂，造成北方社會經濟的嚴重受損，官宦權貴流離失所，北方運河的通暢也受到阻礙，越窯青瓷器舊有市場頓時瓦解，於是越窯的銷售策略，遂由國內轉移至國外，輸出地以當時崇尚中國文化的日本、朝鮮（韓國），以及北非埃及爲主。這種銷售策略的轉變，不僅使越窯的產業發展突出於當時其他瓷器產品之上，也成爲中國東南地區瓷業著重對外貿易的典範。

　　就國內的銷售策略而言，安史之亂以後的四、五十年間，是越窯調整銷售策略的過渡階段，因此舊有的北方市場仍繼續存在，例如三門峽張弘慶墓〔註99〕、河南偃師杏園鄭洵夫婦墓〔註100〕、洛陽唐墓〔註101〕、山西長治宋

〔註98〕宋·陳師道撰，《茶經》序，收錄於《叢書集成新編》四十七冊，百川本（台北：新文豐出版股份有限公司，民國 75 年元月台一版），頁 717。根據陳師道序言，《茶經》中有三卷爲畢氏王氏書，四卷爲張氏書。

〔註99〕貫峨，〈陶瓷之路與絲綢古道的連接點〉，收錄於《中國古代青瓷研究專輯》（《江西文物》編輯部編輯出版，1991 年 12 月 30 日），頁 102。許天申，〈試論河南出土的越窯瓷器〉，收錄於《中國古代青瓷研究專輯》（《江西文物》編輯部編輯出版，1991 年 12 月 30 日），頁 4。

〔註100〕中國社會科學院考石研究所河南二隊，〈河南偃師市杏園村唐墓的發掘〉，《考古》，1996 年十二期，頁 1～23。

〔註101〕河南省文化局文物工作隊第二隊，〈洛陽十六工區七十六號唐墓清理簡報〉，《文物參考資料》，1956 年五期，頁 41。

嘉進墓〔註102〕、西安史氏墓〔註103〕，均是此一期的代表墓葬。

不過，九世紀以後越窯青瓷器的市場流通網，則逐漸轉移至南方，集中的地區以邗溝、江南運河，以及寧紹平原內各城市爲主，這種市場集中的現象，反映出越窯青瓷器銷售市場的澈底轉向與新商品流通網的建立。

市場的轉向映證南方經濟能力的提昇趨勢，以及購買能力的提高，乃唐宋之際南北經濟勢力消長的具體表現。

此外，此一階段的寧紹平原地區內的交通建設，也是促使越窯新市場與新商品流通網形成不可忽略的原因，爲了加強產品的銷售、轉運，越窯窯址附近的交通線曾多次興修建築，以加強諸水道間的聯繫，以及寧紹平原與江南運河間的聯繫，於是邗溝、江南運河與寧紹平原的市場網得以形成。因此九世紀以後，越窯青瓷器的出土，以沿邗溝、江南運河，及寧紹平原各城市爲最多。

四、唐代越窯在中國瓷業史上所扮演的角色

唐代越窯製瓷史的發展，以及與社會變動間的交互關係已如上述，從發展的過程可以了解唐越窯在唐代製瓷發展史中的地位，以及中國瓷業發展史中的角色，甚至中國社會經濟變動中的角色。

唐代的瓷業，向來以「南青北白」做爲詮釋，象徵著南北不同的時代風尚與瓷業系統。然而，南方的青瓷，除《茶經》提到的越、鼎、婺、岳、壽、洪州窯外，另有湖南長沙窯、四川邛崍窯、廣東潮州窯、福建同安窯、浙江溫州窯、江西省景德鎮石虎灣窯與勝梅亭窯等〔註104〕，這些窯場均是當時頗富盛名，產量較大的窯場，越窯能夠脫穎而出，成爲南方青瓷的代表，並凌駕北方白瓷之上，排除陸羽著作《茶經》的文化因素，就工、商業發展的角度觀察，乃充分利用當地有利條件，發展彈性化產銷管理的工業與商業代表，具體而言，一方面運用當地有利的水運交通條件，發展對內與對外的貿易，二方面充分運用人力資源，並且在瓷業擴大的階段，彈性調整銷售對象，建立市場網路使然。

〔註102〕同註6。
〔註103〕同註10。
〔註104〕馮先銘，〈從文獻看唐宋以來飲茶風尚及陶瓷茶具的演變〉，收錄於《馮先銘中國古陶瓷論文集》（北京：紫禁城出版社、兩木出版社，1987年7月一版一刷），頁7。

尤其，主動開拓海外貿易，成功的將貨品運銷至東北亞、東南亞，以及北非各地，這種自我調整的銷售管理能力是其他窯場能力所不及者。因此，陳信雄博士認爲：

> 從越窯發展史來看，發展的主要動力一直來自經濟……越窯諸窯口的精美瓷器應當以貿易爲主要目的，以高價商品貿易有無。越窯獨步宇內的精美藝品，大量生產，大量銷售，其獨利之厚，與持續之久，當爲吳越富庶而久壽之一項重要原因。〔註105〕

這種看法雖指吳越時期商業發展，但也符合唐代越窯的發展，因此是十分具有見地的見解。從唐代越窯發展的角度看來，對外貿易追求利潤的企業追求，在八世紀下半葉至九世紀初時已經形成。

因此，站在工、商業發展的角度來看越窯在中國瓷業發展史的角色，最重要的是開創以發展對外貿易爲重要利潤取向的瓷業發展典範。間接促進唐、五代、宋以後，浙江、福建、廣東各窯場產品的對外輸出。例如，日本福岡縣大宰府鴻臚館出土的青瓷褐彩水注（圖6-27）〔註106〕，從大褐斑的特

圖6-27：唐・青瓷褐彩執壺

日本福岡縣大宰府鴻臚館跡出土

〔註105〕陳信雄，《越窯在澎湖》（台南：文山書局發行，民國83年6月初版），頁151。
〔註106〕同註70，頁13及圖版13。

徵判斷，有可能是婺州窯的產品〔註107〕。另外，福岡縣立明寺出土的青磁獸足爐（圖 6-28）〔註108〕，與廣東梅縣窯出土物相同〔註109〕，可能為廣東梅縣窯的產品，這些東南沿海窯場產品的輸出很可能是越窯外銷刺激下的產物。

圖 6-28：唐・青瓷三足壺

日本福岡縣立明寺跡

此外，越窯青瓷產品成功的對內與對外銷售，對地區經濟能力的提昇具有不可磨滅的正面促進作用，因此唐宋之間南方與北方經濟勢力的消長，越窯所代表的製瓷業實扮演重要的推動角色。

〔註107〕金華地區文管會、貢昌，〈談婺州窯〉，收錄於文物編輯委員會編，《中國古代窯址調查發掘報告集》（北京：文物出版社出版，1984 年 10 月一版一刷），頁 30。金華市華南公社窯址群生產部份青瓷執壺，有大褐斑裝飾。
〔註108〕同註70，頁 3 及圖版 1。
〔註109〕廣東省博物館，〈廣東梅縣古墓葬和古窯址調查、發掘簡報〉，《考古》，1987年三期，頁212 的三足罐，由於出土此罐的墓葬出土物與廣東梅縣水車窯產品類似，因此此墓的出土物，可能即水車窯所生產。

結　論

　　藝術史的研究著重利用整體的觀點衡量藝術作品與其他藝術作品，以及歷史現象的關係，也就是站在歷史發展的角度剖析藝術品的時代意義〔註1〕。唐代越窰青瓷器是唐代越州窰工創造出的有形產品，是特定時空的產物，它的興起、成長，反映出唐代越州瓷業的發展，也詮釋著唐代社會、經濟、文化、藝術的交互影響現象，是剖析唐代歷史的最佳原始資料。

　　綜合西方藝術史學家克萊恩包爾（W. Eugene Kleinbaur）及賽佛（Wylie Sypher）的觀點，藝術史的探索包括內在與外在兩方面，其中內在方面不僅包含藝術品本身材料、技法的了解，並且需從形象上辨別藝術品的細微特徵，並就這些真實作品分析其內容、主題、圖式等內涵；此外，藝術品的外在意義則包含藝術創作者個人以及藝術品產生的環境與背景〔註2〕，如此才能真正說明藝術品所反映的自我形象與時代意義。

　　以唐代越窰青瓷器為例，其材料、技術層面乃源於越州及鄰近地區的瓷業傳統，它的興起體現出浙江青瓷在歷經東漢、魏晉、南北朝、隋，共數百年持續成長之後的巔峰成就，縱然整個浙江地區的瓷業在此期間曾經歷瓷業中心轉移的現象，但是瓷業的大環境並未改變，因此越窰中心地的慈溪上林湖窰場，遂能在持續成長的傳統瓷器工藝刺激下成就其獨步當代的瓷器工藝。

　　上林湖的瓷器工藝技術，主要表現於胎、釉、燒造工藝等方面，其中胎以當地出產的灰胎為原料，色澤較其他浙江瓷器深，而胚體製作輕薄而不失

〔註1〕　郭繼生，《藝術史與藝術批評》（台北：書林出版有限公司，民國80年9月一版二刷），頁19。
〔註2〕　同註1，頁20～24。

穩重的形式，與五代、北宋的越窯器也有明顯的差異。在釉的表現方面，以青釉為主，但色澤變化多樣，包括青灰、翠青、淡青綠、青綠、青黃、黃等色澤，這些色澤的變化乃種因於窯室氧化、還原氣氛控制不同以及溫度差異使然，例如初唐以還原氣氛為主，溫度較低，因此釉色多呈青灰；然而，中唐以後，氧化、還原氣氛均有，因此色澤變化多樣，不過根據文獻、法門寺秘色瓷出土物的驗證，翠青、淡青綠、青綠乃貢獻皇室典型的秘色瓷器的釉色。此外，唐代越窯的釉質表現也有突出之處，以溫潤、不透明、不刺眼的如玉般的質感為上乘產品，這種釉層質感乃低溫控制之下的產物。然而，唐代越窯的裝燒方式以泥點支燒、重合疊燒為主要方式，因此多數產品的器底、器面均有燒造痕跡，此特徵乃成為判定越窯器的重點之一。然而，越窯青瓷工藝中，匣缽的普遍運用，更是創造釉色勻美、器形工整，甚至產品數量大增的重點原因。

以圖像學的觀點，分析唐代越窯最突出的表現，在於造形與紋飾兩部份，在造形方面，越窯瓷器有多達二十餘種以上的器類，其中碗、盤、執壺、碗托的數量最多，例如碗類便有超過十種以上的器形，然而不論何種器類，九世紀以前的越窯造形多呈現穩重圓整、豐滿渾厚的特徵；九世紀以後，器形則採較輕巧的仿生造形，例如碗、盤、碗托為花口、花瓣、荷葉形成，而執壺、瓶類等多採瓜棱造形，這類仿生造形器是唐代越窯十分具有特色的造形方式。

在紋飾方面，九世紀以後越窯紋飾逐漸流行且趨於定型，題材以荷葉、荷花、朵花等自然植物為主，表現手法雖有寫實、簡化與圖案化等風格，但是寫實風格形成的時間較早，也較豐富生動，其中交互運用粗、細線條刻劃荷葉隨風翻轉的動態美感最令人激賞。此外，越窯青瓷也有印花、褐彩、鏤刻等創作，但是數量與題材均不如刻劃花豐富。

以上，越窯的製作手法與紋飾表現，充分反映出越窯青瓷器產生的環境與背景，雖然，唐代的瓷業向來以南青北白做為典型的詮釋，但是越窯在南方各地青瓷窯系中得以脫穎而出，成為當代人最喜好的瓷器品種，最主要的原因在於符合當時士大夫、僧侶、道士等上階層的心理需求與審美趣味。由於中唐以後的士大夫、僧侶、道士等上階層的心理需求與審美趣味。由於這些士大夫、僧侶、道士多相互交游往來，且多鍾情於飲茶活動，因此透過飲茶所延伸的茶器選用，便成為活動中重要的一部份，例如翠青、淡青綠、

青綠的釉色反映出這批文人崇尚自然、胸中懷抱自然，以及追求質樸之美的心境，所謂「九秋風霧越窯開，奪得千峰翠色來」，以及「捩翠融青瑞色彩」等詩句，便充份反映出他們對青與綠的高度崇尚。此外，具有青與綠釉色美感的茶碗與茶色間同時形成相互襯托的色澤美感，也成為飲茶活動中感官的最高享受，因此「茶助越窯深」，以及「青瓷雪色漂沫香」正是此一飲茶情境的感官享受。

然而，越窯釉質中滋潤而無強烈、刺眼的玻璃光澤，呈現著如玉般的溫潤美感，同時也契合著這批文化人的性格與愛好，在「甌凝碧玉泥」，以及「越泥似玉之甌」的詩句中，便充份描繪出文人眼中越瓷釉質的觀感。然而，越窯的造形、紋飾美，也是這批文化人鍾情喜好的對象，舉凡荷葉、荷花、朵花，以及瓜腹般的造形，不僅突顯他們崇愛自然的心境，更反映出內心宗教的傾向，由於這批文文人的身份背景部份為僧侶、道士，或是與僧侶、道士密切往來的士大夫，而荷葉、荷花正象徵著代表佛教精神的蓮花，同時也是道教追求瑤池仙境的代表，因此藉著荷花、荷葉的形象，倍增崇佛、求禪，以及追求神仙境界的意境，此時越窯器已不只是飲茶活動中具有形象美的茶器而已，同時具備傳達意境的藝術品角色，因此「蒙茗玉花盡，越甌荷葉空」實為一種空靈意境的反映。

整體而言，從使用者與創作者的角度觀察越窯青瓷，在極大的程度上代表著新興南方地區審美趣味的提昇，而這種著重內在情境，追求質樸美感的瓷器，也成為唐代以後瓷器欣賞的重點，例如柴窯、汝窯、官窯、哥窯、龍泉窯等瓷藝，均在不同方式與層次上受到越窯瓷器的影響。

越窯產生的環境以及創作者，乃唐代越州及明州的窯工，因此當地社會、經濟的變動，實為促使越窯興起、成長的背後動力。由於高宗、武后時期，越州在農業方面呈現高度的成長，人口也急速增加，加以此刻大唐帝國的商業繁榮，物質水準提昇，對瓷器的需求程度大增，因此越州當地的大量人口遂投入具有歷史傳統的瓷器工業，這些專業窯工積極推動瓷業改造，促使上林湖的瓷業技術提昇，生產高品質的瓷器，並成為北方以及兩京地區權貴使用的瓷器品種，而此時越窯自然成為知名當世，獨步群瓷的商品，因此玄宗、肅宗時期的陸羽，在著作《茶經》時，遂將越窯青瓷列為飲茶中最益茶的瓷器品種。

直至八世紀中葉的安史之亂，造成北方瓷器市場衰退，因此南方市場逐

漸興起並取代舊有市場。至九世紀之交的德宗時期，越州、明州、杭州當地的水運建設，更強化了上林湖與運河之間的聯繫，並透過水運建立起南方市場網路，於是越窯產品競爭力倍增，不僅順暢流通寧紹平原內部，更輸出江南運河、邗溝一帶，因此九世紀以後，越窯瓷器多數出土於南方墓葬。

　　隨著，越窯南方市場的建立，越窯的商品性質也逐漸擺脫具有貴族色彩的奢侈品角色，漸成爲南方平民百姓的日常用品，由於使用對象擴大，商品性格日益明顯，需求更加強烈，於是促使浙江各地，其至江蘇、福建、廣東等地的窯場，在不同層次上仿作越窯瓷器。

　　此外，值得一提的是，由於安史之亂造成國內北方市破壞，越窯的銷售策略轉而向外，利用鄰近條件優越的寧波港做爲海外輸出的港口，大量將產品外銷至日本、韓國、東南亞、伊朗、北非各地，目前在這些地區均有大量越窯瓷器遺存出土，雖然伴隨出土的另有唐三彩、邢窯白瓷、長沙窯、廣東青瓷、浙江其他窯場青瓷等，但是越窯器的數量明顯高於其他品種，說明越窯的強大競爭能力與受歡迎的程度。因此越窯是中國瓷器產業對外銷售的先趨者，其成功的產銷策略也奠定了五代、宋、元以後，中國瓷器外銷的典範。

　　綜合而論，越窯青瓷是唐代越州地區的產品，它的興起是具有燒瓷歷史之浙江瓷業的成就總合；然而它所締造的美感表現與藝術靈感，充份詮釋出唐代士大夫意境追求、審美趣味、飲茶文物、佛教與道教蛻變等複雜的文化歷史現象；因此，它所創造的瓷業風格，不僅成爲當代的流行風尚，甚至影響及於五代、宋的瓷藝表現，可謂扮演著承先啓後、繼往開來的瓷藝角色。

參考書目

一、基本史料

1. 唐‧王溥，《唐會要》一〇〇卷，附錄，點校本，上海古籍出版社，1991年第一版第一刷。

2. 宋‧司馬光，《資治通鑑》二九四卷，序錄一卷，目次一卷，進書表一卷，通鑑釋文辨誤十二卷，後序一卷，胡刻通鑑正文校宋記述略一卷，新校點本，台北：世界書局，民國 69 年 10 月九版。

3. 唐‧杜佑，《通典》二〇〇卷，王文錦、王永興、劉俊文、徐庭雲、劉方點校，北京：中華書局，1988 年 12 月第一版，1992 年 6 月第二刷。

4. 唐‧李吉甫，《元和郡縣圖志》四十卷，畿輔叢書等刊本，京都：中文出版社，1979 年 4 月三版。

5. 宋‧李昉，《文苑英華》一千卷，北京中華書局，1966 年 5 月第一版，1990 年 8 月秦皇島第三次印刷。

6. 宋‧李昉，《太平廣記》五〇〇卷，並目錄十卷，談愷刻本，北京：中華書局，1994 年 4 月第五次印刷。

7. 唐‧李林甫，《大唐六典》三十卷，武英殿本，台北：文海出版社，民國 63 年 6 月四版。

8. 宋‧胡榘修，方萬全、羅濬纂，《寶慶四明志》二十一卷，煙嶼樓校本，收錄於《宋元方志叢刊》第五冊，北京：中華書局出版，1990 年 5 月北京第一次印刷。

9. 清‧梁同書，《古窰器考》一卷，收錄於《陶瓷譜錄》上冊，台北：世界書局，民國 77 年 5 月六版。

10. 宋‧徐兢，《宣和奉使高麗圖經》四十卷，知不足本，收錄於《叢書集成新編》第九十七冊，台北：新文豐股份有限公司，民國 75 年元月台一版。

11. 宋‧歐陽修，《新五代史》卷七十四，二十五史縮印本，上海：古籍書店出版，1994 年版。

12. 宋‧歐陽修，《新唐會》二二五卷，新校本兩唐書識語，新唐書述要，新唐書新編目錄，新舊唐書綜合索引，新校本，台北：鼎文書局，民國 74 年 3 月四版。

13. 唐‧陸羽，《茶經》十卷，附四庫提要，百川本，收錄於《叢書集成新編》第四十七冊，台北：新文豐出版股份有限公司出版，民國 75 年元月台一版。

14. 宋‧張津等，《乾道四明圖經》十二卷，煙嶼樓校本，收錄於《宋元方志叢刊》第五冊，北京：中華書局出版，1990 年 5 月北京第一次印刷。

15. 清‧聖祖御定，《全唐詩》九○○卷，附知不足齋本日本上毛河世寧輯，《全唐詩逸》三卷，揚州詩局本剪貼縮印本，上海：古籍出版社出版，1994 年 4 月第一次印刷。

16. 明‧陳繼儒採輯，《茶董補》二卷，海山本，收錄於《叢書集成新編》第四十七冊，台北：新文豐出版股份有限公司，民國 75 年元月台一版。

17. 後晉‧劉昫，《舊唐書》二○○卷，新校本兩唐書識語，新校本舊唐書述要，新校本新舊唐書綜合索引，台北：鼎文書局，民國 74 年 3 月四版。

18. 宋‧蔡襄，《茶錄》一卷，百川本，收錄於《叢書集成新編》第四十七冊，台北：新文豐出版股份有限公司，民國 75 年元月台一版。

19. 清‧藍浦撰，清‧鄭廷桂補輯，《景德鎮陶錄》十卷，目錄一卷，跋一卷，序一卷，收錄於《陶瓷譜錄》上冊，台北：世界書局，民國 77 年 5 月六版。

二、論著、專著

（一）本國學者論著

1. 中國硅酸鹽學會主編，《中國陶瓷史》，北京：文物出版社，1987 年出版。

2. 毛漢光，《中國中古社會史論》，台北：聯經出版事業公司，民國 77 年初版。

3. 王從仁，《清茶文化》，香港：商務印書館股份有限公司，1992 年 8 月第一版第一次印刷。

4. 史念海，《中國的運河》，陝西：人民出版社，1988 年四月第一次印刷。

5. 全漢昇，《唐宋帝國與運河》，國立中央研究院歷史語言研究所專刊，商務印書館印行，香港：太平書局根據民國 32 年版本重印。

6. 朱伯謙，《朱伯謙論文集》，北京：紫禁城出版社，1990 年 10 月一次印刷。

7. 周峰主編，《隋唐名郡杭州》，浙江人出版社，1990 年 2 月一版一刷。

8. 成耆仁，《韓國出土唐宋元陶瓷之研究》，台灣大學歷史所碩士論文，民國 75 年。

9. 李廷先，《唐代揚州史考》，江蘇古籍出版社，1992 年 5 月一次印刷。

10. 王玲，《中國茶文化》，北京：中國書店出版，1992 年 12 月一次印刷。

11. 李澤厚，《美的歷程》，台北：蒲公英出版社，民國 73 年 11 月出版。

12. 李剛，《古瓷新探》，浙江人民出版社，1990 年 12 月一版一刷。

13. 李輝柄，《宋代官窯瓷器》，北京：紫禁城出版社，1992 年 8 月一版一刷。

14. 李劍農，《魏晉南北朝隋唐經濟史稿》，台北：華世出版社，民國 70 年 12 月台初版。

15. 李庸旭，《中國越州窯青瓷與高麗青瓷之形制紋飾之比較研究》，文化大學藝術研究院碩士論文，民國 72 年。

16. 杜正勝主編，《中國文化史》，台北：三民書店，民國 84 年 8 月初版。

17. 汪慶正主編，《簡明陶瓷詞典》，上海辭書出版社，1992 年 4 月一版第四次印刷。

18. 馬文寬、孟凡人，《中國古瓷在非洲的發現》，北京：紫禁城出版社，1987 年 10 月一版一刷。

19. 耿寶昌，《中國文物精華大全·陶瓷卷》，香港：商務印書館有限公司、上海：辭書出版社，1993 年一版一刷。

20. 陳信雄，《澎湖宋元陶瓷》，澎湖縣立文化中心出版，1985 年。

21. 陳信雄，《越窯在澎湖》，台南：文山書局，民國 83 年 6 月初版。

22. 陳萬里，《越器圖錄》，上海：中華書局發行，民國 26 年 3 月印刷發行。

23. 陳偉明，《唐宋飲茶文化初探》，北京：中國商業出版社出版發行，1993 年 9 月一版一刷。

24. 馮先銘，《馮先銘中國古陶瓷論文集》，北京：紫禁城出版社、香港：兩木出版社，1987 年 7 月一版一刷。

25. 馮先銘主編，《中國陶瓷》，上海古籍出版社，1994 年 11 月一版一刷。

26. 黃河濤，《禪與中國藝術精神的嬗變》，北京：商務印書館國際有限公司，1995 年 3 月北京第二次印刷。

27. 郭繼生，《藝術史與藝術批評》，台北：書林出版有限公司，民國 80 年 9 月初版二刷。

28. 曾祖蔭，《中國古代美學範疇》，台北：丹青圖書有限公司，民國 76 年 4 月 1 日初版。

29. 葛兆光，《道教與中國文化》，上海人民出版社出版發行，1991 年 3 月第

三次印刷。

30. 葉楚傖主編，《傳奇小說選》，台北：正中書局，民國 77 年 6 月初版第四次印行。

31. 熊寥，《中國陶瓷與中國文化》，浙江美術學院出版社出版，1991 年 6 月第一版第二次印刷。

32. 熊寥，《陶瓷美學與中國陶瓷審美的民族特徵》，浙江美術學院出版社出版，1991 年元月第一版第二次印刷。

33. 熊寥，《中國陶瓷美術史》，北京：紫禁城出版社，1993 年 8 月一版一刷。

34. 鄧白，《鄧白美術文集》，浙江美術學院出版社出版，1992 年 9 月一版一刷。

35. 齊易責任編輯，《唐東航運史》，北京：人民交通出版社出版發行，1989 年 6 月一版一刷。

36. 錢時霖選注，《中國古代茶詩選》，浙江古籍出版社出版，1989 年 8 月一版一刷。

37. 鄭學檬，《中國古代經濟重心南移和唐宋江南經濟研究》，湖南：岳麓書社，1994 年。

38. 霍然，《唐代美學思潮》，長春出版社，1990 年第一版第一刷。

39. 譚旦同，《中國陶瓷史》，台北：光復書局，民國 74 年 2 月初版。

40. 韓偉，《海內外唐金銀器萃編》，西安：三秦出版社，1989 年 3 月一版一刷。

41. 嚴耕望，《唐代交通圖考》，中央研究院歷史語言研究所專刊之八十三，中央研究院歷史語言研究所發行，民國 74 年 5 月出版。

（二）日本學者論著

1. 三上次男著，宋念慈譯，《陶磁路》，台北：藝術家出版社，1980 年 2 月 1 日出版。

2. 三上次男，《中國陶磁史研究》，東京：中央公論美術出版，1989 年 4 月 20 日發行。

3. 三上次男，《陶磁貿易史研究》（上），東アジア，東南アジア篇，東京：中央公論美術出版，1989 年 4 月 20 日發行。

4. 三上次男，《陶磁貿易史研究》（中），南アジア，西アジア篇，東京：中央公論美術出版，1989 年 4 月 20 日發行。

5. 三上次男，《陶瓷貿易史研究》（下），中近東篇，東京：中央公論美術出版，1989 年 4 月 20 日發行。

6. 小山富士夫，《小山富士夫著作集》（上），〈中國の陶磁〉，東京：昭日新

聞社發行，昭和 52 年〔1975〕6 月 25 日發行。

7. 小山富士夫，《青磁》，陶磁大系第三十六卷，東京：平凡社發行，1976 年初版一刷。

8. 矢部良明，《中國陶磁の八千年》，東京：平凡社發行出版，1991 年。

9. 愛宕松男，《中國陶瓷產業史》，東京：株式會社三一書房，1987 年 6 月 30 日第一版第一刷。

10. 橿原考古學研究所附屬博物館編，《貿易陶磁——奈良‧平安の中國陶磁》，臨川書店，1993 年 6 月出版。

（三）地圖類

1. 程光裕，《中國歷史地圖》，台北：中國文化大學出版部，民國 69 年出版。

2. 楊守敬，《歷代輿地沿革圖》，台北：聯經出版事業公司，民國 64 年出版。

3. 譚其驤，《中國歷史地圖集》，上海：地圖出版社，1982 年 10 月第一版第一刷。

三、論　文

（一）中文論文

1. 內丘縣文物保管所，〈河北內丘縣邢窯調查簡報〉，《文物》，1987 年九期，頁 1～10。

2. 王士倫，〈餘姚窯瓷器探訪〉，《文物》，1958 年八期，頁 42～46。

3. 王勤金、李久海，〈揚州出土的唐宋青瓷〉，收錄於《中國古代青瓷研究專輯》，《江西文物》編輯部出版，1991 年 12 月 30 日出版，頁 91～94。

4. 中國社會科學院考古研究所河南二隊，〈河南偃師市杏園村唐墓的發掘〉，《考古》，1996 年十二期，頁 1～23。

5. 丹徒縣文教局、鎮江博物館，〈江蘇丹徒丁卯橋出土唐代銀器窖藏〉，《文物》，1982 年十一期，頁 15～27。

6. 台州地區文管會、溫嶺文化局，〈浙江溫嶺青瓷窯址調查〉，《考古》，1991 年七期，頁 614～620。

7. 牟永抗，〈浙江餘杭閑林唐墓的發掘〉，《考古通訊》，1958 年六期，頁 54～56。

8. 成耆仁，〈略談越窯青瓷在朝鮮半島生根和演變〉，《歷史文物》第六卷第一期，民國 85 年 2 月，頁 22～31。

9. 成耆仁，〈初探越窯青瓷在高麗康津地區之生根與開花〉，收錄於《千峰

翠色——越窯特展》，財團法人年喜基金會出版，1996 年初版，頁 101
～110。

10. 江山縣文物管理委員會，〈浙江江山隋唐墓清理簡報〉，收錄於《考古學
集刊》（三），北京：文物出版社，頁 162～167。

11. 合肥市文管處，〈合肥市發現明代瓷窖藏和唐代邢窯瓷〉，《文物》，1978
年八期，頁 51～53。

12. 朱捷、秦波，〈陝西長安和耀縣發現的波斯薩珊朝銀幣〉，《考古》，1974
年一期，頁 126～132。

13. 任世龍，〈瓷窯遺址發掘中的地層學研究〉，收錄於《考古學文化論集》
（三），北京：文物出版社，1993 年出版，頁 411～418。

14. 任世龍，〈論「越窯」和「越窯體系」〉，收錄於《中國古陶瓷研究會——
九十四年會論文集》，南京博物院《東南文化》編輯部，1994 年出版，
頁 58～64。

15. 朱伯謙、林士民，〈我國窯瓷的起源及其影響〉，《考古》，1983 年十二
期，頁 1130～1136。

16. 朱伯謙，〈試論我國古代的龍窯〉，《文物》，1984 年三期，頁 57～62。

17. 朱伯謙，〈古瓷中的瑰寶——秘色瓷〉，收錄於張豈之、韓金科主編，《首
屆國際法門寺歷史文化學術研討會論文選集》，陝西人民教育出版社出
版發行，1992 年 6 月一版，頁 250～253。

18. 朱伯謙，〈越窯〉，收錄於李家治、陳顯求主編，《中國古陶瓷科學技術國
際討論會論文集》，上海：科學技術文獻出版社，1992 年一版，頁 380
～383。

19. 汪濟英，〈記五代吳越國的另一官窯——浙江上虞窯寺前窯址〉，《文
物》，1963 年一期，頁 43～49。

20. 李耀柄，〈調查浙江鄞縣窯址的收穫〉，《文物》，1972 年五期，頁 30～
39。

21. 李家治、陳顯求、陳士萍、朱伯謙、馬成達，〈上林湖歷代越窯胎、釉及
其工藝技術的研究〉，收錄於李家治、陳顯求主編，《古陶瓷科學技術國
際討論會論文集》，上海：科學技術文獻出版社，1992 年，頁 336～344。

22. 李家治，〈我國古代陶器和瓷器工藝發展過程的研究〉，《考古》，1978 年
三期，頁 179～184。

23. 李家治、周仁，〈氣氛對某些瓷坯加熱性狀的影響〉，收錄於《中國古陶
瓷研究論文集》，北京：輕工業出版社，1983 年 5 月一版一刷，頁 93～
103。

24. 李知宴，〈論越窯和銅宮窯瓷器的發展和外銷〉，《考古與文物》，1982 年
四期，頁 100～105。

25. 李知宴,〈唐代瓷窯概況與唐瓷的分期〉,《文物》,1972 年三期,頁 34 ～49。

26. 李文信,〈遼瓷簡述〉,《文物》,1958 年二期,頁 10～20。

27. 呂成龍,〈故宮博物院收藏的三件越窯秘色瓷瓶〉,收錄於《越窯·秘色瓷》,上海古籍出版社出版,1996 年 11 月一版一刷,頁 62～63。

28. 何強,〈唐代長沙窯瓷詩淺議〉,《湖南博物館文集》,湖南：岳麓書社出版,1991 年 1 月一版一刷,頁 100～103。

29. 金華地區文管會、貢昌,〈談婺州窯〉,收錄於文物編輯委員會編,《中國古代窯址調察發掘報告集》,北京：文物出版社出版,1984 年一版一刷,頁 22～31。

30. 金祖明,〈浙江餘姚青磁窯址調查報告〉,《考古學報》,1959 年三期,頁 107～119。

31. 金重德,〈禹王廟式越州窯之研究〉,收錄於《越州古窯之研究》,民國 33 年 8 月出版,頁 8～12。

32. 吳煒,〈江蘇儀徵胥浦發現唐墓〉,《考古》,1991 年二期,頁 188～190。

33. 宋伯胤,〈秘色抱青瓷之響——記法門寺塔墓出土的秘色瓷器〉,《故宮文物》,民國 80 年 4 月,頁 22～33。

34. 符永才、顧章,〈浙江南田島發現唐宋遺物〉,《考古》,1990 年十一期,頁 1048～1050。

35. 長治市博物館,〈長治市西郊唐代李度、宋嘉進墓〉,《文物》,1989 年六期,頁 44～50。

36. 姜念思,〈關於遼代雞冠壺的幾個問題〉,收錄於《中華文物學會一九九二年刊》,1992 年,頁 102～107。

37. 河南省文物局文物工作隊第二隊,〈洛陽十六工區七十六號唐墓清理簡報〉,《文物參考資料》,1956 年 5 月,頁 41～44。

38. 林士民,〈勘察浙江寧波唐代古窯的收穫〉,收錄於文物編輯委員會編,《中國古代窯址調查發掘報告集》,北京：文物出版社出版,1984 年一版一刷,頁 15～21。

39. 林士民,《浙江寧波出土一批唐代瓷器》,《文物》,1976 年七期,頁 60 ～61。

40. 林士民,〈浙江寧波出土的唐宋醫藥用具〉,《文物》,1982 年八期,頁 91 ～93。

41. 林士民,〈從寧波出土文物看浙江外銷青瓷〉,收錄於董貽安主編,《浙東文化論叢》,北京：中央編譯出版社出版發行,1995 年 3 月一版一刷,頁 108～121。

42. 林士民,〈寧波東明碼頭遺址發掘報告〉,收錄於浙江省文物考古所編著,

《浙江省文物考古所學刊》，北京：文物出版社，1981 年 11 月一版一刷，頁 105～129。

43. 林士民，〈談越窯青瓷中的秘色瓷〉，收錄於汪慶正主編，《越窯‧秘色瓷》，上海古籍出版社出版，頁 7～9。

44. 南京博物院，〈江蘇宜興澗眾窯〉，收錄於文物編輯委員會編，《中國古代窯址調查發掘報告集》，北京：文物出版社，1984 年 10 月一版一刷，頁 51～58。

45. 建陽縣文化館，〈福建建陽古瓷窯址調察簡報〉，《考古》，1984 年七期，頁 636～648。

46. 周仁，〈中國歷代名窯陶瓷工藝的初步科學總結〉，收錄於《中國古陶瓷研究論文集》，北京：輕工業出版社，1983 年 5 月一版一刷，頁 115～133。

47. 周仁，〈我國傳統製瓷工藝述略〉，《文物參考資料》，1958 年二期，頁 6～9。

48. 南通博物館，〈江蘇南通市發現遼瓷皮囊壺〉，《文物》，1974 年二期，頁 69～70。

49. 俞偉超，〈關於「考古類型學」的問題——為北京大學七十七至七十九級青海考古實習同學而講〉，收錄於俞偉超主編，《考古類型學的理論與實踐》，北京：文物出版社，1989 年 5 月一版，頁 1～35。

50. 浙江省文物管理委員會，〈浙江鄞縣古瓷窯址調查記要〉，《考古》，1964 年四期，頁 182～187。

51. 浙江省文物管理委員會，金祖明執筆，〈溫州地區古窯址調查紀略〉，《考古》，1965 年十一期，頁 21～34。

52. 浙江省文物考古研究所，〈杭州老和山唐、宋墓〉，收錄於《浙江省文物考古研究所學刊——建所十週年紀念》，北京：科學出版社，1993 年一版，頁 258～274。

53. 浙江省文物考古研究所、上虞縣文物管理所，〈浙江上虞鳳凰山古墓葬發掘報告〉，收錄於《浙江省文物考古研究所學刊——建所十週年紀念》，北京：科學出版社出版，1993 年一版，頁 206～257。

54. 徐恆彬，〈唐東韶關羅源洞唐墓〉，《考古》，1964 年七期，頁 342～345。

55. 孫機，〈唐李壽石椁線刻「侍女圖」、「樂舞圖」〉（上），《文物》，1996 年五期，頁 33～49。

56. 馬得志，〈唐代長安城平安坊出土的鎏金茶托子〉，《考古》，1959 年十二期，頁 679～681。

57. 貢昌，〈浙江龍游、衢縣兩處唐代古窯址調查〉，《考古》，1989 年七期，頁 607～610。

58. 陝西省法門寺考古隊，〈扶風法門寺塔唐代地宮發掘簡報〉，《文物》，1988 年十期，頁 1～28。

59. 陝西省文物管理委員會，〈介紹幾件陝西出土唐代青瓷器〉，《文物》，1960 年四期，頁 48。

60. 陝西省博物館，〈陝西省耀縣柳林背陰村出土一批唐代銀器〉，《文物》，1966 年一期，頁 46～47。

61. 紹興縣文管所，〈浙江紹興里木柵晉唐墓〉，《考古》，1994 年六期，頁 538～542。

62. 紹興文物管理委員會，〈紹興上灶官山越窯調查〉，《文物》，1981 年十期，頁 43～47。

63. 張家、徐冰，〈福建建甌東游下塘唐窯調察〉，《考古》，1994 年六期，頁 573～676。

64. 張南、周長源，〈揚州東風磚瓦廠唐墓出土的文物〉，《考古》，1982 年三期，頁 328～329。

65. 巢湖地區文物管理所，〈安徽巢湖市唐代磚室墓〉，《考古》，1988 年六期，頁 522～526。

66. 許天申，〈試論河南出土的越窯瓷器〉，收錄於《中國古代青瓷研究專輯》，《江西文物》編輯部出版，1991 年 12 月 30 日，頁 4～6。

67. 陳安利、馬驥，〈西安西郊唐西昌縣令夫人史氏墓〉，《考古與文物》，1988 年三期，頁 37～40。

68. 陳萬里，〈1949～1959 對於古代窯址的調查〉，收錄於《陳萬里陶瓷考古文集》，北京：紫禁城出版社，1990 年一版一刷，頁 221～236。

69. 陳萬里，〈中國青瓷史略〉，收錄於《陳萬里陶瓷考古文集》，北京：紫禁城出版社，1990 年一版一刷，頁 83～107。

70. 陳夏生，〈陶瓷燒造過程中的理化觀〉，《故宮文物》二卷五期，民國 73 年 8 月，頁 74～80。

71. 馮先銘，〈從文獻看唐宋以來飲茶風尚中國陶瓷茶具的演變〉，收錄於《馮先銘中國古陶瓷論文集》，北京：紫禁城出版社，頁 7～12。

72. 馮先銘，〈近十年陶瓷考古主要收獲與展望〉，收錄於《中華文物學會一九九一年刊》，台北：中華文物學會出版，頁 6～16。

73. 馮先銘，〈瓷器鑑定的五大要領〉，收錄於《中華文物學會一九九二年刊》，台北：中華文物學會出版，頁 6～14。

74. 馮先銘，〈馬來西亞、泰國、菲律賓出土的中國瓷器〉，收錄於《馮先銘中國古陶瓷論文集》，北京：紫禁城出版社，1987 年 7 月一版一刷，頁 331～332。

75. 康才媛，〈上林湖越窯青瓷特徵與燒造工藝演進〉，《歷史文物》，國立歷

史博物館館刊，六卷一期，民國 85 年 2 月，頁 13～21。

76. 湖北荊州地區博物館保管組，〈湖北監利縣出土一批唐代漆器〉，《文物》，1983 年二期，頁 93。

77. 美‧詹姆斯‧瓦特著，楊琮、林蔚文譯，〈東南亞的中國貿易陶瓷器〉，《海交史研究》，1987 年二期，頁 26～29。

78. 賈峨，〈陶瓷之路與絲綢古道的連接點〉，收錄於《中國古代青瓷研究專輯》，《江西文物》編輯部出版，1991 年 12 月 30 日出版，頁 102～104。

79. 熊寥，〈中國古代陶瓷科學美追求目標──渾然天成〉，收錄於李家治、陳顯求主編，《古陶瓷科學技術國際討論會論文集》，上海：科學技術文獻出版社，1992 年一版，頁 422～425。

80. 廖寶秀，〈從考古出土飲器論唐代的餘茶文化〉，《故宮學術季刊》，民國 84 年 4 月；八卷三期，頁 1～37。

81. 廖寶秀，〈陸羽「茶經」中之茶器與現代茶器之比較〉，《故宮文物》，民國 80 年 5 月，九八期，頁 24～41。

82. 廣東省博物館，〈廣東梅縣古墓葬和古窰址調查、發掘簡報〉，《考古》，頁 207～215。

83. 鎮江博物館，〈江蘇鎮江唐墓〉，《考古》，1985 年二期，頁 131～148。

84. 諸暨縣文物管理委員會，〈浙江諸暨唐代土坑墓〉，《考古》，1988 年六期，頁 518～521。

85. 祁振西、韓偉、韓金科，〈法門寺出土唐代秘色瓷初探〉，收錄於《越窰‧秘色瓷》，上海古籍出版社，1996 年 11 月一版一刷，頁 1～6。

86. 謝明良，〈中國早期青瓷史雜識—從年喜文教基金會藏品談起〉，收錄於《千峰翠色—越窰特展》，國立歷史博物館主辦、國立台灣大學藝術史研究所協辦、財團法人年喜文教基金會提供，財團法人年喜文教基金會出版，1996 年 2 月初版，頁 19～49。

87. 韓偉、陸九臬，〈唐代金銀器概述〉，收錄於《中國考古學研究論集—紀念夏鼐先生考古五十周年》，三秦出版社，1980 年 12 月一版，頁 411～427。

88. 麗水縣文物管理委員會，〈浙江麗水唐代土坑墓〉，《考古》，1964 年五期，頁 259～260。

89. 衢州市文物管，〈浙江衢州市隋唐墓清理簡報〉，《考古》，1985 年五期，頁 450～458。

90. 日‧龜井明德，〈日本貿易陶瓷器研究之方法論〉，收錄於《中國古代貿易瓷國際學術研討會論文集》，國立歷史博物館出版，1994 年，頁 150～169。

（二）日、韓文論文

1. 三上次男，〈中世中國とエジプトーフスタート遺跡出土の中國陶磁を中心として一〉，收錄於《陶磁の東西交流》，出光美術館編集發行，頁84～99。

2. 中野徹，〈隋唐陶磁の文樣〉，收錄於《世界陶磁全集（十一）・隋、唐》，小學館出版社，1976年，頁290～298。

3. 小山富士夫，〈エジブトフオスタット出土の中國陶磁片について〉，收錄於《陶磁の東西交流》，出光美術館編輯發行，1984年12月11日出版，頁73～83。

4. 矢部良明，〈日本出土の唐宋時代の陶磁〉，收錄於東京國立博物館編輯，《日本出土の中國陶磁》，東京美術出版社，1978年，頁105～128。

5. 龜井明德，〈越州窯青磁編年的考察〉，收錄於《韓國磁器發生有關的諸問題》，漢城，1990年，頁65～76。

（三）英文論文

1. Lin Shimin（林士民），〈Zheilang Export Grean Glazed Wares: Ningbo Data〉，收錄於《「浙江青瓷外銷」論文學術討論會論文》，香港大學亞洲研究中心出版，1994年，頁141～168。

2. Kamei Meito Ku（龜井明德），〈The Term of "The Yue Ware Mi Ce Ci" Mentioned in Japanese Ancient Historical Documents〉，收錄於《越窯・秘色瓷》，上海古籍出版社，1996年11月一版一刷，頁51～52。

3. Hidenori Sasaki，〈Designs on Yue Ware during the Late Tang / Five Dynasties Period〉，收錄於《越窯・秘色瓷》，上海古籍出版社，1996年11月一版一刷，頁48～50。

四、圖　錄

（一）中文圖錄

1. 上海人民美術社編集，《中國陶瓷全集（四）・越窯》，京都：株式會社美乃美發行，1981年9月20日發行。

2. 汪慶正主編，《越窯・秘色瓷》，上海古籍出版社，1996年11月一版一刷。

3. 林淑心主編，《唐三彩特展圖錄》，國立歷史博物館出版，民國84年6月出版。

4. 林淑心、謝明良、張偉華主編，《千峰翠色－越窯特展》，財團法人年喜文教基金會，民國85年2月初版。

5. 陳萬里，《越器圖錄》，上海：中華書局發行，民國26年。

6. 揚州博物館、揚州文物商店，《揚州古陶瓷》，北京：文物出版社，1996年9月一版一刷。

7. 楊可揚主編，《中國美術全集・工藝美術編（二）・陶瓷（中）》，上海人民美術出版社，1991年12月一版二刷。

8. 耿寶昌主編，《中國文物精華大全・陶瓷卷》，香港：商務印書館有限公司，上海辭書出版社聯合出版，1993年10月第一版第一刷。

9. 廣東省博物館編，《唐東省博物館藏陶瓷選》，北京：文物出版社出版發行，1992年9月一版一刷。

10. 童依華，《中華五千年文物集刊・瓷器篇二》，中華五千年文物集刊編輯委員會出版，民國82年8月初版二刷。

11. 韓偉，《海內外唐代金銀器》，西安：三秦出版社，1989年4月第一次印刷。

（二）日韓文圖錄

1. 日・大阪市立東洋陶磁美術館編集，《越州窯の青磁 I——古越窯の造形》，大阪市立美術振興協會發行，1994年3月出版。

2. 日・大阪市立東洋陶瓷美術館編集，《越州窯の青磁 II——唐から北宋へ》，大阪市美術振興協會發行，1994年3月出版。

3. 日・出光美術館編集，《陶磁の東西交流》，出光美術館發行，1990年8月7日初版第二刷。

4. 日・佐藤雅彥、長谷部樂爾，《世界陶磁全集（十一）・隋、唐》，小學館發行，1977年初版第三刷。

5. 日・東京國立博物館編集，《日本出土の中國陶磁》，東京美術出版社發行，1976年6月30日發行。

6. 韓・國立中央博物館編集，《高麗青磁名品特別展》，通川文化社，1989年9月5日初版發行。

附　錄

附錄一：唐代士大夫、僧侶、道士交往狀況（以曾寫過有關越窯青瓷器詩文者的詩爲例）

人　名	詩　　　　　名	主要內容	資　料　出　處
顧　況	〈題葉道士山房〉、〈望簡寂觀〉	與道士交往及嚮往仙道	《全唐詩》，四函九冊二六七卷
孟　郊	〈遊華山雲台觀〉、〈贈道月上人〉、〈贈城郭道士〉、〈送道士〉、〈贈別殷山人說易後歸幽墅〉、〈尋言山人〉、〈右清虛眞人〉	與道士交往及嚮往仙道	《全唐詩》，六函五冊三七五、三七七、三七七、三七九、三七九、三八○、三八○卷
	〈懷南岳隱士〉	與高僧交往	《全唐詩》，六函五冊三七八卷
元　稹	〈悟禪三首寄胡果〉、〈尋西明寺僧不在〉、〈伴僧行〉、〈古寺〉、〈定僧〉、〈觀心處〉、〈智度師二首〉、〈修龜山魚池示眾僧〉	與僧侶交往	《全唐詩》，六函九冊四一○、四一一、四一一、四一一、四一一、四一一、四一一、四二三卷
	〈贈毛仙翁〉	嚮往仙道	《全唐詩》，六函十冊四二三卷
施肩吾	〈贈莎地道士〉、〈仙女詞〉、〈仙翁詞〉、〈送道友遊山〉、〈送王屋劉道士〉、〈春日題羅處士山舍〉、〈遇王山人〉、〈遇醉道士〉、〈贈施仙姑〉、〈同諸隱者夜登四明山〉	與道士交往及嚮往仙道	《全唐詩》，八函二冊四九四卷
	〈題禪院僧〉、〈送絕粒僧〉、〈送僧遊越〉	與僧侶交往	
許　渾	〈寄契盈上人〉、〈盈上人〉、〈寄題南山王隱士〉、〈送從兄歸隱藍溪二首〉	嚮往隱居生活，與隱士交往	《全唐詩》，八函八冊五二八卷

許渾	〈晨起二首〉、〈題韋隱居西齋〉、〈贈僧〉、〈尋戴處士〉、〈題瀾西駱隱士〉、〈送太昱禪師〉、〈朗上人院晨坐〉、〈題沖沼上人院〉、〈題岫上人院〉、〈游果畫二僧院〉、〈贈高處士〉、〈送僧歸金山寺〉、〈送僧歸敬亭山寺〉、〈懷政禪師院〉、〈將赴京留贈僧院〉、〈經行廬山東林寺〉	與僧侶、隱士交往，學習坐禪	《全唐詩》，八函八冊五二八、五二八、五二九、五二九、五二九、五二九、五三〇、五三〇、五三〇、五三一、五三一、五三一、五三一、五三一、五三二、五三六、五三六卷
	〈游茅山〉、〈與張道士同訪李隱君不遇〉	與道士交往，嚮往仙道	《全唐詩》，八函八冊五三一、五三五卷
皮日休	〈遇雲居院玄福上人舊居〉、〈華山李鍊師所居〉、〈傷史拱山人〉、〈傷開元觀顧道士〉	與道士交往，嚮往仙道	《全唐詩》，九函九冊六一三、六一三、六一四、六一四卷
	〈開元寺佛鉢詩〉、〈奉和魯望同遊北禪院〉	與僧侶交往	《全唐詩》，九函九冊六一三卷
陸龜蒙	〈寄茅山何道士〉、〈寄懷華陽道士〉、〈高道士〉	與道士交往	《全唐詩》，九函十冊六二三、六二六、六二九卷
	〈和訪寂上人不遇〉、〈和襲美冬曉章上人院〉、〈和襲美臘後送內大德從勗遊天台〉、〈寒日逢僧〉、〈頭陀僧〉、〈贈老僧二首〉、〈山僧二首〉、〈訪僧不遇〉	與僧侶交往	《全唐詩》，九函十冊六二六、六二六、六二六、六二九、六二九、六二九、六二九、六二九卷
鄭谷	〈贈尚顏上人〉、〈梁燭處士辭金陵相國杜公歸舊山因以寄贈〉、〈鶴〉	嚮往如鶴般長壽	《全唐詩》，十函五冊六七四、六七四、六七七卷
	〈定水寺行香〉、〈別修覺寺無本上人〉、〈贈日東鑒禪師〉、〈寄題詩僧秀公〉	與僧侶交往	《全唐詩》，十函六冊六七五、六七五、六七五、六七六卷
韓偓	〈夢仙〉、〈失鶴〉	嚮往仙、鶴	《全唐詩》，十函七冊六八〇卷
	〈寄隱者〉、〈贈隱者〉、〈招隱〉	嚮往隱居	《全唐詩》，十函七冊六八一、六八一、六八二卷
	〈僧影〉、〈寄禪師〉、〈贈僧〉、〈與僧〉、〈寄禪師〉	與僧侶交往	《全唐詩》，十函七冊六八一、六八一、六八一、六八二、六八二卷
徐寅	〈贈東方道士〉、〈退居〉	與道士交往，嚮往隱居	《全唐詩》，十一函一冊七〇八卷
	〈題僧壁〉、〈題南寺〉、〈寄僧寓題〉	與僧侶交往	《全唐詩》，十一函一冊七〇八、七〇八、七〇九卷
皎然	〈聽素法師講法華經〉、〈水月〉、〈禪師〉（皎然與僧侶交游詩很多，此處僅錄三首）	與僧侶交往	《全唐詩》，十二函二冊二八〇卷
	〈宿道士觀〉、〈冬日天井西峰張鍊師所居〉、〈送顧道士遊洞庭山〉、〈送李道士〉、〈寒栖子歌〉	與道士交往	《全唐詩》，十二函二冊八一七、八一七、八一八、八一九、八二一卷

附錄二：唐代描寫越窯青瓷器的詩文

人　名	年　代	籍　貫	身份背景	詩文名稱與內容	資料出處
陸　羽	玄宗 肅宗	竟陵人	出生僧侶，後離開寺院，成爲隱居文人	《茶經》：「盌，越州上……越瓷類玉……越瓷類冰……越瓷青而茶色綠……越州……瓷青，青則益茶……」	《叢書集成新編》第四十七冊，頁714。《新唐書》，卷一九六
顧　況	德宗	蘇　州	曾任著作郎，後隱居茅山	〈茶賦〉詩：「越泥似玉之甌」	清·梁同書，〈古窰器考〉，收錄於《陶瓷譜錄》（上），世界書局，頁1。《舊唐書》，卷一三〇
孟　郊	德宗	湖　州	少隱嵩山，德宗進士	〈憑周況先輩于朝賢乞茶〉詩：「……蒙茗玉花盡，越甌荷葉空，錦水有鮮色，蜀山饒芳聚……」	《全唐詩》，六函五冊三八〇卷
元　稹	文宗	河南人	戶部尚書	〈送王協律游杭越十韻〉：「……甌凝碧玉泥，荆南無抵物……」	《全唐詩》，六函九冊四〇六卷
皎　然	德宗 至憲宗	湖州人	居杼山，僧侶	〈飲茶歌誚崔石使君〉詩：「越人遺我剡溪茗，換得金茅爨金鼎，素瓷雪色縹沫香，何以諸仙瓊蕊漿」	《全唐詩》，十二函二冊八二一
施肩吾	憲宗	洪州人	憲宗朝進士，不仕。隱居洪州西山	〈蜀茗詞〉詩：「越碗初盛蜀茗新，薄煙輕處攪來均」	《全唐詩》，八函二冊四九四卷
許　渾	文宗	潤州人	文宗朝進士	〈晨起二首〉詩：「薪簧曙香冷，越瓶秋水澄，心閒即無事，何異往山僧」	《全唐詩》，八函八冊五二八卷
皮日休	懿宗	襄陽人	懿宗朝進士	〈茶甌〉詩：「邢客與越人皆能造瓷器，圓似月墜魂，輕如雲魄起」	《全唐詩》，九函九冊六一二卷
陸龜蒙	僖宗 昭宗	蘇州人	僖宗至昭宗朝進士，後退隱松江	〈秘色越器〉詩：「九秋風露越窰開，奪得千峰翠色來」	《全唐詩》，九函十冊六二九卷
鄭　谷	僖宗 昭宗	袁州人	僖宗朝進士，昭宗朝都官郎中	〈送吏部曹郎中免官南歸〉詩：「高名向已求……雲鶴深相待……茶新換越甌……」	《全唐詩》，十函六冊六七五卷
韓　偓	昭宗	京兆萬年人	昭宗進士	《橫塘》詩：「……越甌犀液發茶香……」	《全唐詩》，十函七冊六八三卷
徐　寅	昭宗	黃田人	昭宗進士，後歸隱延壽溪	〈貢餘秘色茶盞〉詩：「捩翠融青瑞色新，陶先成得貢吾君，巧剜明月染春水，輕旋薄冰盛綠雲，古鏡破苔當席上，嫩荷涵露別江噴……」	《全唐詩》，十一函一冊七一一卷

附錄三：唐代描寫荷（蓮）葉、花的詩文（以曾寫過有關越窯青瓷器詩文者的詩為例）

人 名	詩 名	內 容	資 料 出 處
顧 況	初秋蓮塘歸	秋光淨無跡，蓮消錦雲紅…	《全唐詩》，四函九冊二六四卷
孟 郊	越中山水	…菱湖有餘翠，茗圃無荒疇…	《全唐詩》，六函五冊三七六卷
元 稹	高荷	種藕百餘根，高荷繞四葉，團團青玉疊，亭亭自抬舉…	《全唐詩》，六函八冊四○四卷
	落日	…飛幌翠雲薄，新荷清露香…	
	夜池	荷葉團團莖，削削綠萍面…	
施肩吾	贈莎地道士	莎地陰森古蓮葉，游龜暗甲青苔上…	《全唐詩》，八函二冊四九四卷
	題景上人山門	水有青蓮沙有金，老僧於此獨觀心…	
	贈女道士鄭玉華二首	玄髮新簪碧藕花，欲添肌雪餌紅砂… 明鏡湖中休採蓮，卻師阿母求神仙…	
	夏雨後題青荷蘭若	僧舍清涼竹樹新…微風吹起吹蓮葉，青玉盤中瀉水銀	
	觀美人	…愛將紅袖遮嬌笑，往往偷開水上蓮	
	過越州賀仲宣	…門前幾個採蓮女，欲泊蓮舟無主人	
許 渾	陪王尚書泛蓮地	蓮塘移畫舸，泛泛日華清…	《全唐詩》，八函八冊五三八卷
皮日休	重台蓮花	欹紅婑媠力難任，每葉頭邊半米金…	《全唐詩》，九函九冊六一五卷
	浮萍	嫩似金脂颭似煙，多情渾欲擁紅蓮…	
	白蓮	但恐醍醐難並潔，…	
	重題後池	…適來會得荊王意，祇爲蓮經重細腰	
陸龜蒙	重台蓮花	水國煙鄉足芰荷，就中芳瑞此難過…	《全唐詩》，九函十冊六二八卷
	浮萍	晚來風約半池明，重疊侵沙綠闒成	
	白蓮	素蕣多蒙別豔欺，此花眞合在瑤池…	
	秋荷	蒲茸承露有佳色…	《全唐詩》，九函十冊六二九卷
鄭 谷	池上	露荷香自在…忘機愛淡交，仙山如有分…	《全唐詩》，十函五冊六七四卷
	蓮葉	移舟水濺差差綠，倚檻風搖柄柄香	《全唐詩》，十函五冊六七五卷
韓 偓	野塘	…卷荷忽被微風觸，瀉下清香露一杯	《全唐詩》，十函七冊六八一卷
	荷花	紈扇相欹綠，香囊獨立紅	《全唐詩》，十函七冊六八三卷
皎 然	送稟上人遊越	…折荷爲片席，灑水淨方袍…	《全唐詩》，十二函二冊八一九卷
	答張烏程	…前溪更有忘憂處，荷葉田田間白蘋